Semiótica
objetos e práticas

Ivã Carlos Lopes e Nilton Hernandes (orgs.)

Semiótica

objetos e práticas

Adail Ubirajara Sobral - Ana Cristina Fricke Matte
Antonio Vicente Pietroforte - Iara Rosa Farias
José Roberto do Carmo Jr. - Kary Alessandra Motta
Marcelo Machado Martins - Márcio Coelho
Marcos Lopes - Mariana de Rosa Trotta
Norma Discini - Renata Ciampone Mancini
Ricardo de Castro Monteiro - Roseli Novak
Sérgio Alves de Souza - Serguei Tchugunnikov

Revisão teórica
Diana Luz Pessoa de Barros
José Luiz Fiorin
Luiz Tatit

editoracontexto

Foto da capa e diagramação
Nilton Hernandes

Montagem de capa
Gustavo S. Vilas Boas

Revisão
Lilian Aquino

Dados Internacionais de Catalogação na Publicação (CIP)
(Câmara Brasileira do Livro, SP, Brasil)

Semiótica : objetos e práticas / Ivã Carlos Lopes
e Nilton Hernandes (orgs.). – 2. ed., 1ª reimpressão. –
São Paulo : Contexto, 2022.

Vários autores.
Bibliografia.
ISBN 978-85-7244-283-1

1. Análise do conteúdo (Comunicação) 2. Análise do discurso
3. Semiótica 4. Signos e símbolos I. Lopes, Ivã Carlos.
II. Hernandes, Nilton.

05-0825 CDD-401.41

Índice para catálogo sistemático:
1. Semiótica : Linguagem e comunicação 401.41

2022

EDITORA CONTEXTO
Diretor editorial: *Jaime Pinsky*

Rua Dr. José Elias, 520 – Alto da Lapa
05083-030 – São Paulo – SP
PABX: (11) 3832 5838
contato@editoracontexto.com.br
www.editoracontexto.com.br

Sumário

Apresentação

Dada a pluralidade de disciplinas que hoje são conhecidas pelo nome de "semiótica", o leitor deve saber antes de tudo que esse termo designa aqui, em essência, a semiótica da Escola de Paris, cujo objeto tradicionalmente reconhecido é o *sentido*, em todas as suas formas de manifestação discursiva.

Estudar semiótica, como toda relação que se preza, que vale a pena, exige grande entrega. Quem enfrenta o desafio de entender essa teoria, inaugurada há cerca de quarenta anos, passa por uma fase inicial de provações. Precisa dedicar-se e receber no início muito pouco. Mas, quando o relacionamento acontece, há muitas recompensas. E uma das maiores retribuições é poder entender um pouco melhor o mundo onde se vive.

O presente livro foi pensado para que esse primeiro contato com a teoria desenvolvida por Algirdas Julien Greimas e seus seguidores fosse o menos árido e o mais útil possível. E mais, que pudesse despertar o interesse, quando não a paixão, pelos estudos semióticos. Desde a etapa da concepção global deste projeto, as contribuições aqui reunidas foram delineadas como uma fonte básica em que o não iniciado pudesse observar o modo de proceder semiótico em análises concretas; acreditamos, ao mesmo tempo, também prestar serviço aos já iniciados na matéria, pois estes acharão, ao sabor dos capítulos, um bom número de propostas inovadoras e soluções originais para os problemas em pauta.

Quem faz semiótica há mais tempo tem sempre uma certa insatisfação. Observamos colegas no mundo acadêmico, nas escolas, no dia a dia de empresas, esforçando-se para entender música, arte, dança, poesia, os fenômenos da comunicação de massa, para ter acesso à construção de sentidos, às visões de mundo dos textos. Muitas vezes, esses pesquisadores encontram grandes dificuldades porque desconhecem ferramentas de trabalho poderosas e úteis como a semiótica.

Por outro lado, a expansão do interesse pela semiótica no Brasil já estava há alguns anos reclamando a publicação de estudos aplicados, capazes de mostrar pelo exemplo algumas das possibilidades de desvendamento dos sentidos que, ao nos debruçarmos sobre textos dos mais diferentes tipos, essa metodologia nos fornece. Pensando em todas essas questões, os autores deste livro resolveram dar sua contribuição para preencher a lacuna de textos básicos. Desde o primeiro momento, portanto, houve a preocupação de apresentar trabalhos que tivessem uma linguagem acessível, com o menor impacto possível da metalinguagem técnica. Também se procurou atingir um leque amplo de objetos que fossem do conhecimento de todos – como a publicidade de cerveja na televisão, as tiras do Garfield, uma canção dos Tribalistas, a locução do futebol, uma charge do Glauco – mas sem deixar de apresentar estudos com objetos mais frequentemente analisados pela própria semiótica, como a ficção e a poesia.

Fruto de numerosas sessões de debates entre os integrantes do Grupo de Estudos Semióticos da Faculdade de Filosofia, Letras e Ciências Humanas da Universidade de São Paulo (GES-USP), este livro traz uma amostra da diversidade de domínios de aplicação da semiótica, que intervém aqui menos como teoria geral do sentido e mais como metodologia de análise de discursos e textos. O leitor perceberá a presença em graus variados dos domínios em apreço. Isso decorre da própria distribuição das pesquisas na fase atual, naturalmente tributárias do caminho percorrido pelos antecessores. Assim, ninguém estranhará, por exemplo, a proporção relativamente elevada de estudos de casos incidindo sobre material literário. Em compensação, já se vai notando o fortalecimento de domínios surgidos mais recentemente, como é o caso da semiótica da canção, terreno em que o Brasil ocupa hoje posição de destaque no cenário internacional.

Dança, cinema, televisão, literatura, publicidade, canção... a variedade de campos abordados poderia fazer supor que é de tudo e de qualquer coisa que a semiótica se ocupa. Não: uma disciplina se define, não apenas pelo objeto, mas também pelo ponto de vista que projeta sobre ele e que é constitutivo do seu desenvolvimento. Todos os campos aqui visitados são objeto de análises que se interessam, antes de mais nada, pelos *textos* que se oferecem à investigação. Além disso, vai se tornando cada vez mais claro que, se a semiótica teve início, na década de 1960, como teoria e metodologia de análise do «conteúdo», ela é atualmente um vasto canteiro de obras sobre as relações entre conteúdo e expressão, ou, para lembrar os termos consagrados pela tradição saussuriana, entre significado e significante. Nesse quadro, o modelo global criado nos tempos heroicos por A. J. Greimas e conhecido como percurso gerativo do sentido, se continua a balizar o campo teórico com a sua sintética articulação de problemáticas, já não pode garantir sozinho a exploração das novas questões que a descrição do plano da expressão vem somar aos tópicos mais amplamente testados. Em diferentes análises aqui expostas, o leitor observará essa busca de novos utensílios descritivos que venham suprir insuficiências do arsenal metodológico herdado das etapas anteriores da pesquisa.

Muito empenho foi dedicado à elaboração de textos que conciliassem o nosso desejo de clareza com a exigência de rigor, de que a semiótica não abre mão. Um longo trabalho de discussão e aprofundamento foi feito durante a gestação do livro. Inicialmente, os membros do GES-USP trocaram textos e formularam suas críticas, reunidos em duplas. Na segunda fase, uma Comissão de Leitura – formada pelos organizadores da edição, Ivã Carlos Lopes e Nilton Hernandes, com ajuda de Ana Cristina Fricke Matte – fez mais outra avaliação. Por fim, todos os textos passaram por uma revisão teórica e metodológica de três dos principais semioticistas brasileiros, os professores Diana Luz Pessoa de Barros, José Luiz Fiorin e Luiz Tatit, do Programa de Pós-Graduação em Semiótica e Linguística Geral da USP. No processo todo, que consumiu mais de um ano, houve textos que receberam quatro ou cinco versões, sempre na busca daquele difícil equilíbrio: não abandonar pelo caminho nem o rigor, nem o leitor.

Há, nas próximas páginas, surpresas agradáveis e não previstas no início do projeto. Pensávamos que o livro apresentaria textos com a teoria mais conhecida. Vários autores, entretanto, incorporaram suas propostas teóricas elaboradas no mestrado e no doutorado. O resultado é que diversos trabalhos enfrentam questões complexas e que estão na ordem do dia dos estudos semióticos, caso do sincretismo de linguagens, da tensividade, dos eventos estéticos, da gestualidade da dança, do humor, da intertextualidade.

As pessoas a quem gostaríamos de demonstrar nossa gratidão formam uma lista longa demais para ser exposta aqui. Por isso, limitamo-nos a acenar para elas, na esperança de que cada integrante desse conjunto se reconheça como destinatário da saudação. Fazemos questão, em todo caso, de destacar nossos agradecimentos ao Departamento de Linguística da Faculdade de Filosofia, Letras e Ciências Humanas da USP, sede do Grupo de Estudos Semióticos, que ao longo da preparação desta obra apoiou a iniciativa.

Esperamos, com este trabalho – para concluir «semioticamente» –, persuadir nosso leitor por tentação, por um querer. E quem sabe assim ele venha a se tornar, como os autores deste livro, mais um apaixonado por essa teoria tão importante para entender o ser humano, a cultura, a vida.

Os organizadores

Márcio Coelho

Já sei namorar: tribalismo e semiótica

Fenômeno

De tempos em tempos, uma canção fora dos moldes impostos pelo mercado fonográfico (pagode, axé, brega etc.) fura a triagem mercadológica, que se caracteriza por selecionar para tocar no rádio somente aquele tipo de canção que possa dar uma grande margem de segurança, no que concerne à previsibilidade de vendagem, e fisga, de maneira extremamente eficaz, quase a unanimidade dos ouvintes. Esse foi o caso da canção *Já sei namorar*, de Arnaldo Antunes, Carlinhos Brown e Marisa Monte, lançada no final de 2002.

Embora alguns dos instrumentos utilizados na composição do arranjo dessa canção sejam comuns na música "pop", a mixagem final privilegia uma sonoridade mais próxima do estilo de canção que, a partir da década de 1960, convencionou-se chamar MPB, utilizando até mesmo, como veremos a seguir, nuanças da música erudita contemporânea, atitude que não se coaduna, em princípio, com os desígnios do mercado fonográfico. Não obstante, seus compositores, especialistas em criar canções de sucesso, desde a introdução da canção em questão, parecem querer demonstrar, previamente, a certeza do sucesso que conheceriam imediatamente após o lançamento do CD *Tribalistas*.

A introdução de *Já sei namorar* começa com a simulação de um ouvinte buscando sintonizar uma rádio que toque alguma canção que o faça optar por algum ponto dentro da continuidade insignificante do ruído anterior ao ponto de sintonia. Aí ocorre algo como se anteriormente ao surgimento da canção *Já sei namorar* nada tivesse significado no rádio. O ruído anterior à sintonia funciona como um fluxo sonoro contínuo sem significação. A partir do corte nesse fluxo contínuo ainda sem significação, ou seja, a partir do momento em que o ouvinte interrompe o ruído ao optar por ouvir a canção *Já sei namorar*, surge um objeto de desejo que também dá sentido ao sujeito ouvinte e à narrativa subsequente, pois não existe sujeito sem objeto, tampouco objeto sem sujeito. Sintonizada a rádio que executa a canção, ela parece transcorrer numa frequência AM cujo receptor seria um "radinho de pilha", efeito conseguido por meio da precariedade sonora simulada pelo arranjo. Logo em seguida, uma melhor qualidade sonora irrompe no ambiente, acrescida de um ataque de bumbo e contrabaixo e da inserção do restante dos instrumentos implicados no arranjo, o que nos dá a sensação de, nesse momento, tratar-se de uma execução veiculada por uma rádio FM estéreo cujo receptor é um equipamento de som compatível com a qualidade técnica atual dessas rádios.

Importante ressaltar que o ruído inicial dura por volta de três segundos e a execução da canção com sua sonoridade alterada para dar um efeito de falta de qualidade técnica não dura mais do que três compassos quaternários, o que de certa forma contribui para que interpretemos essa introdução como uma antevisão de seu arranjador do vertiginoso sucesso alcançado por *Já sei namorar*. No final das contas, ninguém duvida que, apesar da pouca exposição em TV aberta – durante o lançamento do CD, só se tem notícia de um único especial sobre o tema, veiculado por volta das duas horas da madrugada de uma segunda-feira –, esta canção foi o grande sucesso de execução em rádio do ano de 2002. Não esqueçamos que a gravadora responsável pelo CD *Tribalistas* é uma pequena gravadora (Phonomotor) que apenas contou com a distribuição de uma *major*, a EMI. Tal fato só vem corroborar sua condição de fenômeno mercadológico exposta na introdução dessa análise.

Primeira parte

A canção popular é constituída de conteúdo (letra) e expressão (melodia). Embora reconheçamos a expressão do seu componente verbal (a sonoridade das palavras independentemente da melodia) e o conteúdo de seu componente musical (o sentido da melodia, da harmonia etc.), até o momento, a Semiótica da Canção, erigida por

Luiz Tatit, somente tratou da compatibilidade entre os componentes linguísticos e melódicos, não obstante já haver um movimento apontando na direção da contribuição do arranjo e da harmonia para essa compatibilidade, da relação entre estrutura rímica e intervalos, dentre algumas outras possibilidades.

Utilizaremos nessa análise o aparato teórico construído por Luiz Tatit em seus cinco livros publicados,[1] acrescido de algumas noções por nós investigadas acerca do arranjo como elemento organicamente ligado à canção popular brasileira, como já começamos a fazer na primeira parte deste trabalho.

Mudaremos o foco desta análise, inicialmente centrada na relação destinador (compositor, arranjador, intérprete)/destinatário (ouvinte, consumidor), para a construção do sentido interno do texto. Atribuiremos menos importância ao que o texto diz do que como ele faz para dizer o que diz. Não esqueçamos que, para a semiótica, texto é qualquer objeto que signifique, isto é, um filme, uma música, um quadro, um diálogo oral, uma receita de bolo etc.

A narrativa, para a semiótica, pressupõe uma sucessão de estados e transformações desses estados. Portanto, um estado de conjunção do sujeito com o objeto pressupõe um estado anterior de disjunção, e para que o sujeito passe de um estado a outro é necessário que cumpra um percurso. Para realizar uma ação, o sujeito deve ser dotado de competência modal, isto é, um sujeito não faz aquilo que não quer, não deve, não sabe e não pode. Para executar um fazer, é necessário que o sujeito esteja de posse de no mínimo três desses elementos a que a semiótica chama modalidades (querer/dever/saber/poder). Podemos fazer aquilo que não devemos, mas só se quisermos, soubermos e pudermos fazê-lo. Devendo realizar algo, se não soubermos como ou não pudermos efetuá-lo por algum motivo mais forte, como executaremos a ação? Como operar sem competência modal?

A letra de *Já sei namorar* omite a etapa na qual o sujeito adquire competência (e não entraremos aqui nesse assunto para não nos alongarmos excessivamente) e, de chofre, o sujeito se declara competente porque de posse de um /saber/.

[1] Cf. bibliografia.

Já sei namorar

No entanto, esse /saber/ namorar deve ser lido como um poder namorar, explicaremos o porquê. Embora o primeiro verso seja "Já sei namorar", o segundo informa sobre o momento em que o sujeito adquiriu esse /saber/, porque só sabe namorar quem sabe "beijar de língua". Portanto, os dois primeiros versos da canção poderiam ser parafraseados da seguinte maneira: Já sei beijar de língua, então já posso namorar. Ou não é consenso que só pode namorar aquele sujeito que já sabe beijar de língua? Daí, então, é que devemos ler o /saber/ do verso "já sei namorar" como já posso namorar e o sujeito /pode/ porque já /sabe/ beijar de língua.

Gostaríamos de salientar que, certamente, o segundo verso *(já sei beijar de língua)* fora o grande responsável pelo impacto persuasivo inicial dessa canção causado nos adolescentes e pré-adolescentes, pois não foi à toa que o Jornal Hoje, da Rede Globo de Televisão, chegou, no auge do sucesso de *Já sei namorar*, a fazer uma reportagem com adolescentes e pré-adolescentes que já tinham dado um "selinho", um beijo de língua, ou ainda eram BV, sigla que marca os adolescentes e pré-adolescentes que ainda não beijaram, ou seja, os "Bocas-Virgens". Qual de nós não sabe a importância da aquisição dessa competência modal? A seguir, o sujeito ostenta sua competência, afirmando que, de posse do /saber/, do /poder/ e do /querer/ – que está subentendido, pois se não quisesse não buscaria o /saber/ e o /poder/–, já está apto a partir para ação, isto é, sua existência já ganhou sentido *(Já sei onde ir)*. No entanto, existe a opção de ficar e usufruir da conjunção *(Já sei onde ficar)*. Antes de mencionarmos o sexto verso da primeira parte, analisaremos sua melodia.

Luiz Tatit chegou a um convincente modelo de variedades da canção popular brasileira, que descreveremos aqui resumidamente. Existem canções temáticas, passionais e figurativas. Na categoria das temáticas, estão as canções de andamento veloz, que privilegiam os ataques das consoantes em detrimento dos alongamentos das vogais, cujos motivos melódicos, dada a velocidade, se delineiam claramente e se aproximam como se quisessem possuir um ao outro,[2] e, não

---

[2] Mais informações sobre o semissimbolismo no texto "As muitas vozes da canção", de Ricardo Monteiro, na p. 43.

raramente, tratam de assuntos relacionados a um estado de conjunção do sujeito com o objeto. Na categoria das canções passionais, ao contrário, estão aquelas de andamento mais lento, que privilegiam os alongamentos das vogais em detrimento dos ataques consonantais, cujo desenho melódico somente se define ao final de um longo percurso e, mais comumente, tratam de temas relacionados à disjunção do sujeito com o objeto. Já as canções figurativas são aquelas que se aproximam da fala coloquial, ou seja, deixam mais explicitamente transparecer a voz que fala por detrás da voz que canta. No entanto, esses processos persuasivos sempre atuam concomitantemente em uma canção. O que nos faz inferir se uma canção é passional, temática ou figurativa é o predomínio de um desses processos.

Figurativizar significa, no âmbito da semiótica da canção, a utilização de elementos que indiciem que canção nada mais é do que a fala cotidiana, com suas entonações estabilizadas pela melodia. Figurativização são os procedimentos utilizados na canção análogos aos utilizados na fala. Figurativizar é fazer a canção parecer situação cotidiana de fala.

Observando a primeira parte da melodia de *Já sei namorar*, no diagrama a seguir,[3] podemos constatar que todos os seus tonemas[4] são descendentes, o que denota asseveração, firmeza na afirmação do sujeito, além de, ao aproximar a melodia da entonação da fala, este procedimento criar um maior efeito de dizer verdadeiro, de veridicção.

---

[3] Esse diagrama dispõe a letra em conjunto com as alturas melódicas (notas musicais) que a manifestam, delineando seus contornos melódicos, sem, contudo precisar a duração das notas. As letras maiúsculas à esquerda são cifras correspondentes às notas implicadas na melodia da canção (G= Sol , A= Lá , B = Si , C = Dó , D = Ré , E = Mi e F = Fá).

[4] Tonemas são os finais de frase melódica. Quando esses finais são descendentes, indicam conclusão, asseveração; quando se mantêm no mesmo nível da frase ou são ascendentes, significam interrogação, ou indicam que a ideia ainda não fora concluída, assim como ocorre na fala cotidiana. Portanto, o tonema é um mecanismo de figurativização.

1

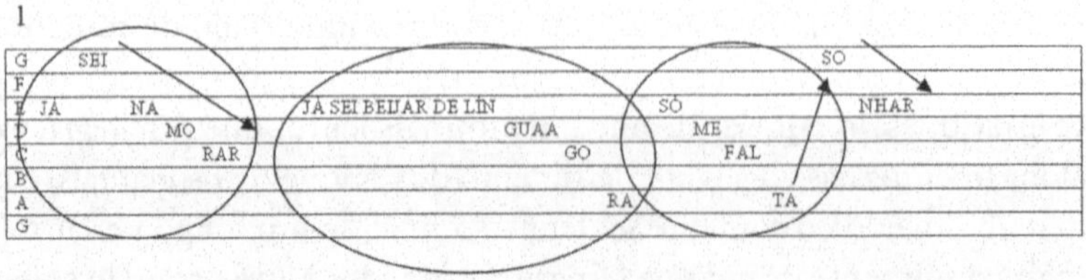

2

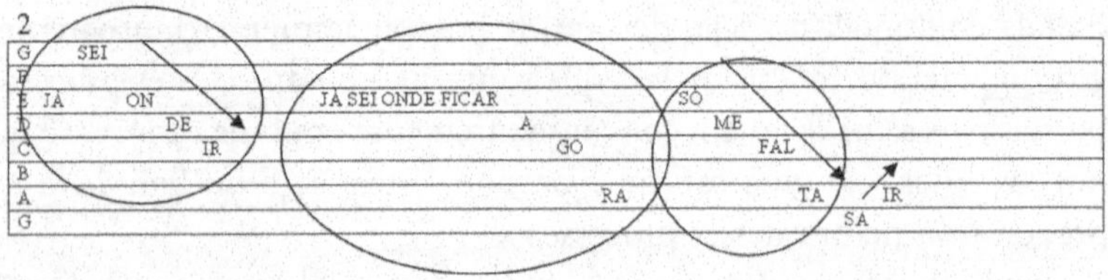

A pequena subida que verificamos no final do segmento 2 será oportunamente abordada.

Constatamos, nos dois segmentos acima, uma clara tematização melódica[5] (marcada nos diagramas acima por círculos), basta compararmos os desenhos melódicos de *"Já sei namorar"* com o de *"Já sei onde ir"*; ou o desenho melódico de *"Já sei beijar de língua agora"* com o de *"Já sei onde ficar agora*; ou ainda a configuração melódica de *"só me falta"*, do primeiro segmento, com a de *"só me falta"*, do segundo segmento. Dessa maneira, fica evidente a compatibilidade entre o que diz a letra e o que diz a melodia, isto é, a letra mostra um sujeito feliz por estar em conjunção com valores eufóricos, com seu saber, seu poder e seu fazer, estado que a melodia vem confirmar com sua velocidade e a consequente

[5] A "tematização melódica" acontece sempre que pequenos motivos rítmicos e/ou melódicos são repetidos sucessivamente como, por exemplo, na melodia da primeira parte da canção "Garota de Ipanema", cuja letra é a seguinte: "*Olha que coisa mais linda/ Mais cheia de graça/ É ela menina/ Quem vem e que passa/ Num doce balanço, caminho do mar (...)*". A "tematização melódica" ocorre quase sempre em canções com andamento mais rápido. Uma canção veloz aproxima seus temas melódicos como se um quisesse possuir o outro, unir-se ao outro, ou seja, os temas se concentram. Por exemplo: quando estamos em um trem e olhamos pela janela, quanto mais rápido o trem anda, mais temos a impressão de que os postes que "passam por nós" estão mais próximos entre si. Temos uma impressão análoga a essa quando ouvimos temas melódicos que se repetem, numa canção veloz. É como se a melodia da canção simulasse a conjunção entre o sujeito e o objeto.

conjunção de seus temas. Tudo ocorre como se, antes mesmo de compor a canção, o compositor já tivesse selecionado valores positivos para veicular tanto na letra quanto na melodia.

Como dissemos acima, os processos de tematização, passionalização e figurativização coincidem numa canção e, embora, nessa primeira parte, tenhamos a predominância da tematização, os tonemas descendentes asseverativos nos acenam com sua figurativização, e o salto de seis semitons, no primeiro segmento, entre as sílabas "ta" de "falta" e "so" de sonhar (só me fal**ta** – seis semitons – **so**nhar) caracteriza um momento de afetividade positiva, ou seja, um elemento passional eufórico. A expansão da tessitura de uma canção está intimamente ligada à tensão afetiva, inclusive, quando um intérprete tem de alcançar notas mais agudas, suas cordas vocais também são tensionadas, num estado físico análogo ao estado emocional.

Resta observar que apenas o último intervalo do segundo segmento (que incide sobre o verbo "sair") arremata o tonema de modo ascendente, consequentemente, não asseverativo. Contudo, não é difícil defender que se trata apenas de um recurso puramente musical, que leva a melodia a uma suspensão para criar a expectativa da entrada da segunda-parte. Embora a relação semissimbólica entre melodia e letra não tenha a necessidade de ser estabelecida termo a termo, a título de ilustração, gostaríamos de notar que esse intervalo que chama a segunda-parte, ou que finaliza a primeira, incide exatamente sobre um verbo que denota também o abandono de uma posição. A letra diz que ao sujeito só falta sair e ao mesmo tempo a melodia cria um ambiente musical para que se saia da primeira parte e se vá para a segunda.

Segunda parte[6]

Toda tematização melódica tende a se desfazer, e a esse desfazimento imediato chamamos "desdobramento". O desdobramento acontece quando uma tematização melódica vem se desenvolvendo e, em um

[6] Adotamos o hífen para o termo "segunda-parte" com a intenção de dessemantizar os elementos dessa palavra composta, utilizada, provavelmente, a partir da década de 1930, pelos cancionistas brasileiros, para designar a parte "B" da canção, ou seja, a parte que se opõe ao refrão. Embora Luiz Tatit venha substituindo este termo por "outra parte", acreditamos que, ao manter o termo "segunda-parte", aproximamos, de maneira sutil, a teoria da prática.

dado momento, ela se desfaz, isto é, o desenho melódico, que se repetia e desenhava a tematização, desmancha-se, criando uma "cauda melódica" com um desenho totalmente diferente daquele que configurava a tematização. Entretanto, quando esse desfazimento ocorre no âmbito extenso da canção, ou melhor, no seu plano global, essa oposição, esse desfazimento, se dá entre a primeira e a segunda-parte, ou mais precisamente, entre o refrão e a segunda-parte.

Na canção em questão, não temos configurado um refrão propriamente dito, mas, se examinarmos atentamente sua melodia e letra, concluiremos que a primeira parte é um refrão melódico, cuja letra, embora seja modificada a cada vez em que ele é manifestado, sempre veicula um estado eufórico. A segunda-parte que a rigor deveria pôr fim à continuidade eufórica da letra e da melodia, tem sua duratividade restrita a duas frases e quatro compassos.

Segundo Algirdas Julien Greimas, a "paciência está intimamente ligada à espera, preenchendo o espaço entre o sujeito de espera atualizado e o sujeito realizado (ou não realizado), ela é coextensiva à espera".[7] Paciência, segundo o dicionário francês *Petit Robert* – fonte de consulta do eminente semioticista – é a "disposição do espírito daquele que sabe esperar sem perder sua calma" e seu antônimo, a impaciência, é exatamente o oposto à espera; é a disposição do espírito daquele que não sabe esperar. No entanto, ao consultar o *Dicionário Houaiss da Língua Portuguesa*, encontramos também a seguinte definição para paciência: "Virtude que consiste em suportar os dissabores e infelicidades, resignação".

A letra da ínfima segunda-parte de *Já sei namorar* diz o seguinte: *"Não tenho paciência pra televisão/ Eu não sou audiência para a solidão".* Seja qual for a acepção que adotemos de paciência, ela se coaduna com a letra da canção. "Não tenho paciência" que dizer exatamente que o sujeito não está disposto a esperar passivamente por uma configuração eufórica em sua existência, mesmo porque ele é um sujeito competente (como mostramos acima) para realizar seu percurso que objetiva a conjunção com o estado durativo da felicidade *("quero mais é ser feliz")*, que será alcançado fora de uma situação solitária *("eu não sou audiência para a solidão")*. Portanto, não faz parte dos desígnios do sujeito "eu" suportar dissabores e infelicidades.

---

[7] A. J. Greimas, De la Colère, Actes Sémiotiques: Documents, v. 3, n. 27 (reimpresso em Du Sens II).

Não ter paciência pra televisão e não ser audiência para a solidão significa também não gostar do estado solitário e passivo a que muitas pessoas se entregam diante deste potente eletrodoméstico em detrimento de uma experiência plena com a vida e com os relacionamentos intersubjetivos *("Eu sou de todo mundo/ e todo mundo me quer bem)*. O sujeito rejeita veementemente a condição passiva do estado de espera pelo devir. Não está disposto a suportar resignadamente as vicissitudes inerentes à condição humana, rejeitando, também, um hermetismo anticomunicacional.

3

Como pudemos observar acima, a segunda-parte de *Já sei namorar* marca um momento de tensão passional na letra da canção, que é imediatamente rejeitado pelo sujeito, o que por si só justifica sua ínfima dimensão.

No que concerne à melodia da segunda-parte, podemos ver, no diagrama acima, que ela inicia a configuração de uma gradação, ou seja, há uma tendência à expansão da tessitura, em blocos. A melodia do verso *"Não tenho paciência pra televisão"* se desenvolve no espaço melódico compreendido entre as notas Si e Ré (B e D), tendo seu início na nota Dó (C). Esse mesmo desenho melódico é repetido uma terça maior acima, isto é, dois tons acima, compondo a melodia do verso *"eu não sou audiência para a solidão"*, que se desenvolve no espaço melódico compreendido entre as notas Ré e Fá (D e F), tendo seu início na nota Mi (E).

A gradação melódica é o mecanismo pelo qual a tessitura de uma composição musical vai sendo gradativamente expandida e que marca a conjunção com o estado de tensão passional. Entretanto, em compatibilidade com o conteúdo da segunda-parte da canção, esse processo é abruptamente interrompido, configurando apenas um arremedo de tensão passional, para, em seguida, retornar à melodia da primeira parte da canção, apresentada com uma nova letra, em que o sujeito, de maneira paradoxal *("eu sou de ninguém/ eu sou de todo mundo/ e todo mundo me quer bem)*, afirma sua plenitude conjuntiva com a humanidade e com as coisas do mundo *(e todo mundo é meu também)*, fato que a melodia temática corrobora imediatamente.

4

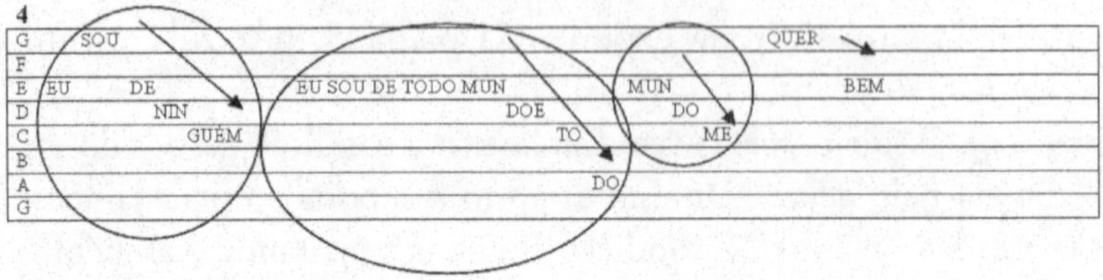

5

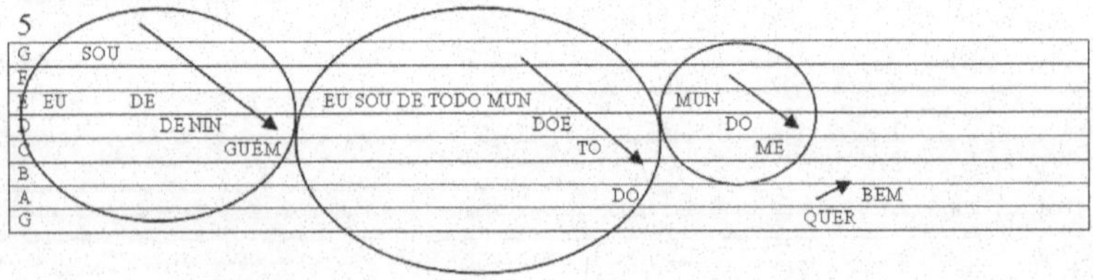

Note-se acima que os movimentos melódicos descendentes, portanto asseverativos – que, como já dissemos acima, confirmam melodicamente a afirmação veiculada pela letra –, só são abalados pelos recursos musicais de prossecução e de arremate melódico harmônico. Isso quer dizer que, embora constatemos pequenas expansões da tessitura nesta parte da canção, elas cumprem função estritamente musical. Bastar notar que até o salto intervalar que no primeiro segmento era de seis semitons, nesse segmento se contrai para quatro, confirmando o predomínio da tematização sobre a passionalização melódica, da euforia da conjunção sobre a disforia da passionalização. E, novamente, a pequena inflexão melódica ascendente do final do segmento serve para chamar uma outra parte, neste caso, a introdução.

Na terceira vez em a que melodia da primeira parte é apresentada, retoma-se o aspecto incoativo, ou seja, o sujeito permanece em um estado inicial de algum fazer, mais precisamente, considera-se apto a fazer (*"Já sei namorar / Já sei chutar a bola/ Agora, só me falta ganhar"*).

Metaforicamente, o sujeito diz que já possui as condições mínimas para o jogo (do amor), ou seja, para jogar futebol, é necessário primeiro saber chutar a bola; assim como, para namorar, é necessário primeiro aprender a beijar de língua. Contudo, o sujeito não quer apenas jogar, ele pretende atingir o objetivo de todo jogador de futebol, isto é, ganhar a partida. Assim como todo amante, ao se relacionar com o parceiro, tem o objetivo de ser feliz, de estar em conjunção plena com o objeto. Nesse sentido, o sujeito afirma que a ele só resta sonhar, sonhar com ganhar no jogo da vida, portanto, ser feliz.

Mas o sujeito rejeita um estado durativo na tensão dessa busca, isto é, ele não quer a vida em jogo. Ele pode até jogar, porém ele quer ganhar e entrar em conjunção com a felicidade plena. Inclusive, como se isso fosse possível, o sujeito rejeita a possibilidade de seu percurso ser sancionado, ser julgado *("Não tenho Juiz")*.

A melodia mais uma vez predominantemente descendente e temática, como podemos notar nos diagramas que seguem (segmentos 6 e 7), confirma a certeza do sujeito em relação ao seu querer e à aquisição da competência complementar para o fazer. A rejeição à permanência na tensão do jogo é marcada, na melodia, pelo retorno da expansão da tessitura. O salto de seis semitons desta parte da melodia que, no segmento 4, havia sido contraído para quatro semitons, expande-se novamente e constatamos um salto de seis semitons entre as sílabas "ta" de falta e "ga" de ganhar (só me fal**ta** – seis semitons – **ga**nhar). A melodia, então, denuncia que o sujeito rejeita o estado durativo (da reiteração) por meio de um elemento supresa: o salto intervalar.

6

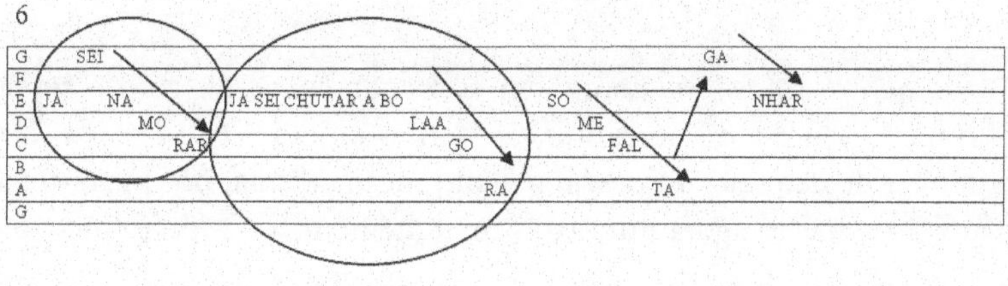

7

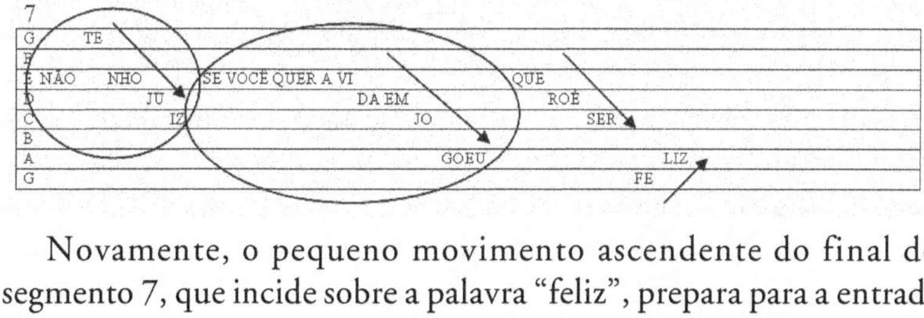

Novamente, o pequeno movimento ascendente do final do segmento 7, que incide sobre a palavra "feliz", prepara para a entrada da segunda-parte, que repete o conteúdo anteriormente apresentado.

A letra da segunda vez em que a primeira parte da canção é apresentada também é repetida sem modificações.

Coda

Ao final, temos uma coda, que é uma parte conclusiva de uma composição musical, que lhe serve de arremate. A coda não é um elemento muito comum em canções populares, no entanto, também não lhes é estranha.

8

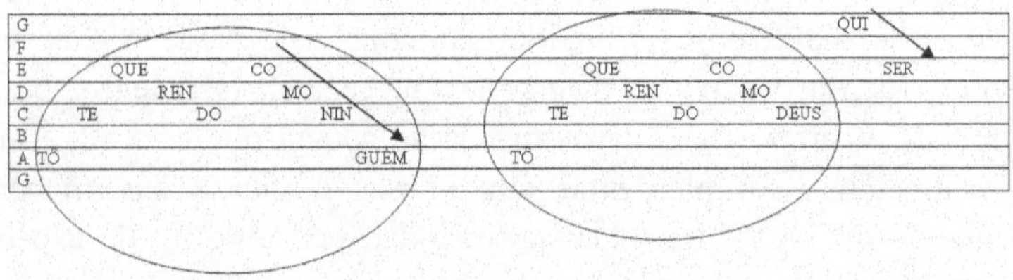

9

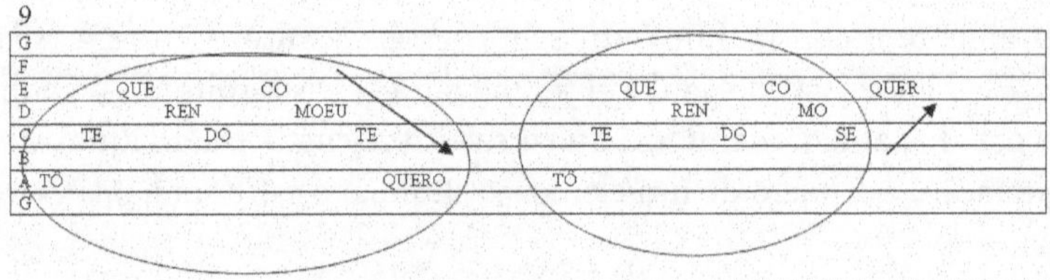

As quatro frases que compõem esta coda começam com o sujeito afirmando seu estado de conjunção com o objeto. O *"Tô te querendo"*, em lugar de denotar um desejo de conjunção, afirma, por meio do gerúndio, o aspecto agora durativo (diferentemente do aspecto incoativo anteriormente notado) da conjunção do sujeito com seu objeto e com seu valor principal, a felicidade. Na verdade, *"Tô te querendo"* significa estou te amando.

A frase *"Tô te querendo como ninguém"* caracteriza uma manipulação por tentação[8] porque o sujeito "eu" se oferece como a única pessoa capaz de amar o sujeito "tu" da maneira como ele considera ideal. Se não há, também, alguém capaz de amar o "tu" daquela maneira, a

[8] A semiótica prevê quatro grandes classes de manipulação: tentação, intimidação, provocação e sedução. A tentação caracteriza-se pelo oferecimento de um dom positivo ao manipulado.

possibilidade de surgimento de um antissujeito, que venha a ameaçar a feliz conjunção do "eu" com o "tu", é zero. Em seguida, o sujeito "eu" transfere a responsabilidade por fazer durar aquele estado conjuntivo eufórico a Deus, o destinador[9] maior (*"Tô te querendo como Deus quiser"*), o que, de certa forma, neutraliza as tensões favoráveis à ruptura, pois, até este momento da canção, o destinador tem favorecido a conjunção do sujeito e não há motivo aparente para que tal estado seja transformado, principalmente sob os auspícios do destinador supremo.

"Tô te querendo como eu te quero" pode ser lida de duas maneiras: a primeira, como só continuo te querendo se for da maneira que eu quero, ou seja, eu não quero a vida em jogo, eu quero é ser feliz. Se for dessa maneira, eu te quero. A segunda, como uma interjeição[10] que exprime a emoção do sujeito de estar amando muito o "Tu": Como eu te quero! Combinando as duas leituras, podemos deduzir que o sujeito ama muito seu parceiro e, se todas as possibilidades de tensão para a cisão forem evitadas, ele vai amar muito mais.

Para terminar, o sujeito afirma que ele ama como se deve amar, pois o "se", na frase *"Tô te querendo como se quer"*, funciona como símbolo de indeterminação do sujeito. Portanto, *"como se quer"* deve ser lido como se deve querer, como se deve amar, pois, como o sujeito não é determinado, a afirmação torna-se generalizada, logo, estou te querendo como é normal as pessoas quererem o amante.

Essa configuração de regozijo do sujeito é ratificada pela tematização melódica dos segmentos 8 e 9. Já o componente afetivo da coda é corroborado pelo final suspensivo da frase melódica do segmento 9. É importante notar que tal configuração passional se restringe a essa suspensão melódica e a uma pequena expansão da tessitura no segmento 8 (como **Deus** – quatro semitons – **qui**ser), e tem o objetivo de ressaltar a emoção do estado conjuntivo, portanto, mais uma vez, um processo de passionalização eufórica. Os efeitos figurativos ficam por conta dos tonemas asseverativos e da linguagem coloquial utilizada na forma aferésica e apocopada[11] do verbo *estar*, na primeira pessoa do presente do

[9] Destinador é o actante (entidade sintática) que doa competência ao sujeito e zela pelo bom andamento de sua *performance*.

[10] Não há sinais grafados no encarte do CD que garantam essa inferência, no entanto, a maneira de cantar nos autoriza.

[11] Aférese e apócope são, respectivamente, processos de mudança linguística que suprimem fonemas no início e no final dos vocábulos.

indicativo, ou seja, suprimiu-se o "es" e o "u" de "estou" (te querendo), como fazemos na fala cotidiana.

Arranjo

Embora fosse possível analisar com mais profundidade o arranjo de *Já sei namorar*, ressaltaremos apenas alguns de seus aspectos.

Primeiramente, gostaríamos de ressaltar a predominância de instrumentos da categoria dos percussivos e dos não melódicos na confecção do arranjo. Se a canção é predominantemente temática, é natural que o arranjador tenda a escolher, para compor seu arranjo, instrumentos com menor poder de duratividade, pois lhe é importante exacerbar os recortes consonantais da configuração temática. Por outro lado, assim como há poucas marcas indicando nuanças passionais melódicas, há pouco uso de instrumentos com poder de fazer durar as notas. A seguir, mostraremos um quadro com os instrumentos utilizados neste arranjo.

Melódicos	Não melódicos	Percussivos
Harmmond	Violão com cordas de nylon	Palmas
	Violão com cordas de aço	Shakers
	Guitarra	Moringa
	Baixo	D'jembe
		Bateria

É fácil notar a predominância dos instrumentos com menor capacidade de fazer durar as notas sobre os instrumentos melódicos. Não obstante, é preciso registrar que todas as vezes em que a introdução "melódica" é apresentada, sua melodia é manifestada por vocalises da intérprete Marisa Monte, ou seja, nas introduções, a voz é utilizada como instrumento melódico, já que não veicula conteúdo linguístico. Esse é o momento em que se faz mais presente o recurso de alongamento das vogais, inerente ao processo de passionalização. De maneira análoga, as últimas sílabas de cada verso, emitidas por Carlinhos Brown durante a manifestação da coda, são alongadas com a utilização de reverberação eletrônica.

Conclusão

Já sei namorar inicia com um sujeito pleno de competência que pode e sabe onde ir, mas prefere ficar e usufruir da conjunção com seu objeto, mesmo que isso lhe custe algum esforço "atlético": jogar sim, durar na condição de jogador, não! A felicidade é o seu gol de placa e, nesse momento, ele é de todo mundo; é da galera na arquibancada da vida.

A melodia da canção costura o componente linguístico como se quisesse bordar sua vida na dele. Como se não fosse possível a existência de um sem o outro. E será que isso seria possível? Será que a letra dessa canção, caso fosse publicada como poema em um livro, alcançaria o sucesso editorial? Será que sua melodia, caso fosse gravada de maneira instrumental, alcançaria esse fenomenal sucesso? Podemos afirmar com certeza que não! Todavia, a conjunção da coloquialidade da fala com uma simplicidade harmônico-melódica resultou num dos maiores fenômenos da indústria fonográfica brasileira. Mistério? Sim! Novidade? Não! Outros cancionistas brasileiros já nos deram demonstração do poder dessa linguagem sincrética. Por isso, cada vez mais surgem pesquisadores preocupados com a canção popular. Ela não é poesia e também não é música. É uma linguagem construída recentemente, que hoje se configura como um dos objetos da arte brasileira de maior complexidade e valor. Uma das funções da semiótica da canção é a de depreender, na medida do possível, os mistérios de sua criação.

Enfim, esperamos ter descrito os principais recursos utilizados – espontaneamente – por Arnaldo Antunes, Carlinhos Brown e Marisa Monte na composição de *Já sei namorar*. Alguns aspectos foram abordados apenas de passagem, porém, os mais relevantes não escaparam à análise. Esperamos também que tal empreitada tenha contribuído para a valorização do trabalho dessa tribo que fez chover na horta da MPB.

Bibliografia

BARROS, D. L. P. *Teoria do discurso*: fundamentos semióticos. São Paulo: Atual, 1988.

______. *Teoria semiótica do texto*. São Paulo: Ática, 1990.

COELHO, M. *Elementos para a análise semiótica do arranjo na canção popular brasileira*. São Paulo, 2002. Dissertação (Mestrado) – Faculdade de Filosofia, Letras e Ciências Humanas, Universidade de São Paulo.

FIORIN, J. L. *Elementos de análise do discurso*. São Paulo: Contexto/Edusp, 1996.

Greimas, A. J. De la Colère. *Actes Sémiotiques*: documents, v. 3, n. 27.
Tatit, L. *A canção*: eficácia e encanto. São Paulo: Atual, 1986.
______. *Semiótica da canção*: melodia e letra. São Paulo: Escuta, 1994.
______. *O cancionista*: composição de canções no Brasil. São Paulo: Edusp, 1996.
______. *Musicando a semiótica*: ensaios. São Paulo: Annablume, 1997.

Renata Ciampone Mancini

Relampiano

Não é novidade que muitas pessoas interessadas em análise de textos nem sequer chegam a ter contato com a teoria semiótica por acharem que a incursão em suas discussões teóricas é uma tarefa árdua demais. Assim, uma teoria que apresenta ferramentas de trabalho muito consistentes e operativas para a análise textual muitas vezes deixa de ser explorada por aqueles que poderiam tirar bom proveito de noções já solidamente estabelecidas. O problema parece ser a escassez de obras de aplicação dos conceitos teóricos – estes amplamente contemplados pela bibliografia da área –, o que cria uma indesejável lacuna entre a teoria e a prática, dificultando a adesão a essa metodologia.

A proposta deste livro é contribuir para a aproximação entre a reflexão teórica e a prática analítica, foco do presente trabalho. Este destina-se às pessoas que ainda não tiveram contato com a metodologia de análise de textos proposta pela semiótica, uma vez que visa à introdução de conceitos teóricos básicos. Assim, através da análise da canção *Relampiano*, de Lenine e Paulinho Moska, apresenta um primeiro e breve contato com a dinâmica da prática analítica. Essa escolha deve-se tanto à indiscutível importância do papel da música popular na cultura brasileira – afinal, ela é parte do nosso cotidiano – quanto à nossa própria paixão pelas canções da MPB.

Porém, qual é a razão que nos leva a querer fazer a análise semiótica dessa canção? Qual é o interesse desse tipo de abordagem? Será só um exercício acadêmico em si mesmo ou será que possibilita novas formas de apreensão do texto? E, na verdade, não seriam estas novas formas de apreensão apenas versões empobrecidas daquilo que captamos intuitivamente no ato de leitura, já que a construção de qualquer análise baseia-se em recortes específicos do texto para que estes se encaixem no âmbito de pertinência das ferramentas teóricas que temos à disposição?

Essas são perguntas que deveriam nortear aqueles que se dispõem a analisar textos. Entretanto, antes de avançarmos com a nossa discussão, temos que ter clareza quanto a duas questões básicas: a noção de texto e a especificidade da análise que iremos propor neste trabalho.

Comecemos por apresentar o que entendemos por texto. Não podemos nos esquecer que essa é uma noção que abrange não só os textos verbais (textos literários, artigos de revistas etc.), mas também, por exemplo, os visuais (pinturas, esculturas, fotografia etc.) e os musicais, como é o caso da canção analisada neste trabalho. Há também aqueles que são construídos a partir da mistura desses diferentes "tipos textuais", como é o caso do cinema e dos textos publicitários, por exemplo. Ou seja, a noção de texto apresentada aqui é bastante abrangente e é isso que nos permite propor a análise de uma canção na sua totalidade. Em outras palavras, ao considerarmos a canção – texto composto por melodia e letra – como um objeto de significação, passam a ficar incompletas as análises que se preocupam apenas com a letra para tentar apreender a sua "mensagem final" (e vale o mesmo para o caso das análises de canções que consideraram apenas a melodia). Na verdade, já sabemos isso intuitivamente, pois não é difícil admitir que o impacto de uma canção que "mexe com a gente" não seria o mesmo se tivéssemos contato apenas com sua letra. Portanto, este trabalho é tributário dessa noção abrangente de texto, uma vez que analisa como a letra e a melodia interagem para construir o *texto* que chamamos de *canção*, no nosso caso específico, a partir da análise da canção de Lenine.

Empregaremos na análise da letra a teoria semiótica criada por Algirdas Julien Greimas e, posteriormente, desenvolvida por seus seguidores. A melodia será analisada segundo o modelo criado por Luiz Tatit para o estudo da canção popular. Os conceitos específicos serão apresentados no decorrer da análise propriamente dita, mas talvez a compreensão seja facilitada se antes apresentarmos algumas ideias gerais que estão por trás de uma análise semiótica.

A semiótica parte do pressuposto de que os *textos* possuem uma lógica subjacente geral. Isso quer dizer que, independentemente das características que individualizam um texto, há esquemas de organização comuns a todos eles. Para ilustrar o que acabamos de dizer, uma narrativa sempre se constrói baseada nas noções de *sujeito*, *antissujeito* e *objeto-valor*, por exemplo. Esses conceitos da semiótica podem ser entendidos da seguinte forma: há sempre um *sujeito* que se coloca em busca de um *objeto* que representa um *valor* para ele. Quando falamos em objeto não estamos necessariamente nos referindo a algo palpável, mas sim à meta do *sujeito*, àquilo que ele quer alcançar. Não importa se estamos contando a história de um príncipe em busca do casamento com a princesa, de um universitário em busca do diploma, de um empresário em busca da melhoria dos lucros da sua empresa etc. Todas essas narrativas têm em comum um *sujeito* que busca um *objeto-valor*. A ideia é alcançar essa meta, que, em termos semióticos, significa *entrar em conjunção com o objeto-valor*. O caminho trilhado por essas ações constituirá a narrativa desse *sujeito*. Esta, portanto, partirá sempre de uma *necessidade de busca* do *objeto-valor* pelo *sujeito*, ou seja, de uma situação de *disjunção*. E não importa se está sendo contada em um livro, em uma canção, em um clip musical, em um filme, pois esse esquema geral vale para qualquer tipo de texto. O *antissujeito*, que ainda não mencionamos, representa os obstáculos que cada um desses *sujeitos* vai encontrar em seu caminho de busca. Assim, o *antissujeito* pode ser um dragão "terrível" que tenta impedir o príncipe de resgatar a princesa, pode ser um professor muito incompetente ou injusto no caso do universitário, pode ser uma crise financeira no caso do empresário.

Em suma, apesar das diferentes narrativas "contarem" histórias específicas, elas possuem esquemas de organização comuns e são esses esquemas, essa lógica geral dos textos, o ponto de partida de uma análise semiótica.

Resta-nos, então, esclarecer a razão pela qual consideramos interessante essa maneira de encarar o texto. Acreditamos que, ao identificar elementos comuns aos textos, a semiótica cria um elenco de conceitos que podem ser aplicados a qualquer texto e, dessa forma, permite que se faça uma análise mais isenta de gostos pessoais, mais focada em como o texto está construindo aquilo que diz, ao invés de se preocupar com o julgamento do que está sendo dito. Assim, não se faz necessário concordarmos ou não com o que um texto diz para analisarmos se a sua mensagem foi construída de maneira eficiente.

A partir do momento que temos à disposição ferramentas teóricas para a análise textual, as opiniões pessoais ou as questões ideológicas passam para um segundo plano. Isso permite uma certa isenção com relação a possíveis preconceitos que talvez pudessem distorcer a análise.

Possibilita, também, uma abordagem mais científica que apresenta uma beleza inusitada por diminuir o teor opinativo das análises, contribuindo, desse modo, para não restringi-las a meras paráfrases ou interpretações subjetivas do texto. Enfim, o grande mérito da semiótica é deixar que a *mensagem* se mostre a despeito da opinião do analista sobre ela.

Mas, evitemos mal-entendidos. Não estamos dizendo que uma análise semiótica visa a demonstrar apenas o que um texto tem em comum com outros. O que queremos dizer é que um semioticista parte desses conceitos teóricos gerais como base para o seu trabalho analítico. Porém, são as diferentes estratégias empregadas na construção de um texto, isto é, as maneiras como esses conceitos se relacionam em seu interior, que garantem sua individualidade, sua eficácia e é isso o que a análise semiótica procura explicitar.

Esperamos ter começado a responder algumas das questões levantadas no início dessa introdução. Deixemos a análise responder aquilo que ainda pode não estar claro.

Análise

Comecemos a análise da canção pela letra:

Relampiano
Lenine/Paulinho Moska
(CD *Na Pressão*)

Tá relampiano, cadê neném?
Tá vendendo drops no sinal pra alguém
Tá relampiano, cadê neném?
Tá vendendo drops no sinal pra alguém,
Tá vendendo drops no sinal...

Todo dia é dia, toda hora é hora,
Neném não demora pra se levantar
Mãe lavando roupa, pai já foi embora,
E o caçula chora pra se acostumar
Com a vida lá de fora do barraco,
Hay que endurecer um coração tão fraco,
Para vencer o medo do trovão,

Sua vida aponta a contramão
Tá relampiano, cadê neném?
Tá vendendo drops no sinal pra alguém
Tá relampiano, cadê neném?
Tá vendendo drops no sinal pra alguém,
Tá vendendo drops no sinal...

Tudo é tão normal, todo tal e qual,
Neném não tem hora pra ir se deitar,
Mãe passando roupa do pai de agora,
De um outro caçula que ainda vai chegar,
É mais uma boca dentro do barraco,
Mais um quilo de farinha do mesmo saco,
Para alimentar um novo João Ninguém,
E a cidade cresce junto com neném

A letra da canção de Lenine trata do cotidiano de uma família pobre que tem de lutar pela sobrevivência. Esse cotidiano é narrado de forma distanciada, sem envolvimento afetivo, com um tom de objetividade que é criado pelo fato da história estar sendo contada em terceira pessoa. Esse modo de narrar os fatos como se fossem assuntos nos quais o narrador não tem participação direta (em oposição a um narrador que narra em primeira pessoa, dizendo "eu" a todo momento, isto é, vivenciando os fatos narrados), configura o que em semiótica chamamos de *debreagem actancial enunciva.* Esse é um modo do narrador apresentar o texto que produz um efeito de objetividade, de distanciamento do fato narrado, de ausência de um julgamento direto. A vida no barraco ganha um caráter de normalidade (*Tudo é tão normal, todo tal e qual*) que é enfatizado por esse afastamento da subjetividade, essa ausência de julgamento simulada pela *debreagem enunciva.*

O tempo verbal das ações narradas também colabora com o efeito de objetividade já mencionado. As ações são narradas no presente, mas não no presente que nos remete ao "agora" e sim no presente que nos remete à ideia do "sempre" (*Todo dia é dia, toda hora é hora, Neném não demora pra se levantar... Neném não tem hora pra ir se deitar* etc.). Em frases como, por exemplo, "Estou com sono" ou "Vamos ao parque?", a noção do tempo verbal é diferente daquela de frases como "Acordo todo dia às seis" ou "A água congela no freezer". Nos dois casos temos ações descritas no presente, mas nas primeiras duas frases, o momento de referência é o "agora" e, nas duas últimas, é o "sempre". Este presente do "sempre" recebe o nome de *presente gnômico* e produz um efeito de verdade, um efeito criado a partir da ideia implícita do "é sempre assim". Assim sendo, o uso desse tempo verbal para retratar o cotidiano da família produz o efeito de se estar falando de uma verdade absoluta, de uma realidade que se configurará sempre da mesma forma, de uma situação inexorável.

No entanto, no trecho da letra que corresponde ao refrão da canção (*Tá relampiano, cadê neném?...*) há uma suspensão desse distanciamento da subjetividade pela inesperada aparição da voz da mãe preocupada com seu filho. É como se a frieza ao relatar o cotidiano dessa família fosse interrompida no momento em que o narrador permite que o interlocutor "mãe" mostre sua voz, isto é, que interrompa a narração para falar de sua angústia com o fato de não saber onde está o filho (*cadê neném?*) no momento em que a tempestade está para começar. Vale fazermos uma pequena pausa nesse momento para esclarecer que o *interlocutor* é o actante a quem o narrador dá voz.[1]

É interessante notar que não há uma linha demarcatória entre uma voz e outra, isto é, não há nada nessa letra que indique algo como "agora é a narração" ou "agora é a voz da mãe". Percebemos apenas uma mudança de tom que deixa de lado o distanciamento para dar lugar ao tom mais emotivo da voz que podemos inferir ser da mãe pelo uso da palavra "neném". Há, nesse momento, o extravasamento da dimensão passional que, até então, figurava apenas como pano de fundo para a descrição distanciada criada pela narração em terceira pessoa. A voz da mãe traz para primeiro plano uma versão mais subjetiva da vivência desta família, permitindo a incorporação de toda uma carga passional que havia sido relegada a um papel coadjuvante. É como se nesse momento da letra pudéssemos entrever o sofrimento que é o pano de fundo de um cotidiano na pobreza (no barraco) e que não é mostrado pela narração distanciada e objetiva. As duas vozes contam duas versões – uma passional/subjetiva e outra distanciada/objetiva – da mesma situação e, assim sendo, estabelecem um embate entre a ideia de normalidade para a condição de pobreza e a ideia de sofrimento com essa condição, o que

---

[1] José Luiz Fiorin, As astúcias da enunciação: as categorias de pessoa, espaços e tempo, São Paulo, Ática, 1999, p. 67.

também é mostrado de maneira explícita na letra quando diz "*E o caçula chora pra se acostumar/ Com a vida lá de fora do barraco/ Hay que endurecer um coração tão fraco*". Ou seja, é tão doloroso aceitar a normalidade das dificuldades impostas por esse tipo de vida que o "caçula" (alguém no começo da vida) tem que chegar ao ponto de tornar-se insensível (tem que "se acostumar") para suportá-la.

Essa tentativa de considerar normal o que é doloroso traz o tema da resignação, que, nessa letra, é apresentado em oposição à possibilidade de revolta, pela citação da famosa frase "Hay que endurecer sin perder la ternura jamas" do revolucionário Che Guevara, um ícone da luta revolucionária em favor das classes oprimidas. Ou seja, essa citação convida à reflexão de que, ao invés de se revoltarem contra a situação de opressão na qual se encontram, desenvolvem um sentimento de resignação. Tanto a revolta quanto a resignação são abordadas pela semiótica no estudo das *paixões*. A resignação nada mais é que a insatisfação não resolvida (em relação ao objeto-valor) ou a decepção não resolvida (em relação ao outro), que são estados de *disjunção* que se prolongam, que duram. A revolta, por sua vez, se dá quando os efeitos da insatisfação ou decepção são interrompidos e seguidos pelo sentimento de falta. Ao procurar resolver essa falta, o sujeito trata de tentar punir quem considera o responsável por suas perdas, ou seja, adquire um querer fazer mal ao responsável por sua falta.[2] No caso dessa canção, os sujeitos se mantêm em estado de resignação e não partem para a resolução da falta (revolta/vingança), pois é como se aceitassem essa visão de inexorabilidade da vida na pobreza. Incorporam a ideia de normalidade, de que suas ações cotidianas levam sempre a um mesmo ponto, de que tudo é sempre assim, ou seja, encaram a vida sob a ótica da resignação. É por isso que a dimensão passional que explicita o sofrimento de viver nessa situação é abafada e passa para primeiro plano apenas em um momento de extravasamento.

A noção de resignação, que perpassa todo o texto, é construída de maneira específica nessa letra. Porém, antes de passarmos a essa discussão, é conveniente uma pausa para que possamos fazer um balanço do que já discutimos até aqui e também para introduzirmos alguns conceitos que serão necessários para a continuidade da análise.

---

[2] Diana Luz Pessoa de Barros, Teoria do discurso: fundamentos semióticos, São Paulo, Atual, 1988, pp. 63-5.

Até agora nossa discussão limitou-se a elencar algumas ideias que nos ajudam a compreender melhor o texto. No entanto, é necessário mostrar que esses conceitos são dispostos de acordo com uma organização hierárquica, o que em semiótica chamamos *percurso gerativo de sentido*, que propõe que um texto pode ser analisado segundo diferentes níveis de abstração. O mais superficial, menos abstrato e mais complexo é chamado *nível discursivo*; o intermediário é conhecido como *nível narrativo* e o mais abstrato e menos complexo é chamado *nível fundamental*. Algumas linhas de pesquisa semióticas tratam o nível mais abstrato do percurso pela ótica tensiva,[3] mas aqui não trabalharemos com os conceitos referentes a este nível. Trataremos apenas dos conceitos relacionados aos níveis *discursivo e narrativo*.

Já dissemos que a organização de uma narrativa baseia-se nos conceitos de *sujeito*, *antissujeito* e *objeto-valor*. Porém, há outros que são importantes para o prosseguimento da análise, sobre os quais ainda não falamos: *destinador*, *adjuvante*, *actante* e *ator*. Como já citamos na introdução, o *destinador* é mais um daqueles conceitos comuns a qualquer texto, apesar do fato de "aparecer" de diferentes modos em cada narrativa. O *destinador* tem o papel de tornar o *sujeito* competente para a sua busca do *objeto-valor*. Assim, ele dota o sujeito de um *saber*, ou de um *poder*, ou de um *querer*, ou de um *dever*, que lhe permite entrar em movimento em busca de sua meta. Recuperando os nossos exemplos apresentados na introdução, o *destinador* na narrativa do príncipe pode ser o rei que o manipula para ir salvar a princesa, não importando os obstáculos, isto é, os *antissujeitos* no seu caminho. No caso do universitário, pode ser, por exemplo, a pressão da família que o obriga a terminar o curso universitário a qualquer custo. Já para o empresário, o *destinador* pode ser a manutenção de seu *status* social, por exemplo. O *adjuvante* tem o papel de ajudar o sujeito a passar pelos obstáculos impostos pelo *antissujeito* (ou, paralelamente, ajuda o *antissujeito* a obstacular a ação do *sujeito*, cumprindo nesse caso a função de antiadjuvante).

Todos esses conceitos semióticos que apresentamos, isto é, os de *sujeito*, *antissujeito*, *destinador*, *objeto-valor* configuram o que chamamos de *actantes*. Os *actantes*, portanto, representam as funções que organizam as narrativas. Estas podem ser "revestidas" ou "preenchidas" de diferentes

---

[3] Jacques Fontanille e Claude Zilberberg, Tensão e significação, São Paulo, Discurso/Humanitas, 2001.

maneiras pelo *ator*. Assim sendo, nos nossos exemplos, o *ator* empresário representa o *sujeito*, o *ator* crise econômica tem o papel de *antissujeito* etc. Os *actantes* pertencem ao nível narrativo, isto é, referem-se a uma parte mais abstrata do texto, enquanto o *ator* é um conceito do nível discursivo, mais superficial. Este é o nível em que as individualidades do texto se manifestam.

Retomando a análise, podemos dizer que a resignação, não explicitada pela letra, perpassa toda a narrativa, cobrindo-a de uma dimensão emotiva que apenas entrevemos no momento da tomada de voz pela mãe. É essencial, portanto, determinarmos o que constrói a resignação como pano de fundo das ações na estrutura desse texto. Baseando-nos nos conceitos já apresentados, podemos dizer que a resignação é sustentada por uma ambiguidade de *funções actanciais* para um dos atores, o *ator cidade*. Vamos, então, aos passos que nos levam a dizer isso.

A luta pela sobrevivência é o *destinador* que faz com que o *sujeito* entre em movimento. A sobrevivência é, portanto, o seu *objeto-valor*. A pobreza coloca os obstáculos, as dificuldades e, assim sendo, tem a função de *antissujeito*. A cidade, entretanto, tem um papel ambíguo. É ora *adjuvante do sujeito*, pois garante sua subsistência no trabalho na rua (*Tá vendendo drops no sinal pra alguém*), e ora *adjuvante do antissujeito*, por constituir a realidade opressora que o mantém em situação de pobreza (*E o caçula chora pra se acostumar com a vida lá de fora do barraco*, leia-se, na cidade). Em outras palavras, o *ator cidade* tem a função de "preencher" dois papéis actanciais diferentes, pois "ajuda" o *sujeito* e, ao mesmo tempo, o *antissujeito*.

Assim sendo, é difícil para o sujeito posicionar-se diante do fato de que a cidade ao mesmo tempo que auxilia e dá os meios para que consiga continuar sobrevivendo é também quem cria os obstáculos à sua própria sobrevivência. Isso faz com que se crie uma confusão para o *sujeito* com relação às imagens do *destinador* (que faz o *sujeito* seguir em seu percurso) e do *antissujeito* (que tenta obstacular o *sujeito*). Desse modo, há uma confusão entre o que se considera eufórico ou disfórico, isto é, entre aquilo que é positivamente valorizado na narrativa e aquilo que é negativamente valorizado. A frase que fecha a letra dessa canção "*E a cidade cresce junto com neném*" ilustra bem essa ambiguidade, por possibilitar tanto a leitura que privilegia a versão da cidade como *adjuvante do sujeito* por se desenvolver, crescer *junto* com ele, como também a versão de que é ela que mantém a situação de pobreza em que a vida de "neném" se baseia.

A partir dessas considerações, podemos retomar nossa discussão sobre a resignação, construída em contraposição à saída pela revolta. Nessa situação ambígua, torna-se difícil a saída pela revolta. Como posso me revoltar, ou melhor, contra o que devo me revoltar se a situação responsável pela manutenção do caminho em direção à minha meta é a mesma responsável pelos obstáculos que me impedem de avançar nesse caminho? Essa ambiguidade não permite a definição de um alvo contra o qual se revoltar. A única saída é a resignação, que toma conta do estado passional do sujeito.

A resignação, portanto, faz com que o sofrimento com o cotidiano seja abafado, que seja um constituinte subjacente às ações que se desenrolam de maneira a garantir a manutenção... do próprio cotidiano. É como se a dimensão passional, emotiva, fosse abafada pelo ritmo do dia a dia. A imagem do pai na letra ilustra bem essa ideia, pois ele deixa a família na primeira parte (*pai já foi embora*) e é substituído na segunda parte, como se fosse apenas uma peça que garante o bom funcionamento da engrenagem do cotidiano (*Mãe passando roupa do pai de agora*). Não há nenhuma alusão ao sofrimento pelo fato de que o pai foi embora, isto é, à sua interação afetiva com a família. É como se a resignação não permitisse a manifestação de sofrimento com as dificuldades impostas pela condição de pobreza. Ela se impõe como dimensão afetiva. As dificuldades da vida na pobreza assumem, portanto, um caráter de normalidade, como nos mostra o narrador. O sofrimento pode apenas se mostrar através da dimensão passional aberta pela resignação. É ela que está por trás de tudo e que nos comove nessa letra.

Melodia

Vejamos agora qual o papel da melodia na construção de sentido dessa canção. Do mesmo modo que fizemos para a letra, antes de começar a pensar na melodia, vamos apresentar alguns conceitos que nos servirão de base para a nossa análise.

De acordo com Luiz Tatit, as melodias podem se apresentar de três grandes modos: a *tematização* é um deles e se caracteriza pela repetição de trechos melódicos na canção, isto é, pela reiteração de excertos de melodia com o mesmo "desenho". Essas repetições podem se estender por quase toda a extensão da canção, como no caso de *O que é que a baiana tem*, de Dorival Caymmi, por exemplo, ou se limitar a alguns trechos da canção.

A *passionalização* já é um modo diferente da melodia "apresentar-se". Ao contrário da *tematização*, ela prima pela não previsibilidade, apresentando grandes saltos intervalares e enfatizando as durações – como no caso de *Travessia*, de Milton Nascimento, em que, por exemplo, no trecho "Solto a voz nas estradas", há um grande salto intervalar que dura. A *figurativização* é o terceiro componente na tipologia estabelecida por Tatit e representa a simulação da fala na melodia, com toda a instabilidade que lhe é característica. O rap ilustra bem essa construção melódica. Esses diferentes modos de apresentação da melodia criam efeitos de sentido diferentes, ou seja, simulam situações com ambientações diferentes. Cria-se um tom passional, de sofrimento, de perda, com a *passionalização*, um tom de celebração, de conjunção, de euforia com uma melodia *tematizada*, e um tom de conversa no caso da *figurativização*.[4]

A melodia de *Relampiano* conta com boa base temática. Podemos identificar três "blocos" melódicos distintos nessa canção: um deles é o refrão, que chamaremos de *bloco 1* (segmento correspondente à parte da letra que diz *Tá relampiano, cadê neném? Tá vendendo drops no sinal pra alguém*); outro que corresponde ao momento da letra que começa com *Todo dia é dia, toda hora é hora* etc. e que se repete quando diz *tudo é tão normal, todo tal e qual* etc., que chamaremos de *bloco 2*; há um terceiro que corresponde ao trecho *Com a vida lá de fora do barraco/ Hay que endurecer um coração tão fraco/Para vencer o medo do trovão/Sua vida aponta a contramão* e que se repete quando diz *É mais uma boca dentro do barraco/Mais um quilo de farinha do mesmo saco/Para alimentar um novo João Ninguém/E a cidade cresce junto com neném*, que trataremos por *bloco 3*. Na transcrição melódica vemos que, no caso do refrão (*bloco 1*), há uma reiteração de duas células com o mesmo perfil (repetição da *célula A*).

[4] Luiz Tatit, Musicando a semiótica: ensaios, São Paulo, Annablume, 1997.

BLOCO 1

D		
Db		
C	a ne	a ne
B	no ném	no ném
Bb		
A	Cadê	Cadê
Ab		
G	den	den
Gb		
F	do	do
E	pi drops	pi drops
Eb		
D	no si nal	no si nal.....(2ª vez)
Db		
C	lam praalguém	lam praal guém
B		
Bb		
A	Tá re Tá ven	Tá re Tá ven
	Célula A	**Célula A**

No caso do *bloco 2*, observamos também a repetição de duas células, só que, neste caso, elas não são completamente idênticas, visto que, apesar de apresentarem o mesmo perfil geral, há pequenas variações entre uma e outra. Por conta disso, as chamaremos de *B* e *B'*.

BLOCO 2

D		
Db		
C	To do dia é	Mãe la van do cos
B	di a to	rou pa pai mar
Bb		
A		sea tu
Ab	da	já
G	van	
Gb		pra
F	le	
E	ho não de se tar	foi e o ca çu la
Eb		cho ra
D	raé mo ra pra	em
Db		
C	ho ne ném	bo
B		
Bb		
A	ra	ra
	Célula B	Célula B

No trecho melódico correspondente ao *bloco 3* não é configurada uma repetição interna. Há apenas uma "grande" célula temática que chamaremos de *C*.

BLOCO 3

D		cer o me
Db		
C		do vão
B		do su
Bb	co ra ção	
A	Co'a tão	ven tro a
Ab	Vi	
G	cer um	
Gb	Da	
F	ra fra	ra taa
E	lá do ba re	vi con tra
Eb		
D	de co	Pa
Db	Du	
C	Rra	daa
B	Fo	pon
Bb		
A	co Hai queen	mão

Célula C

Repetição *BLOCO 2*

D		
Db		
C	Tu doé tão nor	Mãe pa ssan do vai
B	mal to	rou pa gar
Bb		
A		da che
Ab	do	do
G	dei	
Gb		queain
F	se	
E	tal não tem ir tar	pai deum ou tro ca
Eb		çu la
D	e ho pra	dea
Db		
C	qual	go
B	ne ném ra	
Bb		
A		ra

Repetição *BLOCO 3*

D		tar um no
Db		
C		vo guém
B	É	joão a ne
Bb	mes	
A	mais do mo	men nin ci ném
Ab		
G	u ri nha	
Gb		
F	ma sa	li to
E	bo tro do ba fa	da com
Eb		
D	ca co	Pa ra
Db	De	
C	rra	de
B	Den	cres jun
Bb		
A	co mais um qui lo	ce

As características do perfil melódico de cada um dos blocos nos levam a estabelecer três graus de tematização na melodia. O *bloco 3* é o menos tematizado por não apresentar reiteração interna. Já o *bloco 2* é mais tematizado que o *bloco 3* por apresentar repetição interna, porém é menos que o *bloco 1* por essa repetição não ser de células idênticas.

Os modos de organização da melodia acima citados – *tematização*, *passionalização* e *figurativização* – relacionam-se de maneiras diferentes com o conteúdo das letras. Trataremos aqui apenas dos dois primeiros por serem estes os únicos pertinentes para nossa análise. A *tematização* celebra a *conjunção* entre *sujeito* e *objeto*, que são noções com as quais já nos familiarizamos na análise da letra. Ao celebrar a *conjunção*, a *tematização* anula a ideia de percurso e de meta, pois o *sujeito*, nesse caso, já atingiu o seu objetivo, visto que já se encontra em conjunção com o *objeto* almejado. Já a *passionalização* trata da *disjunção*, do sofrimento de uma falta e, portanto, ressalta os estados passionais, tornando-se "um reduto emotivo da intersubjetividade".[5]

Assim sendo, a melodia *tematizada* de *Relampiano* enfatiza a mensagem passada pela letra de que o sujeito se resignou com a sua situação, pois aceita a ideia de *conjunção* com os *valores* relacionados à sua vida na pobreza e que lhe permitem sobreviver. Pelo mesmo motivo, o sofrimento com a situação não é mostrado de maneira proeminente. Essa *conjunção* é "cantada" por toda a melodia, o que restringe o espaço para o sofrimento transparecer de forma explícita, como aconteceria no caso de uma melodia completamente *passionalizada*. A melodia, portanto, está tornando proeminente a presença da resignação, que é o elemento-chave subjacente a essa canção.

Desse modo, estamos dizendo que a melodia está enfatizando a mensagem passada pela letra. Porém, esta ênfase se dá de uma forma mais sutil do que pode parecer num primeiro momento. Vamos analisar em trechos menores como se dá a relação entre melodia e letra nesta canção.

A letra adquire um tom passional no momento em que surge a voz da mãe (*tá relampiano, cadê neném...*). Esse trecho corresponde ao refrão da melodia (*bloco 1*) que, como já mostramos, é o mais tematizado. Da mesma forma, na passagem do *bloco 2* ao *3*, a melodia vai perdendo as características

---

[5] Luiz Tatit, O cancionista, 2. ed., São Paulo, Edusp, 2002, p. 23.

da *tematização* e, portanto, progressivamente ganha um tom mais passional. Nesse momento, a letra privilegia a versão mais distanciada e objetiva da narração do cotidiano. Assim sendo, notamos que a relação entre melodia e letra se dá por uma contraposição das visões sobre o cotidiano dessa família – a visão passional, que privilegia o sofrimento, e a objetiva, que enfatiza a ideia de normalidade dessa situação.

À medida que o desenrolar da letra procura retratar objetivamente a situação vivida por essa família, a melodia vai se *passionalizando* (no sentido de que a *tematização* vai tornando-se mais frouxa), de forma a ressaltar todo o conteúdo passional negado pela letra. É como se a melodia, ao incorporar os traços da *passionalização*, fosse trazendo à tona a dimensão passional relegada a segundo plano na letra, culminando, inclusive, na irrupção da voz da mãe explicitando seu sofrimento. Porém, no momento em que a dimensão do sofrimento passa para o primeiro plano, a melodia volta ao seu máximo de *tematização*, como que para reclamar a necessidade de retomada da dimensão pragmática do cotidiano. A contraposição entre as versões passional e objetiva criada na relação entre melodia e letra simula, portanto, o mesmo jogo que está por trás do conceito de resignação na letra. Desse modo, algo que está latente na letra vem à tona e ganha uma força extraordinária.

Vale ressaltar que o modo de interação entre melodia e letra não se dá da mesma forma nas diferentes canções. Inclusive, fazer com que a melodia privilegie pontos importantes da letra é a grande arte de um bom compositor, isto é, de um bom criador do texto "canção".

Bibliografia

BARROS, Diana Luz Pessoa de. *Teoria do discurso*: fundamentos semióticos. São Paulo: Atual, 1988.

FIORIN, José Luiz. *As astúcias da enunciação*: as categorias de pessoa, espaço e tempo. São Paulo: Ática, 1999.

FONTANILLE, Jacques; ZILBERBERG, Claude. *Tensão e significação*. São Paulo: Discurso/Humanitas, 2001.

TATIT, Luiz. *Semiótica da canção*. São Paulo: Escuta, 1994.

______. *Musicando a semiótica:* ensaios. São Paulo: Annablume, 1997.

______. *O cancionista.* 2. ed. São Paulo: Edusp, 2002.

Ricardo de Castro Monteiro

As muitas vozes da canção: uma análise de *Yesterday*

Ao ouvirmos uma canção, abrimos nossa percepção para os diversos elementos que a compõem, como, por exemplo: a melodia, o ritmo, a harmonia, quais e como os instrumentos são usados (o *arranjo* ou orquestração), o uso da voz pelo cantor ou cantores que a interpretam, a letra da música, a sonoridade das palavras. Apesar de sentirmos a canção como um texto único, ela é, como a própria palavra "texto" sugere, o entrelaçamento de diversos fios condutores (a melodia, o ritmo, a letra etc.), correspondendo cada um desses fios àquilo que chamaremos de "instância" da canção. A esse tipo de texto essencialmente complexo pela simultaneidade e hibridismo dos meios que participam da construção de seu discurso (por exemplo, a música e a palavra na canção, ou as duas últimas somadas à imagem no cinema e na TV), dá-se o nome de texto sincrético.

Na verdade, o sincretismo se faz presente na maioria dos tipos de textos com que deparamos no dia a dia. A arte culinária produz textos com sabor, aroma e aparência direcionados frequentemente a manipular por tentação seu enunciatário e a afirmar-se como objetos de valor e desejo. A perfumaria faz o mesmo com aromas e, secundariamente, com a aparência do produto. Nos encontros sociais, o som e a imagem se somam eventualmente, com menor ou maior relevância, às instâncias tátil e aromática. Mesmo no texto verbal escrito, a diagramação e a caligrafia (notadamente no árabe e japonês) podem vir a compor instâncias paralelas de papel primordial no processo de geração de sentido e significação. E cada uma dessas instâncias pode estar calcada ou simplesmente sobre um determinado meio sensorial, como o aroma na perfumaria, ou sobre diferentes olhares sobre um mesmo meio, como a melodia e a harmonia no meio musical, a cor e a forma na imagem ou o sabor e a temperatura na culinária. Em todo caso, quando falamos de textos sincréticos, em geral nos referimos à primeira situação, em que diferentes meios de expressão atuam simultaneamente (ex.: letra e música na canção), e não simplesmente a diferentes modos de percepção dentro de um mesmo meio (ex.: cor e forma na pintura).

A canção, por se utilizar da palavra e da música, constitui um texto sincrético, e um texto sincrético em que uma de suas instâncias, a musical, requer um tipo de percepção que a subdivide em outras instâncias (melódica, harmônica, rítmica etc.) para que seja analisada com um mínimo de profundidade e propriedade. Se utilizarmos a proposta do linguista dinamarquês Louis Hjelmslev de que cada texto possui um plano de expressão – o meio pelo qual se dá a comunicação – e um plano do conteúdo – aquilo que é comunicado –, encontraremos no plano de expressão da canção, como já salientado, ao menos duas perspectivas a serem iluminadas: a verbal e a musical. Talvez futuramente sintamos a necessidade de adaptar a proposta de Hjelmslev às peculiaridades dos textos sincréticos, passando a referir-nos não mais simplesmente a um plano da expressão, mas a um espaço expressivo.

No caso da canção, distinguiríamos nesse espaço ao menos dois planos, o verbal e o musical, e dentro do último as instâncias já referidas. Tal proposição, no entanto, foge aos objetivos do presente artigo. O que nos proporemos a fazer aqui será, a partir da análise da canção *Yesterday*, de John Lennon e Paul McCartney, estudar um determinado tipo de relação entre os planos de expressão e conteúdo, chamado relação de semissimbolismo. Vejamos do que se trata, aproveitando-nos de um exemplo clássico fornecido por dois grandes semioticistas, Greimas e Courtés.

Simbolismo e semissimbolismo

A linguagem gestual em vários países ocidentais, inclusive no Brasil, permite que digamos "sim" ou "não" com um simples aceno de cabeça. Para nós, quando o aceno for vertical, significará "sim"; quando for horizontal, será "não". Assim, a categoria do plano de expressão gestual, a verticalidade, corresponde, no plano do conteúdo, à afirmação, e à horizontalidade corresponde a negação. Esse é um exemplo de relação semissimbólica, que passa a se definir como a relação entre categorias do plano de expressão e categorias ou elementos conceituais do plano do conteúdo. As relações semissimbólicas não se confundem, a princípio, com as simbólicas. As relações simbólicas se dão quando as correspondências entre os planos de expressão e conteúdo se dão de elemento para elemento, e não de categoria para categoria.

Aprendemos na escola que na bandeira brasileira a cor azul simboliza o céu, o verde representa nossas matas, o amarelo, nossa riqueza e o branco, a paz. A cada elemento cromático (cor) do plano de expressão, associa-se um elemento do plano do conteúdo, seja pela representação de objetos do mundo natural como "céu" ou "matas" (*figuratividade*), seja através de conceitos abstratos como "riqueza" e "paz" (*tematicidade*). Se quiséssemos contrapor, a partir desse mesmo exemplo, as relações simbólicas às semissimbólicas, poderíamos chamar a atenção para o fato de que as categorias abstratas de "riqueza" e "paz" aparecem associadas às cores mais claras, ao passo que os elementos concretos "céu" e "mata" aparecem nas tonalidades mais escuras. Há uma relação semissimbólica relacionando a oposição entre as categorias claro/escuro do plano da expressão com as categorias abstração/concretude do plano do conteúdo.

Uma vez reconhecidas tais relações, é comum que o analista ou o leitor se sintam tentados a justificá-las com explicações frequentemente taxativas, afirmando-se que o abstrato teria de ser de fato mais claro por ser "diáfano" ou "sublime" e que o concreto, sendo mais "bruto" e "condensado", teria mesmo de ser mais escuro.

A prática analítica e a intimidade com um repertório amplo de textos mostram, porém, que tais relações são essencialmente arbitrárias e que sua "necessidade" costuma aparecer desmentida em um sem número de contraexemplos que se oferecem generosamente ao observador mais atento; no entanto, esse efeito de "necessidade" enriquece de maneira formidável o sentido dos textos em que se faz sentir, constituindo um recurso expressivo dos mais preciosos para todas as linguagens, sejam elas verbais, musicais, plásticas, gestuais ou sincréticas.

Consumada essa breve introdução que procurou iluminar algumas das características essenciais da canção enquanto texto sincrético, bem como apresentar ao leitor os conceitos de relações semissimbólicas e simbólicas, passemos finalmente a contemplar nosso objeto de estudo: a canção *Yesterday*, de John Lennon e Paul McCartney.

A canção *Yesterday*

> ... aí, eu acordei com essa melodia na minha cabeça – da-da-da, da-da-da –; eu tinha um piano ao meu lado, e lá eu achei os acordes. Fui primeiro para o John, depois para o George Martin, nosso produtor. E perguntei: 'Que música é essa?'. Eles responderam: 'É bonita'. Ela me veio em um sonho. Eu não podia acreditar que eu tinha escrito aquilo. (Entrevista de Paul McCartney para o jornal *The New York Times*, 26 nov. 2002 – tradução livre do autor.)

Yesterday é bem mais do que uma bela canção. Ela ostenta o título conferido pelo *Guinness Book* de canção mais gravada da história, contando mais de três mil versões. Seu número de execuções por rádio só nos Estados Unidos, superior a seis milhões, equivaleria a cerca de vinte e três anos de audição ininterrupta da gravação original, cuja duração era de apenas dois minutos.

Longe de ser uma joia ao mesmo tempo cuidadosa e ardorosamente lapidada ao longo de meses a fio pelas mãos calejadas de um grande mestre, a música já nasceu pronta, reminiscência de um sonho que Paul McCartney teve com apenas vinte e dois anos de idade – sétimo e afortunadíssimo ano de carreira do jovem compositor que contava cerca de quinze anos ao esboçar seus primeiros trabalhos. Seria injusto, porém, afirmar que a canção como um todo já nascera absolutamente pronta, sem a necessidade de qualquer elaboração por parte de seu feliz autor.

Segundo depoimentos concedidos por Paul McCartney ao jornal *The New York Times* e ao programa de televisão *ABC News*, o compositor, após acordar com a melodia de *Yesterday* soando em sua cabeça, dirigiu-se ao seu piano, onde rapidamente encontrou os acordes para a música. Impressionado com a beleza do tema, concluiu que só poderia se tratar de algo que ele já tivesse ouvido antes, sem no entanto ser capaz de determinar quando ou onde isso teria se dado. Obcecado pela música, Paul teria azucrinado seus colegas de banda, o produtor George Martin e todos aqueles ao seu redor ao longo de meses com sua insistência em descobrir a suposta origem daquela pequena joia. Após finalmente concluir que, se ninguém ao seu redor era capaz de reconhecer a procedência daquela música, ele poderia considerar a possibilidade dela ser de fato sua, Paul partiu para a confecção de uma nova letra que não fosse tão, digamos, esdrúxula quanto aquela que concebera originariamente. Isso porque

McCartney, embora não deixe de todo claro se aqueles versos um tanto quanto estapafúrdios lhe vieram ou não no mesmo sonho em que lhe ocorrera o belíssimo tema musical de *Yesterday*, apresentou a vários de seus colegas sua nova composição com o título provisório de *Scrambled Eggs* (ovos mexidos).

Os curiosos ouvintes daquela obra-prima em gestação, em vez de escutarem Paul cantando a letra que mais tarde se tornaria definitiva, dizendo *Yesterday/ all my troubles seemed so far away/*, ouviam em seu lugar uma versão inicial provisória que persistiu por meses a fio até receber o ultimato do produtor George Martin, que determinou que se Paul não escrevesse uma letra mais adequada, a canção não seria gravada.

O aparente radicalismo de Martin pode surpreender a princípio até porque os *Beatles*, dentro de seu contexto, cometiam sistematicamente pequenas ousadias poético-musicais com direito a eventuais flertes com o surrealismo, mas o fato é que o *nonsense* da versão original (ou simplesmente mau gosto, para alguns críticos) era tanto que ainda hoje poderia causar algum estranhamento. Para se ter uma ideia do que se trata, os versos iniciais, segundo depoimento do próprio Paul, seriam: *Scrambled eggs/ Oh my baby, how I love your legs/* (Ovos mexidos/oh, meu bem, como eu adoro suas pernas).

Há pouca ou nenhuma dúvida de que McCartney esteja falando a verdade quando pleiteia a autoria tanto da música quanto da letra de *Yesterday*. Embora houvesse um acordo entre ele e John Lennon no sentido de assinarem conjuntamente qualquer composição que fizessem com ou sem a colaboração do parceiro, depoimentos dos próprios autores e uma crítica atenta cedo desmascararam a pretensa parceria, entretendo-se com o exercício de desvendar qual dos dois seria o autor dessa ou daquela canção.

Apesar de brigas jurídicas se arrastarem até hoje entre Paul e Yoko Ono, a viúva de John Lennon, a respeito de questões envolvendo os direitos autorais sobre as músicas da dupla, a alegação de uma ou outra parte de autoria exclusiva sobre uma dada canção não costuma ser contestada, limitando-se as discussões a aspectos legais. Por outro lado, ao menos o arranjo original que lançou *Yesterday* mereceria indubitavelmente uma assinatura além da de Paul: a do produtor George Martin, autor da partitura para o quarteto de cordas que acompanha McCartney na primeira versão da canção.

A orquestração de Martin é um divisor de águas na produção dos Beatles, inaugurando uma fase de crescente ousadia e riqueza sobretudo na concepção musical dos arranjos que imortalizaram as canções da trupe. Tendo, ao contrário do quarteto de Liverpool, recebido uma educação musical formal, George Martin certamente não demonstrou jamais seus dotes como compositor, no entanto é difícil desprezar a possibilidade de que sua habilidade como arranjador possa ter contribuído em muito para a qualidade musical que imortalizou a obra dos Beatles. Aquela seria a primeira vez que uma canção do grupo se faria acompanhar por um quarteto de cordas, e Paul foi o único integrante do conjunto a participar da gravação.

Paul teria outros sonhos seus transformados em sucessos retumbantes. Tal foi também o caso de *Let it Be*, em que sua mãe Mary, morta em consequência de um câncer de mama quando ele contava apenas catorze anos, lhe apareceu, consolando-o das agruras e dificuldades que enfrentava em uma fase difícil de sua vida com as palavras que depois se tornaram imortais. Entretanto, a nova balada não atingiu o mesmo consenso de *Yesterday* sequer dentro do grupo. Irritado com o tom que lhe pareceu "excessivamente cristão" da canção, Lennon não poucas vezes declarou detestá-la. Era o prenúncio de uma crise que, ao trazer à tona as insustentáveis divergências entre os integrantes do grupo, terminou por salientar ainda mais o caráter único e específico do retumbante sucesso que foi e é a canção *Yesterday*, sobre a qual nos debruçaremos agora, munidos com as ferramentas que nos empresta a semiótica, em busca de uma contemplação maior dos insondáveis mistérios que se escondem por detrás de sua aparente simplicidade.

O sentido além das palavras

As rimas

Se o inglês não é sua língua nativa, você provavelmente não entendeu a letra da canção *Yesterday* ao ouvi-la pela primeira vez. No entanto, é possível que, após a compreensão da letra, embora sua percepção a respeito da canção possa ter-se enriquecido, nenhuma grande surpresa tenha alterado substancialmente sua opinião ou impressão a respeito dessa peça. É interessante pensarmos o que pode estar por detrás desse fenômeno.

Uma primeira ideia que pode nos ocorrer é que o universo tratado nessa canção possa nos ter sido transmitido socialmente pelo convívio com pessoas capazes de compreender aquelas palavras e que nos passaram, intencionalmente ou não, sua concepção sobre aquilo que a canção lhes diria. Uma outra possibilidade, que será aquela que iremos investigar, é que algo do conteúdo expresso pela letra da música, de certa forma, esteja apresentado também pelas outras instâncias que compõem o sincretismo da canção. Assim, talvez sutilezas nas modulações de timbre da voz do cantor já nos digam de antemão algo relacionado, por exemplo, ao conteúdo emocional que as palavras também procuram expressar. Tal concepção, embora sedutora, traz suas inconsistências: se todas as instâncias dizem a mesma coisa, por que não utilizar apenas uma delas para efetuar a comunicação entre o artista e seu público? Uma resposta possível é que as diferentes instâncias dizem não exatamente a mesma coisa, mas coisas semelhantes ou ao menos compatíveis, e que as pequenas diferenças entre elas têm a ver sobretudo com as peculiaridades da capacidade de expressão de cada uma dessas instâncias.

Assim, se podemos reconhecer em uma linha melódica algumas estilizações das inflexões da fala, outras importantes instâncias do discurso musical, como a harmonia e a orquestração, pouco ou nada oferecem para sinalizar tal aproximação entre música e palavra falada. Todavia, é fácil discernir na harmonia gradações sutis do percurso entre tensão e relaxamento, e a orquestração é um ponto em que se destaca facilmente a relação entre uma canção e os gêneros musicais aos quais possa parecer-se filiar, com todas as implicações de visão de mundo que cada gênero traz em si embutidas. Em suma, a soma das diferenças entre os discursos de cada uma das instâncias de um texto sincrético como o da canção remeteria não a uma incoerência, mas sim a um precioso e único enriquecimento daquilo que o artista pode dizer com sua obra.

Feitas essas considerações, passemos pois à análise propriamente dita. Consideremos inicialmente a letra da canção, não como falantes da língua inglesa, mas como ouvintes que percebem sonoridades sem ser capazes de associá-las a significados. Com essa atitude, estaremos examinando a letra a partir não de seu plano do conteúdo, mas sim de seu plano de expressão.

A semiótica trabalha com o conceito de que o sentido surge a partir da oposição de categorias, como *vida x morte*, *natureza x cultura*, *intenso x extenso* etc. A estruturação de um poema em rimas, estejam elas no meio ou nos extremos dos versos, muitas vezes cria um jogo de oposições no plano de expressão que pode vir a ser semiotizado, ou seja, que pode vir a gerar sentido. No caso de *Yesterday*, há um interessante jogo lógico de sonoridades perpassando as palavras ao longo das estrofes, jogo esse que, embora dificilmente percebido conscientemente pelo ouvinte, nem por isso deixa de existir e de, subliminarmente, emprestar coerência e beleza formal à canção. Observemos, pois, na primeira estrofe a oposição entre as sonoridades "ei", como em *yesterday*, e "i", como em *believe*. Marquemos onde aparecem as primeiras com um círculo e as segundas, com um quadrado:

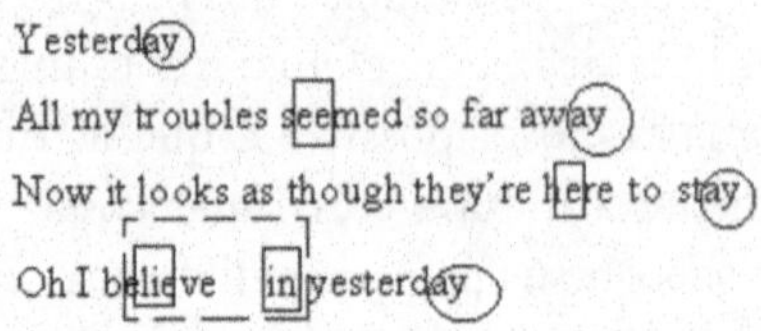

Note-se que as sonoridades antagônicas a que nos referimos, apresentadas em rimas internas e externas, formam pelo esquema acima uma sequência de elementos que parece guardar alguma lógica em seu encadeamento. Qual seria o princípio dessa lógica? Na primeira linha, temos apenas a sonoridade representada pelo círculo, a qual se faz presente nas quatro linhas de nossa disposição – que evidentemente não é a única possível, mas que nos parece aquela que melhor evidencia as relações sonoras presentes na letra dessa canção. Nas segunda e terceira linhas, o círculo é antecedido por apenas um quadrado, e na última, por dois. Esses dois quadrados justapostos formam uma longa região em que se impõe a sonoridade antagônica à inicial. Dessa forma, o princípio lógico a que nos referimos parece apontar para um crescimento gradual da presença do segundo elemento sonoro.

Quando um conjunto de elementos apresenta uma relação que organiza seus componentes ou, aproximando-nos mais do conceito tal qual foi formulado pelo grande linguista Ferdinand de Saussure, quando os elementos de um conjunto apresentam funções dentro do mesmo, relacionando-se com os demais, passamos a ter não mais um mero conjunto, mas um sistema. Por exemplo: um amontoado de onze rapazes consitui a princípio apenas um conjunto; mas se eles se organizarem em um time de futebol, um assumirá a função de goleiro, outro de zagueiro e assim por diante, e nosso conjunto, ou nosso time, poderá ser considerado um sistema. Esse conceito é importante para nós. O português, o inglês, em suma, todas as línguas conhecidas constituem sistemas. Quando percebemos que um grupo de elementos apresenta um certo ordenamento, ou seja, que ele é na verdade um sistema, nossa percepção das relações internas nos sugere que ele tenha um certo sentido. E tudo aquilo que gera efeito de sentido é especialmente caro para a investigação semiótica. Tal é o caso com que depararemos agora. Ao percebermos a progressão da segunda sonoridade com relação à primeira, cria-se para nós a expectativa de que a segunda termine por "sobrepujar" a outra, dando-nos assim a sensação de termos "entendido" o processo. Os elementos e as posições que ocupam não são mais percebidos como arbitrários, e tudo parece assumir uma dada função. É exatamente o que acontece quando, no princípio da estrofe seguinte, o papel de sonoridade predominante passa a aparecer associado ao segundo elemento ("i"), e não mais ao primeiro ("ei").

Comparemos agora as estruturas das rimas das duas primeiras estrofes:

Estrofe 1

Yesterday
All my troubles seemed so far away
Now it looks as though they're here to stay
Oh I believe in yesterday

Estrofe 2

Suddenly
I'm not half the man I used to be
There's a shadow hanging over me
Oh yesterday came suddenly

Observe que a disposição das sonoridades em ambas as estrofes apresenta uma *estrutura* muito semelhante. Chama-se de *estrutura* à forma pela qual se organizam as relações de um determinado sistema. Com exceção do terceiro verso, as posições em que incidem as sonoridades antagônicas coincidem estritamente em ambas as estrofes. Três fatores principais porém marcam a diferença entre as duas: em primeiro lugar, seus elementos constituintes, já que o antagonismo principal passa do "ei" *x* "i" da primeira estrofe para o "i" *x* "én" (como em <u>*man*</u>) da segunda. Tal diferença, por não ser de caráter estrutural, ou seja, por lidar com os elementos, e não com as relações entre eles, não tem maior peso dentro do sistema. A segunda corresponde à já referida diferença de posições dos elementos do terceiro verso, e dela trataremos mais tarde, pois suas implicações só se farão sentir a partir da estrofe seguinte. Por fim, uma diferença importante surge na estruturação do último verso das duas estrofes. Enquanto na primeira, como já vimos, a segunda sonoridade se aglutinava em duas incidências seguidas, marcando seu crescimento e apontando para a suplantação definitiva da outra, a estrofe seguinte apresenta um processo que, ainda que marcado pelas mesmas posições e por propriedades assemelhadas, diverge substancialmente daquele verificado anteriormente. Estudemos o caso.

O que acontece de fato é simplesmente que, em vez de o verso final se apresentar com uma dupla incidência da segunda sonoridade – no caso, "én" –, a reiteração se dá com o som "ei". Por conseguinte, o "crescimento gradual" da segunda sonoridade com relação à primeira não mais se dá como na estrofe anterior. A previsibilidade aparentemente se quebrou. E a lógica antes vigente, ainda valeria? Em caso afirmativo, tendo sido anulada a função de intensificação da segunda sonoridade no verso final, não há mais como esta suplante a primeira. Assim, pode-se esperar que a sonoridade dominante no verso seguinte seja novamente o "i", e não o "én" que a ele se opôs. É exatamente o que ocorrerá no início da terceira estrofe, em cujo início predominará novamente a sonoridade "i". Em última análise, se há mudanças estruturais verificadas da primeira para a segunda estrofe, tais transformações parecem seguir uma determinada lógica, formando-se um percurso em que há diversidade, mas não incoerência.

Consideremos agora, conjuntamente, as estrofes 3 e 4, observando o paralelismo de suas estruturas rímicas e seu encadeamento com a estrofe anterior:

Estrofe 3	Estrofe 4
Why she	I said
Had to go	Something wrong
I don't know	now I long
She wouldn't say	For yesterday

A estrutura de ambas as estrofes se articula novamente a partir do antagonismo de uma primeira sonoridade, marcada com um círculo, contra uma segunda, marcada com um quadrado. Na estrofe 3, o antagonismo é de *"i"* x *"ou"* (como *she x go*); na 4, de *"é"* x *"on"* (como *said x long*). O último verso de ambas termina com uma invariante, de sonoridade "ei" (como *say*), e a única discrepância entre ambas está na localização da primeira sonoridade na linha final.

Façamos agora algumas considerações de ordem mais geral. Vimos que, na estrofe 1, o antagonismo se estabelece com *"ei"* x *"i"*, ou seja: *"e"* x *"i"*; na 2, *"i"* x *"én"*. Ora, se deixarmos de lado os fatores "nasalização" (*én/e*) e "abertura" (*é/e*) das vogais, teremos, na estrofe inicial, *"e"* x *"i"*, e na seguinte, *"i"* x *"e"*. Há um tipo de inversão das sonoridades e de suas respectivas funções entre as duas. Chamaremos a tal fenômeno de *peripécia*, em alusão ao termo pelo qual Aristóteles se referia, em sua *Poética*, à inversão de situações entre duas personagens. Ainda desprezando a nasalização, teremos em 3 *"i"* x *"o"* – ou seja, o segundo elemento de 1 x "o" –, e, em 4, *"e"* x *"o"* – o segundo elemento de 2 x "o". Isso sugere um tipo de encadeamento lógico perpassando todo o percurso de sonoridades que vimos até agora. Se tal propriedade pode parecer abstrata demais, observemos um ponto em que a mesma se explicita com maior clareza:

1	2
Now it looks as though they're here to stay	There's a shadow hanging over me

Trata-se do terceiro verso das estrofes 1 e 2 – aquele cujo comentário havíamos adiado, julgando mais apropriado apresentá-lo somente agora. Notemos antes de mais nada que as três posições assinaladas apresentam, em ordens diferentes, as sonoridades que encontramos em nossa análise: "o", "i" e "e". Em 1, os dois primeiros sons são "o" e "i"; em 2, "e" e "o". Ora, são justamente "o" e "i" que encontramos na estrutura básica de 3, e, analogamente, são "e" e "o" que encontramos em 4. Assim, o som "o", estranho à estrutura básica das duas primeiras estrofes, além de evocar um paralelismo entre 1 e 3 e entre 2 e 4, empresta um pouco de regularidade às diferenças de posição entre as incidências das sonoridades que estruturam 1 e 2 nesse verso, que já se mostra menos irregular do que aparentava. Novamente, há uma lógica perpassando o percurso e inter-relacionando suas diferentes etapas.

Para concluirmos nosso estudo sobre a estrutura das rimas nessa canção, consideremos finalmente a última estrofe, já atentos a seu flagrante paralelismo para com as estrofes 1 e 2:

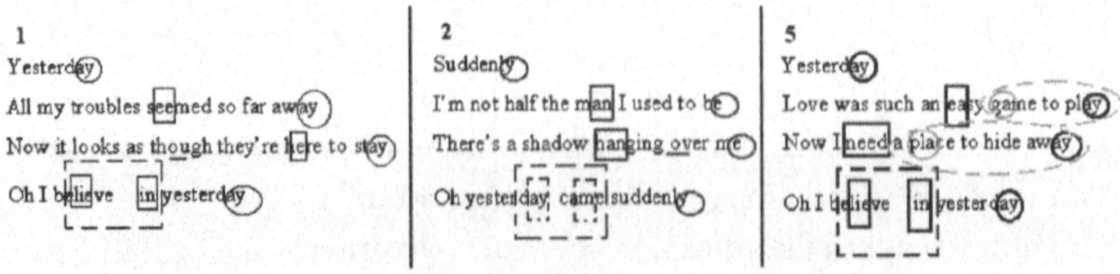

Verificamos que a estrutura de 5 é muito semelhante à de 1, sendo inclusive as mesmas – e na mesma ordem – as sonoridades antagônicas: *"ei"* x *"i"* (ou, com a simplificação adotada anteriormente: *"e"* x *"i"*). A única diferença que nos interessará será a reiteração da primeira sonoridade no final dos versos 2 e 3, reiteração essa que compensará a gradação crescente da segunda sonoridade; dessa forma, em vez da peripécia verificada anteriormente, chega-se a uma síntese, a um equilíbrio entre ambas, gerando um efeito muito compatível com a ideia de uma finalização.

Assim, estudando a estrutura das rimas nessa canção, considerando por conseguinte a instância verbal apenas no que concerne a seu plano de expressão, encontramos uma organização do mesmo que nos sugere um percurso. Ora, onde há um percurso, há uma narrativa; e onde há uma narrativa, há sentido. Nessa pequena narrativa sonora, temos dois atores lutando pela supremacia. O primeiro começa em vantagem com relação ao segundo. Na segunda estrofe, o quadro se inverte. Ao longo da terceira e quarta estrofes, parecemos voltar à situação original; todavia, na estrofe final, em vez da supremacia do primeiro ator, chegamos finalmente a um quadro de equilíbrio entre ambos. Os valores transitam de um sujeito para o outro seguindo uma determinada lógica. Isso gera efeitos de sentido.

Suponhamos agora que essa seja uma daquelas vozes que, em concordância com as demais, sem no entanto coincidir necessariamente com elas, nos transmita o que essa música "diz", ou seja: remeta de alguma forma ao plano (ou talvez mais apropriadamente *espaço*) do conteúdo desse texto sincrético. Nesse caso, deve haver alguma forma de correspondência entre o conteúdo das diferentes instâncias dessa canção. Como estamos procurando estabelecer relações entre categorizações do plano da expressão e categorizações do plano do conteúdo, estamos agora em busca das chamadas *relações semissimbólicas*. Como iniciamos nossa análise nos domínios da palavra, nada mais justo do que partirmos também deles para verificar, ainda que sucintamente, as possíveis correlações entre as diferentes instâncias de geração de sentido da canção.

Das rimas à poesia

Observemos atentamente o quadro abaixo e as relações que ele sugere:

Temporalidade

Yesterday: ("e")
1- Meus Problemas pareciam distantes (*away*)
2a - Eu era um homem por inteiro (*man*)
2b - não havia uma sombra sobre mim; (*hanging*)
5 - o amor era um jogo tão simples de jogar (*play*)

Transição: ("o")
3 - Não sei por que ela teve de ir; (*know*, *go*)
4 - eu disse algo errado (*wrong*)

Suddenly: ("i")
1 - Agora parece que eles vão ficar por aqui (*here*)
2a - Eu não sou metade do homem que eu costumava ser; (*be*)
2b - há uma sombra pendendo sobre mim (*me*)
5 - Preciso me esconder (*need*)

Essa tabela procura evidenciar algumas relações cuja percepção julgamos bastante preciosa para um estudo do sentido em *Yesterday*. Em se tratando de uma esquematização, ela implica naturalmente uma certa simplificação que, embora possa causar estranheza em alguns momentos, há de se mostrar produtiva e se justificar especialmente ao passarmos a considerar as relações semissimbólicas também nas instâncias musicais. O que ela procura demonstrar é uma relação entre certos conceitos do plano do conteúdo (temporalidade) e as sonoridades mais consistentemente associadas à sua expressão (*e*, *i* e *o*). A canção se refere a três momentos: um passado feliz, em que o sujeito está em conjunção com todos os valores positivos (eufóricos) apresentados; um momento de transição, marcado pela perplexidade, por um não saber o que está acontecendo, em que o pacto entre o sujeito e seu antissujeito (*ela*) é rompido por esse último; o presente infeliz (disfórico), em que o sujeito, privado *dela*, o objeto de valor que em última análise constitui também seu antissujeito, está em conjunção com todos os valores negativos (disfóricos) inventariados no poema. Comecemos agora pela relação mais transparente. Note-se que as estrofes 3 e 4, que relatam a transição entre presente e passado, se distinguem das demais pela presença relativamente intensa da sonoridade "o", que surge em palavras-chave como *go*, *don't know*, *wrong*.

Vejamos agora a ideia do presente infeliz. Note-se que alguns dos pontos de disforia mais relevantes associam-se ao som "i", o que fica bastante evidente por exemplo nas finalizações da estrofe 2. Mais do que isso, um dos advérbios que mais recorrentemente marca esse presente, *suddenly*, apresenta a mesma sonoridade. Por fim, encontramos o passado idílico marcado pelo advérbio de tempo *yesterday*, pelos problemas distantes (*far away*), pelo jogo fácil de jogar (*play*). Note-se que não se trata de correspondências exatas e precisas entre sonoridades e ideias. Caso fossem, as relações estariam se estabelecendo termo a termo, tendendo fortemente ao estatuto não do semissimbólico, mas do simbólico. Em termos de arte, esse efeito nem sempre é produtivo, podendo conferir algo de óbvio e mecânico demais às relações que se espera reconhecer como engenhosas.

Feita essa brevíssima esquematização de algumas relações de semissimbolismo sugeridas em nossa análise de expressão e conteúdo na instância verbal de *Yesterday*, passemos agora finalmente a investigá-las sucintamente nas instâncias musicais dessa canção.

Das rimas à música

Não é necessário ser capaz de dominar o solfejo de uma partitura para se verificar algumas das relações que procuraremos explanar a seguir:

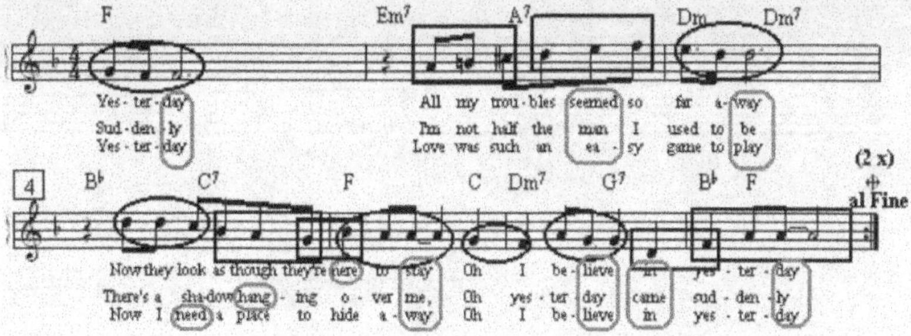

Os círculos e quadrados estão assinalando tipos de intervalos melódicos. Sem querer partir para detalhes de teoria musical, cremos ser o suficiente informar que os círculos assinalam intervalos de 2.a e os retângulos, de 3.a. Uma observação cuidadosa rapidamente revela que a organização melódica das estrofes 1, 2 e 5 é idêntica e que sua estrutura comum pode ser entendida como construída exclusivamente sobre os intervalos referidos. Verifiquemos agora se existe alguma relação entre a estrutura sonora representada pelas rimas e a estrutura sonora calcada sobre os intervalos musicais que subsumem o trecho acima.

Estrofe 1		**Estrofe 2**		**Estrofe 5**	
Sonoridade I	*Sonoridade II*	*Sonoridade I*	*Sonoridade II*	*Sonoridade I*	*Sonoridade II*
2.a – Yesterday;	3.a – seemed	2.a – Suddenly;	3.a – man	2.a – Yesterday;	3.a – easy
2.a – away	3.a – here	2.a – be	3.a – hanging	2.a – (game), play	3.a – need
2.a – stay		2.a – me		2.a – (place), away	
PERIPÉCIA		PERIPÉCIA		PERIPÉCIA	
2.a – believe		2.a – yesterday		2.a – believe	
	3.a – yesterday		3.a – suddenly		3.a – yesterday

Como se pode observar pelo quadro acima, há uma relação bastante precisa entre as estruturas rímicas e intervalares que organizam os planos de expressão verbal e melódico para essas estrofes. Note-se ainda que a peripécia ao final de cada uma delas parece de fato preparar e encadear a estrofe seguinte. Vejamos se relações de tal natureza regem também as estrofes 3 e 4. É a seguinte a estruturação intervalar dessa seção:

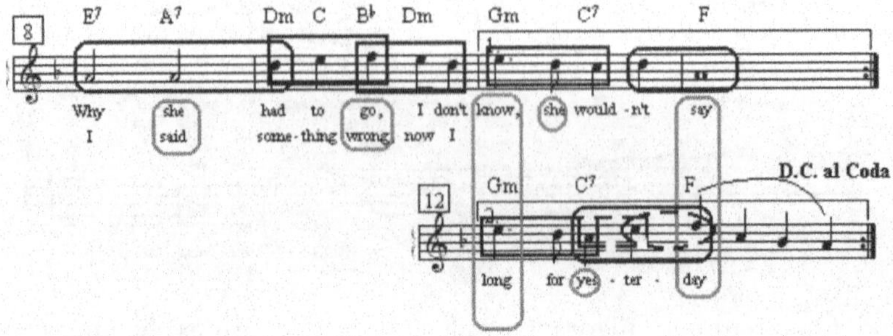

O retângulo com bordas arredondadas se associa ao intervalo de 4.a, e o retângulo propriamente dito, novamente às 3.as. Assim, a organização intervalar pode também nessa seção ser resumida à interação de dois únicos elementos constitutivos. Verifiquemos pois as eventuais relações entre estruturas sonoras rímicas e intervalares:

Estrofe 3		**Estrofe 4**	
Sonoridade I	*Sonoridade II*	*Sonoridade I*	*Sonoridade II*
4.a – she	3.a – go	4.a – said	3.a – wrong
	3.a – know		3.a – long
PERIPÉCIA		PERIPÉCIA	
	3.a – she		3.a – yes...
4.a – say		4.a – ...day	

Novamente, constata-se uma forte correspondência entre as duas formas de estruturação sonora do discurso da canção. Passemos pois às considerações finais concernentes às relações de semissimbolismo até aqui verificadas.

Os sons e os sentidos

Musicalmente, *Yesterday* apresenta duas seções diferentes: A, correspondendo às estrofes 1, 2 e 5; e B, remetendo a 3 e 4. A percepção do contraste entre elas dá-se também através das relações semissimbólicas aqui detectadas.

No que tange à rima, B destaca-se pelo predomínio das sonoridades em "o". Melodicamente, pelo intervalo de 4.a. Quanto ao conteúdo verbal, por datar-se dentro de um tempo de transição e por evidenciar relações intersubjetivas em que reina a perplexidade. Quanto ao conteúdo musical, por apresentar o clímax tensivo da canção. Por sua vez, A, ao associar-se às sonoridades em "e" da estrofe 1, instaura um passado eufórico, mas sua subsequente associação a "i" parece sugerir um gemido a sublinhar a perda da felicidade na estrofe 2, marcada pela remissão enunciativa de um presente deplorado.

Na estrofe final, o mesmo A assiste a síntese entre essas rimas a apontar para uma conclusão em que o passado se presentifica definitivamente pela crença que lhe empresta laivos de futuro. Melodicamente, A é marcado pelo intervalo de 2.a. Onipresente, a peripécia vira o mundo de ponta-cabeça. As relações entre rimas e estados de alma, só aqui sucintamente abordadas, apontam para o fato de que nossa exposição, longe de esgotar o problema, constitui apenas um ponto de partida para o estudo do semissimbolismo em *Yesterday*.

Esperando ter demonstrado a fecundidade da investigação das relações semissimbólicas para a semiótica da canção, a análise termina aqui, assumidamente introdutória e incompleta, sem a pretensão de desvendar os mistérios da música ou da poesia, mas sim visando a aguçar o apetite do olhar que os perscruta e admira.

Bibliografia

BARROS, Diana Luz Pessoa de. *Teoria do discurso*: fundamentos semióticos. São Paulo: Atual, 1988.

CONOLLY, Ray. *The Beatles complete*. London: Wise Publications, 1983.

FIORIN, José Luiz. *Elementos de análise do discurso*. São Paulo: Contexto, 1992.

GREIMAS, Algirdas Julien; FONTANILLE, J. *Semiótica das paixões*. São Paulo: Ática, 1993.

MONTEIRO, Ricardo Nogueira de Castro. *Análise do discurso musical*: uma abordagem semiótica. São Paulo, 1997. Dissertação (Mestrado) – Universidade de São Paulo.

________. *O sentido na música*: semiotização de estruturas paradigmáticas e sintagmáticas na geração de sentido musical. São Paulo, 2002. Tese (Doutorado) – Universidade de São Paulo.

SCHOENBERG, Arnold. *Structural functions of harmony*. New York: W.W. Norton & Company Inc., 1969.

TATIT, Luiz. *Por uma semiótica da canção popular*. São Paulo: FFLCH-USP, 1982.

______. *Semiótica da canção*: melodia e letra. São Paulo: Escuta, 1994.

______. *Musicando a semiótica*. São Paulo: Annablume, 1997.

Roseli Novak

As canções infantis e a criança

A produção fonográfica de canções infantis tem poucos anos de história no panorama da música brasileira. Na década de 1950, surgem as primeiras gravações de histórias da cultura universal e canções destinadas às crianças, a Coleção Disquinho, dirigida pelo compositor Braguinha. Na mesma época, surgem gravações de canções de domínio público, das brincadeiras de roda e afins. Na década de 1970, Chico Buarque, Henriquez e Bardotti lançam *Os saltimbancos* (1977), cujas canções passam a ser mais conhecidas do que a história. Somente na década de 1980, aparece a produção fonográfica de canções não anônimas e desvinculadas de histórias e brincadeiras populares, composta especialmente para crianças. Alguns dos primeiros discos gravados com estas características foram *A arca de Noé* (1980), de Vinícius de Moraes, e *A turma do balão mágico* (1982).

Com o advento dos programas infantis de televisão, o aumento de produções de grandes e pequenas gravadoras e de produções independentes, o mercado fonográfico brasileiro da canção infantil cresceu muito. A partir do levantamento dessa produção fonográfica desde a década de 1980, podemos estabelecer algumas categorias: música de grandes gravadoras veiculada pela televisão, como, por exemplo, Turma do Balão Mágico, Xuxa, Angélica, Eliana, Chiquititas, Carla Perez, Castelo Rá-Tim-Bum etc.; música de grandes gravadoras, de compositores e intérpretes da MPB, como Vinícius de Moraes, Toquinho, Chico Buarque, MPB4; e produções independentes. Nessas categorias, encontramos diferentes tendências que expressam distintas ideologias. É possível sintetizar as tendências em duas vertentes: canções endereçadas exclusivamente ao mercado de consumo e canções que pretendem alinhar-se a uma concepção estética e poética de prestígio no âmbito artístico.

Apresentaremos a seguir a análise semiótica de duas canções representativas das duas vertentes. Antes, porém, é necessário apresentar alguns pressupostos teóricos que constroem a análise.

Todo objeto a ser analisado pela semiótica é considerado um texto, que pode ser um texto verbal, uma pintura, um filme, uma canção. A semiótica divide o texto em planos e níveis. Há um plano de expressão, neste trabalho a música, e um plano de conteúdo, entendido como a letra da canção. Uma das mais importantes conquistas teóricas da semiótica foi hierarquizar o plano do conteúdo e estabelecer níveis de abstração para analisá-lo. Em outras palavras, todas as personagens, caracterizações e argumentações que reconhecemos num nível *discursivo* seriam estruturadas por uma verdadeira gramática proposta em nível *narrativo*, cujas categorias essenciais poderiam ser depreendidas e articuladas numa instância ainda mais abstrata, o nível *fundamental*. A passagem de um nível a outro ficou conhecida como *percurso gerativo* do sentido. Já o plano da expressão – identificado aqui com a estruturação musical – ainda espera por tratamentos adequados à sua natureza, digamos, sensorial. Voltaremos a ele durante as demonstrações descritivas.

A escolha das canções está apoiada no conceito semiótico de *isotopia*, no nível discursivo, que pode ser definido pela recorrência de *temas* e *figuras*. Podemos reconhecer em um texto verbal elementos que recriam o mundo concreto, proporcionando-nos um *efeito de realidade* (por exemplo, a interação entre um menino e um cão no interior de uma casa, numa determinada rua etc.). Trata-se do que denominamos *figuras* do texto, aquelas responsáveis pelo enriquecimento semântico dos *temas*. Estes, por sua vez, as organizam em categorias mais abstratas, intimamente vinculadas à ideologia geral do texto, que se configuram em valores como "amizade", "fidelidade", "honestidade" etc. Nos contos de fadas, por exemplo, há figuras como fadas, reinos, príncipes, bruxas, que recobrem temas como amor, coragem, medo.

As letras das duas canções têm em seu conteúdo a mesma isotopia, a isotopia da antropomorfização, em que a recorrência de temas e figuras nos remete à humanização de objetos ou animais. A isotopia da antropomorfização foi tomada como parâmetro por ser muito significativa ao universo infantil, pois é próprio da criança humanizar objetos, animais, plantas, brinquedos. É uma das formas mais significativas que a criança encontra para dialogar e se relacionar com o mundo. Estabelecemos, assim, um ponto de referência único para poder confrontar as canções representativas de cada vertente.

Iremos analisar e comparar as duas canções com o intuito de verificar as estratégias de persuasão desencadeadas no interior de ambas, para obter a adesão do público infantil. Na análise semiótica das canções, evidenciaremos, no nível discursivo, os temas subjacentes à isotopia da antropomorfização e os valores relativos a eles. Buscaremos os recursos utilizados pelo enunciador[1] (o compositor e o intérprete) para realizar a persuasão, em relação ao enunciatário (o ouvinte ou a criança especificamente). Segundo Fiorin,[2] "a cada formação ideológica corresponde uma formação discursiva, que é um conjunto de temas e de figuras que materializa uma dada visão de mundo." Enquanto o enunciador de uma canção dota o texto de um modo de ser que é o seu próprio, o enunciatário incorpora esse modo de ser por meio do hábito da escuta. É o que mostra Maingueneau ao referir-se a textos do romantismo: "Decerto podemos zombar do estereótipo romântico, mas ele mostra como o ethos literário contribui para moldar e dar caução a modelos de comportamento".[3]

De acordo com Cláudia Lemos, no processo de aquisição da linguagem verbal da criança, "a relação com a linguagem emerge pela apropriação do discurso do outro",[4] principalmente nos períodos iniciais de desenvolvimento, em que a colagem de fragmentos do discurso do outro se transforma em seu próprio discurso. Partindo desse diálogo constitutivo, a criança vai formando o seu próprio discurso "enquanto resultado do apagamento da voz do outro".[5] Os valores veiculados pelas canções constituem uma visão de mundo que indica o que e como pensar, sentir e fazer.

Uma identidade só se estabelece a partir de uma alteridade. Por isso, a identidade das canções endereçadas exclusivamente ao mercado de consumo só se estabelece em relação à identidade das canções que pretendem alinhar-se a uma concepção estética e poética de prestígio no âmbito artístico. A partir do estudo de cada canção e do diálogo constitutivo entre elas, levantaremos procedimentos discursivos

---

[1] Enunciador é quem comunica e enunciatário é quem recebe e interpreta a comunicação. Contudo, enunciador e enunciatário não são pessoas de "carne e osso", ambos são construídos a partir do texto.

[2] José Luiz Fiorin, Linguagem e ideologia, São Paulo, Ática, 2001, p. 32.

[3] Dominique Maingueneau, O contexto da obra literária, São Paulo, Martins Fontes, 1995, p. 146.

[4] Cláudia T. G. Lemos, A função e o destino da palavra alheia: três momentos da reflexão de Bakhtin, em Diana L. P. Barros e José Luiz Fiorin (orgs.), Dialogismo, polifonia, intertextualidade, São Paulo, Edusp, 1999, p. 38.

[5] Idem, p. 39.

identificados com o enunciador de cada vertente. O nosso foco de atenção será a imagem da criança que o enunciador projeta sobre a canção. Essa imagem é um reflexo do próprio enunciador, revelada pelas estratégias de persuasão.

As duas canções que serão aqui analisadas são: *Lá vem história: Plutão*, de Olavo Bilac musicada por Hélio Ziskind, com interpretação de Ná Ozzetti e Hélio Ziskind. A canção está inserida no CD *Meu pé, meu querido pé*, que é uma coletânea de canções de Hélio Ziskind para programas infantis da TV Cultura. A produção é de Velas Produções Artísticas e Musicais de 1997. E *Meu cãozinho Xuxo*, de Messias Correa e Rogério Enoé, com interpretação de Xuxa, apresentadora de programas infantis da emissora Rede Globo. A canção está inserida no CD *Xou da Xuxa*, com canções apresentadas em seu programa. A produção é da Gravadora Som Livre, de 1986.

Análise

Lá vem história: Plutão
(poema de Olavo Bilac e música de Hélio Ziskind)

Negro, com os olhos em brasa,
Bom, fiel e brincalhão,
Era a alegria da casa
O corajoso Plutão

Fortíssimo, ágil no salto,
Era o terror dos caminhos,
E duas vezes mais alto
Do que seu dono Carlinhos.

Jamais à casa chegara
Nem a sombra de um ladrão;
Pois fazia medo a cara
Do destemido Plutão

Dormia durante o dia,
Mas, quando a noite chegava,
Junto à porta se estendia,
Montando guarda ficava.

Porém Carlinhos, rolando
Com ele às tontas no chão,
Nunca saía chorando,
Nunca[6] *mordido pelo Plutão...*

Plutão velava-lhe o sono,
Seguia-o quando acordado:
O seu pequenino dono
Era todo o seu cuidado.

Um dia caiu doente
Carlinhos... junto ao colchão
Vivia constantemente
Triste e abatido, o Plutão.

Vieram muitos doutores,
Em vão. Toda a casa aflita,
Era uma casa maldita,
Era uma casa de dores[7]

Morreu Carlinhos... A um canto;
Gania e ladrava o cão;
E tinha os olhos em pranto,
Como um homem, o Plutão.

Depois, seguiu o menino,
Seguiu-o calado e sério;
Quis ter o mesmo destino;
Não saiu do cemitério.

Foram um dia à procura
Dele. E, esticado no chão,
Junto de uma sepultura,
Acharam morto o Plutão.

---

6 Não há no texto original de Bilac a repetição da palavra *nunca*.

7 Hélio Ziskind fez uma pequena adaptação do poema para a música invertendo esses dois últimos versos. No poema de Olavo Bilac os versos dessa estrofe seguem a ordem de rimas A B A B, "Vieram muitos doutores / Em vão. Toda a casa aflita / Era uma casa de dores / Era uma casa maldita".

Negro, com os olhos em brasa,
Bom, fiel e brincalhão,
Era a alegria da casa
O corajoso Plutão
O corajoso Plutão[8]

Confirmando uma certa constância no âmbito dos textos, essa letra põe em destaque, no nível mais profundo e abstrato, o nível fundamental, a oposição entre vida e morte. Nas primeiras estrofes a relação entre o cão e o dono é plena e feliz, é o momento da vida representando *valores eufóricos*[9] para ambos os protagonistas. Quando Carlinhos adoece e morre, a morte separa cão e dono e representa *valores disfóricos*. Contudo, no momento em que Plutão decide ter o mesmo destino de Carlinhos, entregando-se à morte por vontade própria, a morte torna-se um valor desejado e conquistado. Somente assim o cão Plutão crê que estará novamente junto a seu dono. Essa perspectiva reapresenta a morte com um valor eufórico.

Encontramos, no nível narrativo, as principais funções sintáticas (actantes) do texto: *destinador manipulador*,[10] aquele que faz o sujeito fazer; *sujeito*, aquele que realiza a ação; *objeto*, aquilo cujo valor o sujeito busca conquistar. Pode ocupar o lugar dessas funções uma pessoa, um objeto qualquer, algo abstrato como um dado social etc. No caso dessa canção, temos que a propriedade do cão, fidelidade, age como manipulador do sujeito cão. O seu dono Carlinhos é o seu objeto-valor. Os adjetivos "bom", "fiel", "brincalhão" e "corajoso", utilizados na primeira estrofe para descrever as qualidades do cão, indicam que Plutão é um sujeito competente para estar em conjunção com o objeto-valor, Carlinhos.

A doença que abate Carlinhos cumpre a função de antissujeito e vai ameaçar a conjunção entre Plutão e seu dono. A morte de Carlinhos

---

[8] Essa estrofe não se repete no poema de Olavo Bilac, porém na versão musical há a repetição da primeira estrofe e também de seu último verso. O acréscimo dessa estrofe e a repetição do verso trazem, para a análise da canção, elementos decisivos para entender o percurso narrativo do cão Plutão.

[9] *Valores eufóricos* conotam valores positivos e *valores disfóricos* conotam valores negativos.

[10] O sentido de manipulador não é o do senso comum, que geralmente é associado a valores negativos ou a uma imposição. O destinador propõe uma ação como se fosse um contrato que o sujeito pode ou não aceitar.

provoca disjunção entre sujeito e objeto e acarreta uma mudança definitiva em Plutão. Ao chorar a morte de Carlinhos "como um homem", Plutão adquire a consciência (propriedade do homem) e, nesse momento, ocorre sua antropomorfização.

Plutão antropomorfizado leva o contrato fiduciário firmado com seu destinador manipulador, a fidelidade, às últimas consequências. Seguiu seu dono até o cemitério e não saiu mais de lá, com a intenção de estar para sempre em conjunção com seu objeto. Plutão "quis ter o mesmo destino" de Carlinhos, quis morrer para continuar ao seu lado. É restabelecida a conjunção tanto no plano espacial (lado a lado na sepultura) como no plano temporal (na "eternidade").

Na canção, diferentemente do poema, a primeira estrofe é repetida no final, adquirindo um sentido diferente de sua primeira apresentação. Afirmar as qualidades de Plutão depois de todo o percurso realizado significa reconhecê-lo como herói. A repetição do último verso na canção acentua ainda mais a sanção cognitiva. "O corajoso Plutão" provou que é de fato corajoso. Um cão que foi capaz de ir ao encontro da própria morte por seu objeto-valor pode receber a sanção positiva e ser reconhecido como herói. O tema subjacente à isotopia de antropomorfização é o heroísmo.

É importante observar que, apesar de a palavra *cão* só aparecer na nona estrofe, é possível perceber que se trata de um cão desde o início da canção. A descrição da relação lúdica e afetiva entre cão e dono e da postura atenta do cão na guarda da casa e do menino são expressas por meio de uma linguagem rica em metáforas, metonímias e jogos de palavras.

Antes de verificar a relação entre a letra e a melodia da canção, é necessário explicar alguns conceitos da teoria semiótica da canção.[11] Segundo essa teoria, é possível estabelecer um paralelo entre o plano da letra e o da expressão musical. Os conceitos para efetuar a análise da expressão são a passionalização, a tematização e a figurativização.

As principais características musicais da passionalização são: andamento lento ou desacelerado, alongamentos vocálicos, saltos intervalares ascendentes e descendentes e uma ampla tessitura, que, no plano da letra, correspondem ao percurso narrativo em que há principalmente momentos de disjunção, ou seja, separação entre o sujeito e o objeto.

---

[11] Teoria desenvolvida por Luiz Tatit.

As principais características musicais da tematização são: andamento rápido ou acelerado, repetição de motivos rítmico-melódicos e gradações, que, no plano da letra, correspondem ao percurso narrativo em que há principalmente momentos de conjunção, ou seja, união entre o sujeito e o objeto. Uma das principais características musicais da figurativização é a instabilidade da melodia, que tanto pode se dar entre um intervalo de duas notas muito próximas, como em uma melodia em que não podemos inferir uma forma previsível; assim, ela simula a presença da *fala*[12] na canção.

Vejamos a análise a partir dessa perspectiva teórica. *Lá vem história: Plutão* é uma canção híbrida, que tem o predomínio de características da passionalização e também apresenta elementos da tematização e da figurativização. As características da passionalização fazem evidenciar a separação entre Plutão e Carlinhos, ainda que a letra apresente a conjunção entre os dois a maior parte do tempo, tanto em vida como na morte.

Como características da passionalização, observamos o andamento desacelerado da canção, com saltos intervalares (cf. ex. 1) e alongamentos vocálicos (cf. ex. 2) em diversos pontos em que a letra remete à disjunção.

Exemplo 1

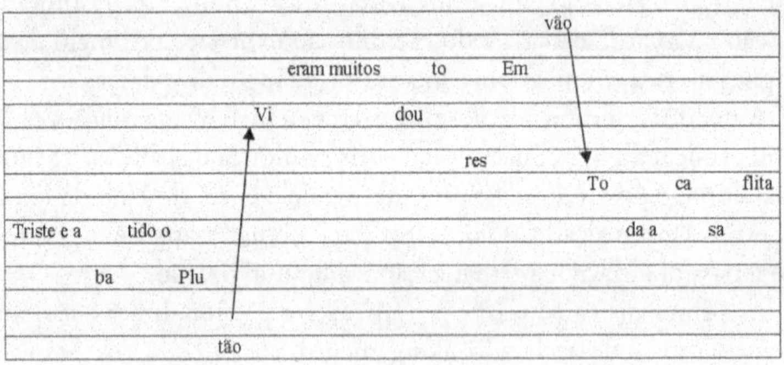

[12] Para a semiótica da canção, a *fala* tem um amplo sentido, o qual vamos sintetizar. Ela pode ser a fala propriamente dita, como no samba de breque; pode ser uma simulação da fala, na instabilidade da melodia; também pode ser um "ruído", como um grito, o latido de um cão, o choro de alguém etc.

Exemplo 2

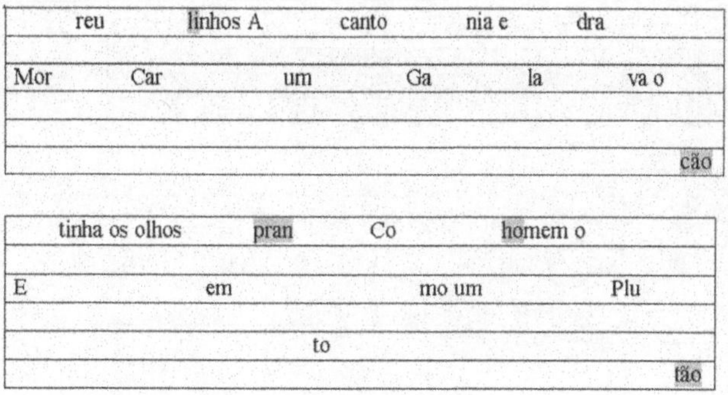

O aspecto da tematização, repetição de motivos rítmico-melódicos, expressa o momento de maior proximidade entre sujeito e objeto (cf. ex. 3). Poderíamos considerar o momento mais representativo da conjunção entre os dois.

Exemplo 3

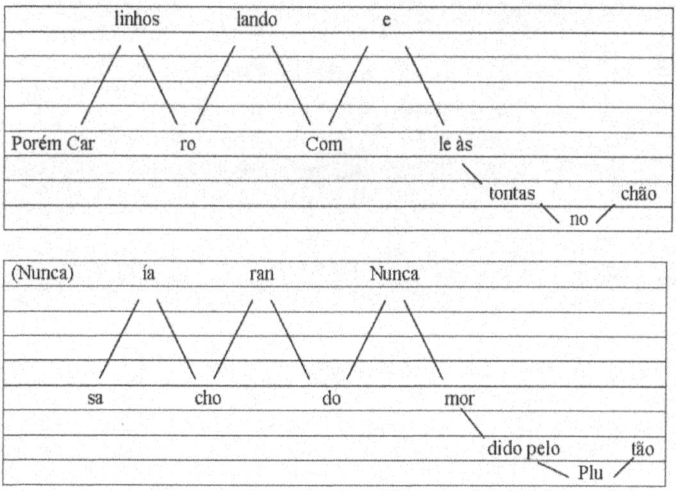

A figurativização aparece de forma bastante sutil, simulando a *fala* (cf. ex. 4).

Exemplo 4

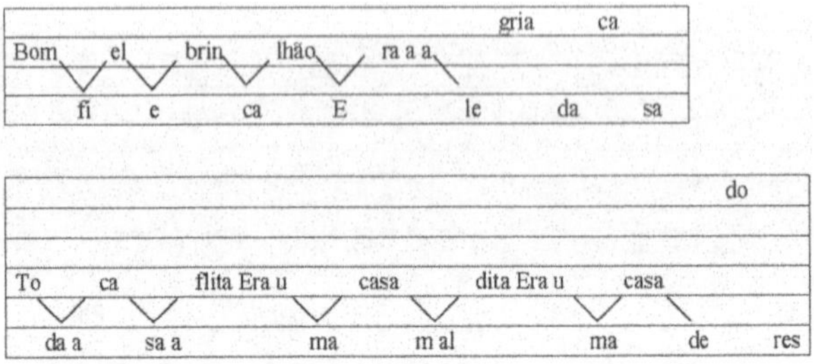

E, de outra maneira, a figurativização aparece na interpretação vocal dos cantores, por exemplo, no momento em que o timbre vocal escurece representando o medo e o perigo, nos versos "Pois fazia medo a cara / do destemido Plutão", ou o timbre vocal representando o desespero em "toda a casa aflita / era uma casa maldita / era uma casa de dores".

Podemos concluir que o plano da expressão musical trabalha com as polaridades da letra: conjunção-euforia (Carlinhos e Plutão vivos), disjunção-disforia (Carlinhos morto e Plutão vivo), conjunção-euforia (Carlinhos e Plutão mortos).

Meu cãozinho Xuxo
(de Messias Correa e Rogério Enoé)

Meu cãozinho Xuxo
O que eu sinto por você
Só com palavras
Não sei dizer
É melhor calar
Vamos correr
Vem me pegar
Fique feliz
Porque te amo

Xuxo, eu me lembro da primeira vez
Em que eu te vi
Foi maravilhoso
Você olhou pra mim
Logo percebi
Que com você seria tudo muito mais gostoso

Amiguinho
Não vá me abandonar
Sem você o mundo vai parar
O nosso amor
É lindo como uma flor
Preciso tanto de você
Você também do meu calor

No nível narrativo dessa canção, observamos que não existe o percurso de uma ação, ou seja, de uma transformação. Trata-se de um *enunciado de estado*. Os actantes, a dona de um cão, na função de sujeito, e o seu cão, na função de objeto, estão em um estado de conjunção. Existe a possibilidade de desestabilização desse estado: "Amiguinho / não vá me abandonar / sem você o mundo vai parar". A ruptura, porém, não se concretiza.

No nível fundamental, a letra dessa canção põe em destaque a oposição vida e morte, sendo que a morte é representada pela ameaça da perda do cão.

No nível discursivo, o fato de haver um narrador em primeira pessoa (a dona do cão) dirigindo-se a um narratário (o cão) cria um efeito de sentido de subjetividade. Dentro do contexto da canção, esse fato cria um simulacro, pois o enunciatário tem a impressão de que se trata de Xuxa falando com o seu cão. A isotopia que humaniza o cãozinho Xuxo está presente na linguagem utilizada pelo narrador: "da primeira vez"; "foi maravilhoso"; "com você seria tudo muito mais gostoso"; "preciso tanto de você, você também do meu calor", expressões utilizadas comumente para referir-se à experiência sexual. A linguagem ambígua transforma a relação entre cão e dona e traz à tona o tema da sexualidade. As palavras "meu cãozinho Xuxo" poderiam ser substituídas por "meu namorado Xuxo", "Pedro" etc. Desse modo, as relações estabelecidas no nível discursivo evidenciam, no nível narrativo, determinados valores do objeto com os quais o sujeito deseja manter-se em conjunção. Subentende-se que são os valores felicidade e prazer relativos à experiência sexual.

Outro aspecto da linguagem que deve ser destacado é a utilização de "lugares-comuns" como, por exemplo, "o nosso amor é lindo como uma flor" e "o que sinto por você / só com palavras não sei dizer".

Vejamos a relação entre letra e música. *Meu cãozinho Xuxo* é também uma canção híbrida, que tem o predomínio de características da passionalização e apresenta elementos da tematização e da figurativização. Como características da passionalização, constatamos o andamento desacelerado da canção, com saltos intervalares (cf. ex. 5).

Exemplo 5

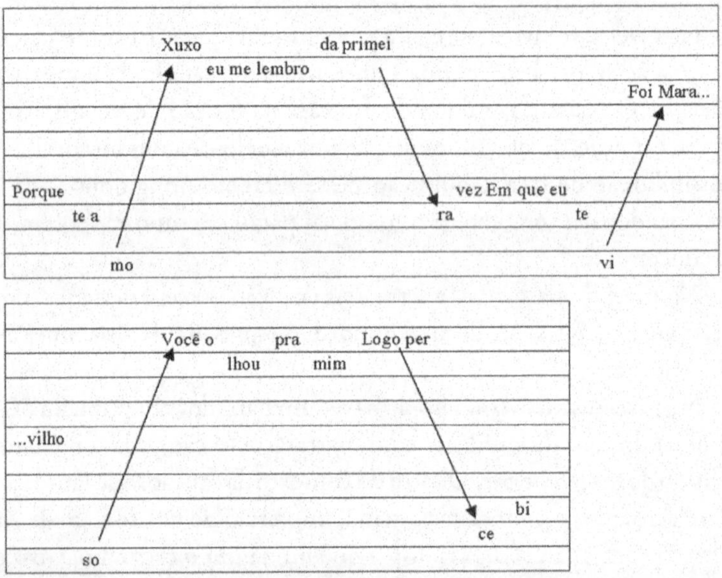

Essas características representariam na letra a disjunção entre sujeito e objeto, mas como isso de fato não se concretiza, fazem reforçar o sentido da ameaça da disjunção. Elas expressam o receio ou medo do sujeito de perder o seu objeto-valor. Essa ameaça é apresentada também por meio da figurativização. Na canção, em vários momentos, aparece o choro do cão e de sua dona, representando concretamente a presença da *fala*. Dessa forma, o choro cria um simulacro para aproximar o ouvinte da narrativa, para persuadi-lo a sentir o sofrimento dos protagonistas. E ainda, de uma outra maneira, a figurativização aparece na interpretação vocal da cantora no verso "que com você seria tudo muito mais gostoso", especialmente quando canta de forma libidinosa as palavras "muito mais gostoso".

O aspecto da tematização, repetição de motivos rítmico-melódicos, expressa um dos momentos representativos da conjunção entre sujeito e objeto (cf. ex. 6).

Exemplo 6

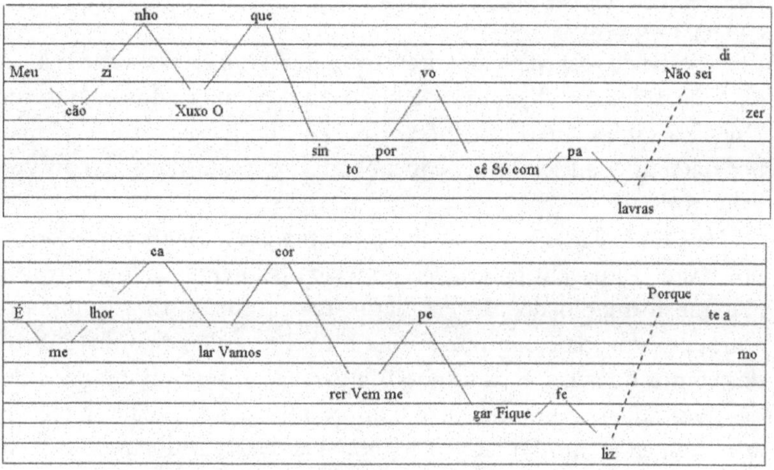

▨ As canções e a criança

Apontaremos traços do enunciatário que podemos depreender de cada uma das canções. Na canção *Meu cãozinho Xuxo* levantaremos alguns aspectos que nos levam à imagem da criança projetada pelo enunciador. Um deles é a isotopia de antropomorfização que traz à tona o tema da sexualidade. Outro aspecto é o fato de o nome do cão ser Xuxo, assim como há a bicicleta Xuxa, a boneca Xuxinha etc. A canção é mais uma referência à promoção da logomarca *Xuxa*. Há uma estratégia de *marketing* implícita que liga essa canção a bens de consumo que invadem e igualam os desejos infantis. Como bem descreve Armando Antenore em seu artigo "Sem pernas de fora, Xuxa se desconstrói":[13] "Nos anos 80, quando despontou, Xuxa aparecia em cena todas as manhãs para insinuar algo do tipo: 'Crianças, cresçam logo. Cresçam já!' [...] buscava acelerar a infância, encurtá-la. Meninos e meninas se encantavam com a profusão de tranqueiras e pernas que a

[13] Artigo publicado pelo jornal Folha de S.Paulo, 30 out. 2002, p. E8.

'xuperestar' lhes oferecia. Entravam assim em searas típicas dos adultos – a do consumo desenfreado e a do erotismo explícito." A capa do disco em que está inserida a canção analisada reforça a presença desses dois aspectos: Xuxa com uma blusa transparente, em uma exposição erótica do corpo, ocupa todo o espaço da capa; em destaque no nome do disco está a palavra Xuxa.

A partir dos aspectos descritos, é possível associar essa canção à vertente de canções endereçadas exclusivamente ao mercado de consumo. "Meu cãozinho Xuxo" esconde estratégias de persuasão que acabam por tratar as crianças como pequenos adultos no universo do consumo e do erotismo.

Na canção *Lá vem história: Plutão* levantaremos alguns aspectos que nos levam à imagem da criança projetada pelo enunciador. Um deles é a transformação do cão em herói, tema subjacente à isotopia de antropomorfização, que traz à tona o universo alegórico dos mitos e dos contos de fadas. E, traçando um paralelo entre os nomes dos cães das duas canções, o nome Xuxo cumpre a função de uma estratégia de *marketing*, enquanto Plutão é o cognome de Hades, o Deus ou o rei do mundo dos mortos na mitologia grega; há uma correlação direta entre o cão Plutão e o mito grego.

Outro aspecto importante para chegar ao enunciatário é a linguagem poética do texto de Bilac. Toda a realidade alegórica do universo mitológico e dos contos de fadas, a relação de afeto, ludicidade, amizade e lealdade entre Plutão e Carlinhos, o tema heroísmo subjacente à isotopia de antropomorfização são expressos por meio de uma linguagem rica em metáforas, metonímias e jogos de palavras.

A partir desses aspectos descritos, é possível associar essa canção à vertente de canções que pretendem alinhar-se a uma concepção estética e poética de prestígio no âmbito artístico. Podemos depreender alguns traços do enunciatário da canção *Lá vem história: Plutão*. Essa canção esconde estratégias de persuasão que acabam por projetar a criança dentro de um universo lúdico e alegórico.

Temos aqui duas visões de mundo bastante diferentes. Essas visões influem na formação da criança. De acordo com Fiorin,[14] "quando um

[14] José Luiz Fiorin, op. cit., 2001, p.74.

enunciador comunica alguma coisa, tem em vista agir no mundo. Ao exercer seu fazer informativo, produz um sentido com a finalidade de influir sobre os outros.

Deseja que o enunciatário creia no que ele lhe diz, faça alguma coisa, mude de comportamento ou de opinião, etc."

Não podemos nos esquecer, entretanto, de que as duas canções aqui analisadas são apenas uma pequena amostra. Não podemos generalizar e concluir que todas as canções produzidas com a finalidade centrada exclusivamente no consumo teriam a imagem da criança como a de pequenos adultos e que seriam inadequadas à criança. Por outro lado, que todas as canções produzidas com preocupações estéticas e poéticas seriam mais adequadas. Seria leviano de nossa parte. Por isso, as propostas apresentadas neste trabalho poderiam ser encaradas como procedimentos de análise para a seleção de um repertório de canções infantis.

Discografia

XUXA, *Xou da Xuxa*, Som Livre, 1986.

ZIESKIND, H. *Meu Pé, Meu Querido Pé*, Velas, 1997.

Bibliografia

BAKHTIN, M. *Marxismo e filosofia da linguagem*. São Paulo: Hucitec/Annablume, 2002.

DIAS, T. M. *Os donos da voz*: indústria fonográfica brasileira e mundialização da cultura. São Paulo: Boitempo, 2000.

DISCINI, N. *O estilo nos textos*. São Paulo: Contexto, 2003.

FIORIN, J. L. *Linguagem e ideologia*. São Paulo: Ática, 2001.

LEMOS, C. T. G. A função e o destino da palavra alheia: três momentos da reflexão de Bakhtin. In: BARROS, D. L. P.; FIORIN J. L. (orgs.). *Dialogismo, polifonia, intertextualidade*. São Paulo: Edusp, 1999.

MAINGUENEAU, D. *O contexto da obra literária*. São Paulo: Martins Fontes, 1995.

TATIT, L. *Semiótica da canção*: melodia e letra. São Paulo: Escuta, 1994.

______. *Musicando a semiótica*: ensaios. São Paulo: Annablume, 1997.

Ana Cristina Fricke Matte

A enunciação da *História sem fim**

De l'imperfection[1] lembrou-me do filme *História sem fim*, de W. Petersen.[2] Trata-se da história de um garoto que entra por acaso em um sebo, onde um senhor o adverte que o livro que o interessa é impróprio para ele, sugerindo que é perigoso. O garoto rouba o livro e lê a história de um herói, Atreyu, também menino, que tem a missão de salvar Fantasia, o reino cuja Imperatriz está muito doente. A única maneira de salvar esse reino e curar a Imperatriz é fazer com que uma criança humana lhe dê um novo nome e deseje viver todas as aventuras que puder fantasiar, pois o Nada está destruindo Fantasia. E a única criança humana disponível é o garoto-leitor .

De l'imperfection é considerado livro-testamento de Greimas, pois suas análises de um grupo de obras literárias questionam o lugar do estético na teoria semiótica e trazem à luz questões que estão no cerne dos mais recentes avanços na área. Um dos textos analisados é *Continuidade dos parques*, de Julio Cortázar, em que um sujeito lê um enredo sem saber que é o alvo da trama lida, fato desvendado no final trágico do texto. *História sem fim* é Cortázar relido como filme para crianças, no melhor estilo. As estratégias que trazem Sebastian (o menino-leitor) para dentro do livro, cuja leitura é o fio de coesão do filme, são muito semelhantes às estratégias que inserem o leitor interno do texto de Cortázar na trama que ele próprio está lendo.

Evidentemente não seria muito adequado para um público infantil deixá-lo sem um final feliz, mas isso não impede o filme de, tal como o

* Trabalho realizado com o apoio da Fapesp.

[1] A. J. Greimas, De l'imperfection, Périgueux, Pierre Fanlac, 1987.

[2] *Neverending Story* é um filme de 1984 baseado no livro do escritor alemão Michael Ende, de 1979. Adaptação do diretor alemão Wolfgang Petersen e de Herman Weigel. Produção executiva de Mark Damon e John Hide.

livro de Cortázar, travar uma intensa batalha enunciativa,[3] ultrapassando o instante em que se dá a fusão entre a enunciação enunciada e a enunciação enunciva internas ao filme. Ele o faz, por exemplo, desenhando a imagem da fronteira de Fantasia, ao mesmo tempo em que afirma que Fantasia não tem fronteiras, desenhando o fim da história sem fim, o qual não é senão um início.[4]

Textos tão distantes e, no entanto, tão próximos. Estará aí o elo aparentemente perdido entre a arte e a cultura de massas? O prazer e a dor indispensáveis à fruição estética? Esta análise sobre *História sem fim* é breve e vai dedicar-se principalmente a alguns momentos em que as duas enunciações se cruzam e o filme vai além da fusão, tal como quando a Imperatriz fala de espectadores do espectador tornado personagem, simulando uma interação entre público e filme. Trata-se de uma releitura do *História sem fim* através do *De l'imperfection*.

O cinema é uma linguagem sincrética muito abrangente: imagens, palavras, vozes, roupas, cenários, música, movimento, principalmente, são as linguagens que concorrem para a construção do sentido final. Na presente análise, praticamente foram desprezados vestuário, música, vozes, cenários, restringindo-se a análise ao visual e ao verbal. Foram considerados a sala do cinema como local de execução do filme, a despeito de, provavelmente, ser sua execução mais frequente nas salas das casas, nos vídeos caseiros, com luzes acesas e conversas paralelas. De qualquer forma, o enunciatário do filme não seria alguém sentado na sala de casa, tomando refrigerante e parando o filme para ir ao banheiro: o enunciatário do filme estaria na sala do cinema, portanto onde o filme alcançaria sua dimensão máxima, seu efeito máximo.

---

[3] Enunciação, enunciado, enunciador e enunciatário são conceitos básicos neste texto. Para a semiótica, a enunciação deixa marcas no enunciado, embora seja uma instância externa a ele. O enunciado é o texto. Enunciador e enunciatário são respectivamente as figuras de sujeito-fonte e sujeito-alvo da enunciação, entre os quais o enunciado é o objeto.

[4] A análise do filme *História sem fim*, além do trabalho aqui exposto, também resultou em uma discussão da figura do enunciatário, publicada pelos CASA – *Cadernos de Semiótica Aplicada*, v. 1, n. 2, dez. 2003, sob o título: "Para quem o texto fala? A imagem do enunciatário na História sem Fim". Aquele trabalho está restrito à construção da figura do enunciatário e, portanto, é pressuposto por este, que trata da enunciação como um todo. Assim, qualquer coincidência não é mera semelhança. O artigo pode ser obtido na página da revista (http://www.fclar.unesp.br/grupos/casa/CASA-home.html).

Narrativa primeira

Há uma narrativa primeira, mote do filme. Essa narrativa é simples:

a) Percurso pressuposto: um sujeito^{Sebastian} perde a mãe (disjunção disfórica, ou seja, negativa) e troca o macrotexto$^{\text{mundo_realista}}$ por um macrotexto$^{\text{mundo_fantasioso}}$ ao qual tem acesso pelas aventuras vividas nos livros.

b) O pai, destinador do mundo realista, reafirma os termos do contrato desse mundo colocando a morte da mãe no mesmo lugar inadequado e disfórico que ocupam os unicórnios desenhados por Sebastian na prova de matemática, modalizando-o com o /dever/.

c) Apesar de ceder à manipulação paterna e apesar da sugestão do pai (enfrentar seus problemas), Sebastian continua intimamente ligado ao contrato com o macrotexto$^{\text{mundo_fantasioso}}$ e não enfrenta seus antissujeitos reais (os colegas de escola que o jogam na lata de lixo): foge e, nessa fuga, entra por acaso numa espécie de sebo de livros. Ou seja, quebra o contrato com o pai.

d) Lá está ele, frente a frente com um destinador do mundo fantasioso:[5] o livreiro, que, ao perceber que Sebastian possui os valores que o tornam um destinatário virtual desse mundo, procede à manipulação por provocação: "Os livros que você lê não têm perigo. [...] Este livro não é para você!". Sua intenção é evidenciada por um sorriso dado após a ação do menino (roubar o livro).

O percurso daí por diante é previsível: o menino falta à aula manifestando a opção pelo destinador^{livreiro} e, escondido em um depósito da escola, lê o livro até o fim. Numa primeira análise, pode-se dizer que o filme euforiza o segundo destinador, disforizando o pai, a aula de matemática e – por que não? – a "vida real". Essa incômoda e pouco didática "moral da história" será objeto das análises que seguem, que vão apelar principalmente aos recursos das linguagens verbal e visual para observar as estratégias enunciativas e de manipulação.

[5] Note que o destinador do mundo fantasioso é um papel actancial (nível narrativo) figurativizado por dois atores (nível discursivo) – a mãe e o livreiro –, cada qual aparecendo em momentos diferentes do texto. Um papel actancial é uma configuração abstrata do conceito de personagem e diz respeito unicamente a relações de natureza lógica. Por isso um papel actancial pode ser ocupado por muitos atores – como esse destinador – , assim como um ator pode ocupar vários papéis actanciais no mesmo texto.

Narrativa segunda

Muitas narrativas secundárias aparecem na *História sem Fim*, mas só uma delas é abrangente o suficiente para formar uma dimensão subordinada à da narrativa primeira durante o filme todo, por isso foi aqui chamada de narrativa segunda.

Trata-se da história da Imperatriz de Fantasia, uma terra que está sendo devorada pelo Nada. Tal qual seu reino, a Imperatriz está ameaçada. Atreyu, um caçador do búfalo vermelho – igual ao desenho na mochila de Sebastian – é aguardado pela Imperatriz como o único capaz de encontrar-lhe uma cura e salvar Fantasia.

O percurso de Atreyu, antes de mais nada, é um percurso de aquisição de saber: procura no Pântano da Tristeza (onde ele perde seu cavalo) o velhíssimo e sábio Morla para indicar-lhe a cura; ele o envia ao Oráculo do Sul, o "único que pode saber". Para chegar ao Oráculo, Atreyu tem a ajuda de um dragão da sorte. O dragão é quem o salva de G'mork, o representante do Nada que procura evitar o sucesso do herói. Para passar o primeiro portal em direção às esfinges ele usa o conhecimento de um cientista. O segundo portal é um espelho onde se vê o verdadeiro Eu: é onde Atreyu vê Sebastian e vice-versa. Ali quem hesita é Sebastian, jogando o livro longe: "Isso já está indo longe demais!". Finalmente, o Oráculo, duas estátuas masculinas com vozes femininas, lhe faz saber: a cura para a Imperatriz é um novo nome, que só poderá ser dado por uma criança humana, a qual será encontrada além das fronteiras de Fantasia.

Ajudado pelo dragão da sorte voador, Atreyu busca as fronteiras de Fantasia, que nenhum dos dois /sabe/ onde fica. Chegam ao Mar das Possibilidades, "de onde não poderiam passar"; lá encontram o Nada e são por ele separados. Entrando na caverna onde vê pintadas cenas de sua história, Atreyu vive a concretização da última delas: o encontro com G'mork. O monstro tenta convencer o herói de que Fantasia não tem fronteiras, discutindo o que é Fantasia, o que é o Nada e o que é que está afinal acontecendo: G'mork parece saber tudo. Mas não sabe que seu interlocutor é Atreyu e que será morto por ele.

A tensão do filme cresce na medida inversa do tempo: ele escoa para dentro do Nada e Atreyu parece estar sempre atrasado.

O que ocorre com a narrativa segunda, que estava englobada pela primeira, é que ela se volta sobre a narrativa primeira, englobando-a.

O próximo tópico vai explorar a construção da coerência enunciativa e a de seu desmembramento simultâneo, gerando uma gradação.

Imagens[6]

A presença e a ausência, o visível e o invisível, a vida e a morte, o real e a fantasia são algumas das várias oposições semânticas trabalhadas no filme. O próprio filme começa com imagens de nuvens, ora escuras, ora coloridas, movendo-se, deformando-se e transformando-se num movimento sinuoso, circular como rolos de fumaça densa sobre um fundo de nuvens suspensas, paradas e leves, e um céu de intenso azul. Ao mesmo tempo, uma música também circular repete-se sobre um ritmo e uma harmonia inalterados a cada novo ciclo. Dessa atmosfera catártica surge repentinamente um menino acordando num sobressalto enquanto a música passa a um segundo plano, sumindo lentamente. O segundo foco está no relógio, cujo som toma o lugar da música. Desde logo são opostas duas imagens: o antissujeito pode estar nas nuvens e no sonho ou pode estar no corte e no despertar.

Durante o café da manhã, o pai do menino cobra: "A vida tem que continuar!". A morte da mãe, segundo o pai, não justifica deixar de lado as tarefas, a responsabilidade, sendo preciso enfrentar o mundo. Enquanto o pai fala, o menino deixa aos poucos de brincar com as próprias mãos e passa a comer, com um rosto preocupado. O ir e vir da fantasia à realidade é evidente. A figura do adulto também transita por esses polos: o pai traja um terno impecável, cabelos penteados, postura ereta e se opõe à imagem do livreiro calvo e despenteado, figura sem linhas retas (gordinho, óculos redondos, rosto redondo, curvado sobre um livro, *A História Sem Fim*), figura central de uma livraria estranha, que mais parece um sebo de livros, na qual Sebastian entra ao fugir de uns colegas.

O rosto do menino é redondo, como o do livreiro. Quando ele inicia a leitura do livro roubado, a câmera aproxima-se lentamente de seu rosto, cuja voz denuncia o início da *História sem fim*, repleto de imagens clichês da literatura infantojuvenil. Quando finalmente o *close* da câmera no

---

[6] A análise visual do filme tem como pano de fundo outra análise, desta vez não Greimas, mas J. A. Silva, Figurativização e metamorfose: o mito de Narciso, São Paulo, Editora da Unesp, 1995.

seu rosto exclui o entorno (a sala, a janela) e uma tela-rosto conta-nos baixinho essa história, rompe-se o percurso da narrativa primeira e entramos na narrativa segunda.

Na narrativa primeira, as formas que se opõem são o redondo e o retilíneo. Aqueles "objetos retangulares que se chamam livros", nas palavras do livreiro, no entanto, têm um caráter dúbio. Eles podem ser parte do mundo formal do pai (como um livro de matemática) assim como podem ser parte do mundo fantasioso do livreiro, mesmo percurso figurativo em que aparece a escola. O livro *A História sem fim* traz em sua capa o símbolo do Auryn – "quem possui o Auryn fala pela Imperatriz" –, que é o emaranhado redondo de duas cobras mordendo uma o rabo da outra. O símbolo redondo sugere o conteúdo do livro.

Assim que surgem na tela as primeiras imagens de Fantasia – o conteúdo do livro –, notamos com estranheza que as formas dos personagens, apesar de contar com o redondo, chamam a atenção pelo que têm de irregular, no que se opõem ao redondo. As árvores da floresta são retorcidas, o chão, cheio de pedras e as cores são escuras e misturadas (parecem sujas). Por outro lado, a Torre de Marfim, castelo da Imperatriz, prima pelo vertical, é uma forma cilíndrica que se alonga em direção ao céu, traduzindo o redondo em verticalidade. Ao redor dela, até mesmo as árvores imitam-lhe o curvilíneo vertical. Em seu topo, o palácio é semelhante a uma rosa ainda não completamente desabrochada, com suas pétalas redondas formando um volume vertical. A Torre de Marfim é o único lugar de Fantasia cujas formas sugerem perfeição e equilíbrio, e sua luminosidade clara também a diferencia do resto.

A oposição entre o redondo e o reto é mantida dentro de Fantasia, mas ganha novas conotações. O formato circular das nuvens que representam a chegada do Nada desvincula o redondo dos conteúdos eufóricos, e a verticalidade da Torre de Marfim euforiza o ereto. Essa desconstrução dos valores antes assumidos pelo visual da narrativa primeira confere à narrativa segunda o poder de reavaliar esses mesmos valores.

Um dos temas que recobre todo o filme é a dicotomização de ciência e magia, a tensão fundamental entre o saber e o crer. Começa, evidentemente, com os unicórnios desenhados por Sebastian na prova de matemática. Ainda surge na narrativa primeira pelo fato de o menino faltar à aula para ler o livro roubado; mas a tensão maior, aquela que permanece durante todo o filme na narrativa primeira, provém do fato de que essa leitura ocorre *dentro* da escola, num depósito repleto de bonecos (esqueleto, animais empalhados, fantasias de teatro etc.) e muito sujo, contrastando com o resto da escola.

O medo que tais objetos causam em Sebastian ao anoitecer figurativiza o tema magia/ciência, o embate entre as figuras do crer e do saber do qual participa o relutar de Sebastian em "entrar na *História*". Por esse ângulo, é o embate entre seus dois destinadores (o pai e o livreiro), que ocorre num simulacro de enunciação. Esse simulacro é, no final das contas, o tema central da *História*, a qual sugere que o prazer estético de ler, ouvir uma música ou assistir a um filme provém justamente do simulacro da inversão enunciativa. Em outras palavras, nos leva a questionar se esse tipo de prazer não viria da sensação de que somos lidos, ouvidos ou assistidos pelo próprio objeto contemplado. E se trazer isso à tona não seria uma das formas de propiciar um prazer estético.

O que é o Nada – primeira versão

A primeira descrição do Nada é dada logo no início da narrativa segunda, num encontro entre personagens de diferentes partes de Fantasia: o Elfo, o Homem da Caracol e o Come-Pedra. O Elfo e o Homem da Caracol já estão familiarizados um com o outro quando o Come-Pedra chega e o Elfo desconfia da lucidez do Come-Pedra: duvida que alguém realmente coma pedras e, caso coma, então deve ser louco. Por isso também duvida quando o Come-Pedra diz que o sumiço das pedras não foi obra sua.

Por trás desse conflito está a dupla crer/saber: apesar de serem todos seres fantásticos, o Elfo é um sujeito do saber que não crê na verossimilhança do recém-chegado. No entanto, ao contrário do /saber/ do Elfo baseado em verdades absolutas e conhecimentos anteriores, o Homem da Caracol é dotado de um /saber/ aprender e percebe uma coincidência entre aquilo que parece ser a experiência do Come-Pedra e a sua própria. Come-Pedra descreve um lago que desapareceu, sem ficar seco ou deixar um buraco no lugar: "Um buraco seria alguma coisa. Não havia mais nada. E ficava cada vez maior".

Essa descrição do Nada é tão estranha, ou mais, do que alguém comer pedras. O Elfo continua duvidando do bom senso do Come-Pedra, mas o Homem da Caracol chama sua atenção para o fato de que tal experiência estranha é análoga àquela vivida por cada um deles em seus diferentes territórios. Somente essa semelhança confere às palavras do Come-Pedra a verossimilhança que cobra o Elfo.[7] Vemos que Fantasia não é o lugar idealizado do crer: o /saber/ tem um estatuto especial e é ali discutido não em termos de verdades absolutas, mas de verdades construídas por recursos linguageiros de veridicção.

A estranheza da descrição do Nada está justamente no fato de que *nada* é uma ideia abstrata, matematizável mas nunca visível, nunca concreta. No concreto, sempre fica algo no lugar de alguma coisa que desaparece: mesmo quando Fantasia desaparece, resta o espaço sideral visível, um fundo negro onde se deslocam rochas, areia e estrelas. A própria chegada do Nada é representada por nuvens movimentando-se em rolos, árvores, pedras, pessoas sendo sugadas por esse redemoinho.

Morla, o ancião

Atreyu, numa tentativa já desesperada, procura Morla, o ancião, o "habitante mais sábio de Fantasia". Morla vive num pântano sujo, muito sujo, o Pântano da Tristeza, onde o cavalo de Atreyu sucumbe. O Morro da Carapaça, que seria o lugar onde mora Morla, é justamente sua carapaça: ele é uma gigantesca tartaruga. A visão monstruosa de Morla assusta Sebastian, menino-leitor, cujo grito é ouvido tanto por Morla quanto por Atreyu, assustados.

Dois aspectos são importantes nesse episódio: em primeiro lugar, esse grito dado pelo leitor do livro e que é ouvido dentro do livro. É um instante de inversão enunciativa ao qual Sebastian reage: "Mas isso é impossível! Eles não podem ter me ouvido!".

Sebastian /sabe/ que os personagens de um livro de história não têm o /poder/ de perceber o que se passa fora do livro no momento da leitura. O macrotexto$^{\text{mundo_realista}}$ se choca com o macrotexto$^{\text{mundo_fantasioso}}$ e Sebastian opta pelo primeiro, por isso ele /não pode crer/. O livro proibido /não deve/ ser diferente dos outros livros. Assim como a

---

7 O verossímil é algo que parece ser mas não necessariamente é verdadeiro. A linguagem, inevitável intermediário da nossa interpretação do mundo segundo a semiótica, está limitada à verossimilhança.

semelhança forneceu, na narrativa segunda, o verossímil para o Elfo, a dessemelhança trouxe o inverossímil para Sebastian, que passará o resto da leitura duvidando dos indícios do livro como fronteira *ultrapassável* para o mundo fantasioso.

Em segundo lugar, a atuação desse "habitante mais sábio de Fantasia" traz à tona outros aspectos da modalização pelo /saber/ no filme. Morla é sábio mas não sabe tudo: não sabe a cura para a Imperatriz, mas sabe que o Oráculo do Sul tem a resposta. Assim, o mais sábio não é quem sabe tudo, mas quem sabe onde procurar as respostas. Porém, sua sapiência torna-o escravo da lógica do mundo realista: ele afirma a Atreyu que é impossível alcançar o Oráculo, pois fica a quinze mil quilômetros dali, e incentiva o herói a desistir. Sua argumentação convence Atreyu, que sai sem rumo e quase sucumbe ao pântano da tristeza. O limite do /saber/ lógico é o /saber não poder fazer/. Por isso, quando G'mork, o monstro das trevas, está prestes a alcançá-lo e destruí-lo, Atreyu é salvo por um representante do /crer/: o dragão da sorte.

O dragão da sorte, a curandeira e o cientista

Dois tipos diferentes de magia: a sorte e o curandeirismo. Dois tipos diferentes de saber: o curandeirismo e a ciência. Em torno da figura de Atreyu, preocupado em cruzar os dois portais e chegar ao Oráculo do Sul, as figuras do dragão da sorte (Falcon), do velho cientista e da velha curandeira (marido e mulher) travam um embate sobre saber e crer, em que a velha é o termo complexo.

Os quinze mil quilômetros não foram problema para o dragão:

Atreyu – "Como foi que chegamos aqui?"

Dragão da sorte – "Ah, com sorte..."

O dragão indica a Atreyu que sua recuperação da tristeza do pântano e de seus ferimentos deveu-se também à ajuda de um pequeno casal. Atreyu espia pela porta da caverna e escuta:

Cientista – "Ai, sai da frente da luz. Está atrapalhando meu trabalho científico!"

Curandeira – "Você e seu trabalho científico. O que o menino precisa é de uma das minhas poções mágicas."

As poções da curandeira, sujeito complexo do saber/crer, realmente curaram Atreyu, assim como a sorte do dragão o levou ao Oráculo.

A atuação do cientista é mais nebulosa. Ele é especialista em *Oráculo do Sul* e levanta a oposição entre o interesse científico e o interesse pragmático:

Cientista – "Você veio ao lugar certo, meu rapaz. Eu sou muito entendido em tudo que diz respeito ao Oráculo do Sul." [...]

Atreyu – "Já esteve no Oráculo do Sul?"

Cientista – "O que é que você acha, meu rapaz?"

"Eu trabalho cientificamente."

O cientista mostra a Atreyu o primeiro portal e explica-lhe que, para passar pelas esfinges que o guardam, deverá estar confiante em si mesmo (confere-lhe um /saber dever crer/). Antes que possa falar sobre o segundo portal, Atreyu sai em direção ao primeiro. Sua hesitação provoca o ataque das esfinges, mas Atreyu no último momento corre e consegue fugir, ultrapassando o portal. Foi com a ajuda do cientista que Atreyu venceu esse portal, pois soube onde buscar a força de que precisava, apesar da hesitação. O cientista, que assistiu a tudo, corre para contar o fato ao dragão e à curandeira:

Cientista – "Ele entrou! Atreyu passou pelo portal das esfinges. Eu sempre disse que ele entraria!"

[...]

Dragão – "Eu sabia que se salvaria!"

Cientista – "Bobagem, você não entende de coisa alguma"

O cientista respeita o saber de sua esposa como curandeira, mas não respeita sua crença na magia; por outro lado, ele tem um desdém absoluto pelo dragão da sorte, pois a sorte não depende de /saber/ algum. Por sua vez, a curandeira despreza a crença do dragão na sorte injetando-lhe vitaminas para "não abusar da sorte", enquanto o dragão confia na sorte e não no mau agouro do /saber/ do cientista.

O cientista parece dono de um saber obtido por outros e parece incapaz de agir. Sua ação, porém, é a de um destinador. Ele faz saber ao dragão (e ao enunciatário) que o segundo portal (um espelho onde se vê o próprio íntimo) não é simples como parece, pois "ao encontrar seu próprio eu, a maioria dos homens corre de medo". Nesse momento seu /saber/ sai do livro, atingindo Sebastian e, por meio dele, o enunciatário do filme, com uma nova e forte expectativa: como será o verdadeiro "eu" do simpático herói Atreyu?

O /saber/ do cientista não atinge nem a curandeira, cujo /saber/ ter feito o possível (curar o menino) lhe faz crer que ele será capaz de vencer o portal, e nem o dragão, cuja crença na sorte permanece inabalável. No contexto da narrativa segunda, o cientista é um destinador menor, mas seu fazer persuasivo é particularmente funcional no nível do simulacro de enunciação, que é Sebastian lendo o livro, e também no nível da enunciação propriamente dita, que é o enunciatário ^{público} vendo Sebastian ler o livro. Dentro da *História*, sua atuação é fundamental, pois o objetivo crucial do percurso de Atreyu é alcançar, fora de Fantasia, a criança humana, incapaz de compreender que é dela o rosto refletido no espelho do segundo portal.

O Oráculo informa a Atreyu que a Imperatriz precisa de um novo nome, dado pela criança humana que está além das fronteiras de Fantasia. Mas nem Atreyu nem o dragão da sorte sabem como alcançá-la quando partem em busca das fronteiras de Fantasia. No entanto, como foi constatado, o cientista fez sua parte, atingindo Sebastian antes mesmo que qualquer um na narrativa segunda, mesmo o próprio cientista, soubesse da existência do menino-leitor.

O que é o Nada – segunda versão

Atreyu parte com o dragão da sorte em busca das fronteiras de Fantasia, além das quais está a criança humana capaz de salvar Fantasia. Contam apenas com a sorte do dragão para conseguir tal feito, mas, após viajar por toda a terra de Fantasia, chegam, segundo o narrador do livro na voz de Sebastian, ao "Mar das Possibilidades, do qual não poderiam passar". O que é possível, não é fantasia.[8] Seria essa a fronteira procurada?

Chegam tarde, o Nada já está lá e separa Atreyu não só do dragão como também do Auryn, o talismã que foi presente da Imperatriz e cai de seu pescoço no mar. Atreyu cai na praia e caminha por entre ruínas de colunas gregas, onde encontra, desolado, o Come-Pedra: "Minhas mãos parecem grandes, parecem fortes, não parecem?" Dessas mãos o Nada

[8] O possível é limiar entre o realista e o fantástico: pode não ser real nem fantasioso – termo neutro – , mas também pode ser real e fantasioso ao mesmo tempo – termo complexo. Como o Mar das Possibilidades é abordado na perspectiva de Atreyu, que não conhece o mundo realista, impera nesse texto a leitura do possível como termo neutro.

arrancara todos os seus amigos: o /parecer/ fora inútil diante do Nada. Agora o Come-Pedra espera que o Nada o leve também.

Triste por sentir-se culpado, Atreyu entra em uma caverna onde vê estranhas pinturas nas paredes: são quadros enormes de cenas que ele mesmo vivera, as figuras do livro que Sebastian lê. Sem atinar que essas figuras estavam justamente na fronteira de Fantasia, Atreyu encontra uma cena desconhecida: é o rosto de G'mork, o monstro das trevas, que está ali, justamente, na caverna, ao lado da pintura.

Esse episódio usa uma estratégia da linguagem sincrética, separando conteúdos opostos nas linguagens que a constituem: enquanto a linguagem visual diz que Atreyu está na fronteira de Fantasia, a linguagem verbal na voz de G'mork afirma que Fantasia não tem fronteiras. Atreyu não acredita, a princípio, nas palavras de G'mork, mas também não atina com os indícios visuais (as cenas). O diálogo traz à tona a ideia de que G'mork é um sujeito duplo, complexo: sujeito interno e externo a Fantasia, um sujeito dentro e fora ao mesmo tempo. Segundo ele, Fantasia é o mundo da fantasia humana que está sendo destruído porque as pessoas estão perdendo as esperanças e esquecendo seus sonhos. O Nada seria "o vazio que resta" no qual as pessoas sem sonhos e esperanças são fáceis de controlar. O próprio G'mork seria "o fiel escravo do poder que está por trás do Nada".

Seu discurso não é verossímil (o visual indica a fronteira que ele afirma não existir) mas também não é inverossímil (a cultura ocidental crê na fantasia ilimitada). Além disso, G'mork é também um sujeito do saber e do crer ao mesmo tempo: se realmente suas palavras correspondem ao seu fazer (julgamento impossível no filme), ele está ajudando o Nada a destruir Fantasia pois /crê poder/ partilhar de um poder que existe fora de Fantasia; no entanto, ele não é um sujeito *ou* real *ou* fantástico, mas um sujeito real *e* fantástico que /sabe/ não poder continuar existindo se Fantasia desaparecer.

Esse sujeito duplo atua da mesma forma que o cientista: ele cria a expectativa de um perigo no enunciatário simulado Sebastian, envolvendo-o na trama. É mostrando-se como um sujeito a serviço do Nada que G'mork atua no quadro de valores da Imperatriz, pois sua fala dirige-se a Sebastian antes que a Atreyu, incapaz de compreendê-la.

Trata-se, portanto, de uma atuação disfórica se pensada no nível narrativo da narrativa segunda (ele é, sem dúvida, antissujeito de Atreyu), mas eufórica se pensada no nível da enunciação simulada da narrativa primeira, pois ao afirmar que Fantasia não tem fronteiras, G'mork é destinador: fornece pistas a Sebastian de qual seria o seu papel na história que está lendo. A atuação de Atreyu, presa à Fantasia, fica, assim, caracterizada como atrativo a Sebastian e, ao mesmo tempo, como um problema à sua integração, pois a incapacidade de Atreyu estar fora de Fantasia é o reflexo da incapacidade de Sebastian estar dentro do mundo fantasioso. A fronteira entre a fantasia e a realidade é difusa, impossível de ser delimitada, o que, se constitui um problema no macrotexto$^{\text{mundo_realista}}$, constitui uma vantagem no macrotexto$^{\text{mundo_fantasioso}}$, assunto do próximo tópico.

Foi o fim de Fantasia

Após o encontro com G'mork, Atreyu reencontra Falcon, o dragão da sorte, e, com ele, o Auryn. Mas o Nada já está em toda parte, como lê Sebastian: "Foi o fim de Fantasia. Só uns poucos fragmentos desse mundo, que um dia foi rico e belo, foram poupados pelo Nada".

Em primeiro lugar, cabe chamar a atenção para o detalhe da linguagem utilizada na narração de Sebastian. Todo texto que sai de sua boca como leitura do livro tem sempre o padrão formal da literatura clássica, opondo-se aos outros estilos parcialmente aqui reproduzidos. Esse detalhe funciona produzindo um efeito de verdade: Sebastian realmente está lendo, portanto, ele está fora de Fantasia. Sendo assim, o enunciatário^{público} fica mais próximo dele, tal como ocorre no texto de Cortázar.

Nesse episódio, finalmente, Sebastian é coagido a optar entre seu pai e o livreiro, o mundo realista e o mundo fantasioso. Há um crescendo na integração de Sebastian: primeiro ele é um "ele" na voz da Imperatriz, depois é um "você"; primeiro ele fala consigo, depois fala com ela sem assumir, e finalmente assume ter entrado na *História*; o Nada atingindo a Torre de Marfim começa com rachaduras que se repetem a cada vez que Sebastian nega seu papel no texto e termina com a torre desmoronando; simultaneamente, a tempestade no depósito da escola torna-se cada vez mais furiosa, com raios, trovoadas e vendaval, acabando por quebrar as janelas e encher a sala de folhas de árvore e galhos. Essa aspectualização conjunta de intensificação é, confirmando Greimas e Fontanille,[9] um dos principais elementos de caracterização da paixão de Sebastian, sujeito

[9] A. J. Greimas e J. Fontanille, Semiótica das paixões: dos estados de coisas aos estados de alma, trad. Maria José Rodrigues Coracini, São Paulo, Ática, 1993.

dividido entre dois amores: apesar de ser um sujeito atualizado (quer, sabe e pode dar o nome à Iperatriz e assim salvar Fantasia), não age enquanto a tensão entre os dois polos não rasga metaforicamente ao meio a máscara do dever imposta pelo primeiro destinador – o pai ou o Nada.

A Imperatriz é um sujeito complexo do crer e do saber: ela sabe tudo. Sabe sobre Sebastian mesmo antes de ele começar a ler o livro, sabe dos limites de Atreyu. Seu saber é tão grande, tão impossível, que surge como um conhecimento divino, que só pode ter existência no âmbito do crer.[10] Além disso, esse seu saber confirma a hipótese de que G'mork, antissujeito delegado pelo Nada para destruir Atreyu, numa dimensão superior seja um destinador do quadro de valores da Imperatriz. G'mork teria sido enviado por ela para atuar junto a Sebastian, manipulando-o indiretamente por intimidação ao ameaçar Atreyu, que é o herói com quem Sebastian se identifica. Pode-se ler essas relações como uma inversão na enunciação, ou subversão enunciativa, em que o englobado torna-se englobante, o que procurei traduzir no esquema abaixo.

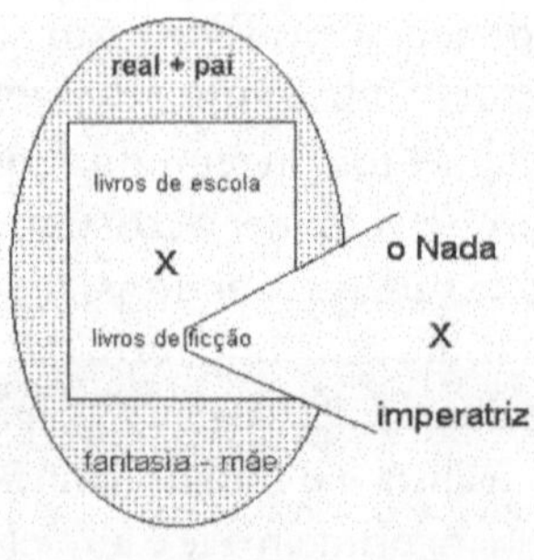

Uma oposição – retângulo central do esquema – concretizada nos "objetos retangulares chamados livros" figurativiza o eixo "realidade" (representada pelos livros de escola) *vs.* "fantasia" (representada pelos livros de ficção); nesse eixo não há ainda uma timização dos opostos, ou seja, o texto nesse eixo não definiu o termo positivo e o termo negativo da categoria.

Essa oposição sugere um eixo mais abstrato – figura oval do esquema –, cujos termos definem a contradição entre os quadros de valores nos quais se inserem os destinadores de Sebastian. O pai, defensor da

[10] Sugere-se assim um novo eixo crer/saber, opondo o mundo fantasioso ao mundo religioso.

seriedade da prova de matemática e encorajando Sebastian a enfrentar sem subterfúgios os seus problemas, representa o "real", enquanto a mãe, presença diáfana no sonho, nos unicórnios e nos livros de ficção, é um destinador da "fantasia". A morte da mãe cercada pela "fantasia" não desfaz por completo sua presença, embora seja em outro momento figurativizada pelo livreiro.

No âmbito dos destinadores a oposição é tímica, pois aparece segundo o olhar do pai: a "fantasia" é disfórica (a mãe está morta) e o "real" é eufórico (o pai diz que "a vida deve continuar"). Dentre os livros de ficção, como nos deixa saber o livreiro, há um que oferece perigo: é aquele que pode trazer o plano tímico para dentro do plano sem timia. Nesse eixo contido pela figura oval do esquema os valores podem ser questionados e é esse o perigo.

A oposição entre o Nada – negação da ultrapassagem dos limites entre os opostos real/fantasia (termo neutro) – e a Imperatriz – afirmação dessa mesma ultrapassagem (termo complexo) – transforma o "real" euforizado num simulacro de "real" e, portanto, numa dimensão totalmente permeável às disposições fantásticas da mente humana. Essa oposição entre um termo neutro e um termo complexo subverte a relação dicotômica original, criando um novo eixo independente que aparece no esquema como uma categoria externa à figura oval.

Isso significa que a ficção, inicialmente englobada pelo "real" como algo impróprio, quando engloba o "real" como algo fantástico questiona a própria oposição real/fantasia. O medo da "fantasia", nos limites da sanidade, é a causa do Nada. Portanto, para não se arriscar ao Nada, é preciso arriscar-se nos limites da loucura.

Assim se justifica a resistência do menino. Sebastian ainda não admite a subversão enunciativa: ele não aceita que esteve presente, que acompanhara Atreyu, mesmo quando a Imperatriz fala explicitamente sobre isso. Percebendo-se próxima do fim, a Imperatriz começa a chorar e a Torre começa a desmoronar: ainda assim Sebastian resiste. Mudando de estratégia, ela volta-se diretamente para a câmera e fala diretamente com Sebastian, que dialoga com ela, debruçado sobre o livro mas olhando para a câmera, ainda sem admitir que o está fazendo. Há uma alternância no jogo de câmera, ora assumindo o olhar de Sebastian olhando para a Imperatriz, ora o contrário, explorando-se a subjetividade da estratégia para aproximar o enunciatário^{público} cujo olhar é assim figurativizado pelo olhar de ambos. A subversão está no auge, a cena da destruição atinge seu ápice tanto no desmoronamento da torre quanto no depósito da escola.

A Imperatriz e sua Torre continuam sendo os únicos seres dotados de verticalidade e de uma beleza adequada aos contos de fadas. Quando tudo desaparece, a Imperatriz é a única imagem, conversando com Sebastian sobre um fundo negro. Ela é perfeita, ele não. Mas ela depende dele para que Fantasia renasça: é da imperfeição dos seus sonhos, tortuosos, irreais, incorretos, divertidos ou tenebrosos, que renasce o mundo devorado pelo Nada. E nada que Sebastian possa imaginar é perfeito como ela, que permanece um mistério (um ser duplo onipotente, onipresente, clássico, claro, ereto num mundo de seres limitados, impressionistas, escuros e presos à horizontalidade). A imperfeição é eufórica, a perfeição está antes, na origem perdida, na junção, na foria e, portanto, inatingível.

Finalmente, Sebastian cede ao destinador do mundo fantasioso, antes figurativizado pelo livreiro e agora pela Imperatriz, e realiza o feito. Dá um novo nome à Imperatriz,[11] curando-a, e, a partir de seus desejos, reconstrói toda a Terra de Fantasia.

O fim da *História sem fim* é um início. E como Fantasia não tem fronteiras, cada um dos *outros* (enunciatário ^{público}) que participaram da história tem o poder de reconstruí-la também, num mundo-simulacro de uma narrativa terceira. Sem perigo, pois, como nos diz o narrador que encerra o filme,[12] apesar de entrar no mundo fantasioso ser sair do mundo "real", a volta é possível:

Narrador – Sebastian "fez muitos outros pedidos. E viveu muitas outras aventuras espantosas antes de finalmente voltar ao mundo dos mortais. Mas isto... é outra história."

Essa voz de narrador da versão brasileira tem uma peculiaridade, que só é pertinente para aquela parcela do público capaz de reconhecê-la. Trata-se de voz muito conhecida dos cinemas brasileiros, a voz do narrador Jorge Ramos, que fala nos *trailers* e narra propagandas de filmes

---

[11] O nome gritado por Sebastian na janela do depósito perde-se misterioso nos ruídos dos trovões e da chuva. Permanece, portanto, em aberto para o enunciatário-público-do-filme, que ganha assim o direito de fazer parte da *História sem fim*.

[12] Durante todo o filme, quem narra é o próprio Sebastian, ao ler o livro, somente aparecendo uma voz de "narrador do filme" nas últimas palavras proferidas, transcritas no texto.

na TV e nos cinemas, além de fazer outros trabalhos de dublagem.[13] Essa voz conhecida no mundo real das salas de cinema e que não é ouvida nem uma outra vez durante o filme todo, figurativiza vocalmente outro ator duplo, do real e do fantástico, fazendo a ponte entre o filme e a assistência, simulando para o enunciatário um lugar dentro do enunciado.

A imperfeição da *História sem fim*

Buscou-se delinear o elo entre *História sem fim* e *Continuidade dos parques* tal como lido por Greimas (1987). Seus títulos, como as linguagens de base, no entanto, definem diferentes campos de exploração da mesma proposta enunciativa. No primeiro, a circularidade é principalmente temporal, no segundo é principalmente espacial. Contudo, ambos constroem um simulacro de rompimento do limite entre o enunciado e o enunciatário, simulando um enunciatário "real", ou melhor, simulando um conteúdo que vaza e atinge o próprio enunciatário.

No entanto, Cortázar deixa um gosto de sangue na boca e uma certa revolta contra o próprio autor, por repentinamente desmanchar a tênue linha que separa o leitor do narrado. Esse gosto é suavizado por Petersen, diretor do filme, mas não é negado. Durante seu diálogo com Sebastian, o livreiro afirma que os livros já lidos pelo menino (*O Mágico de Oz, Robinson Crusoé, Vinte Mil Léguas Submarinas*) "não oferecem perigo", "são inofensivos", pois, apesar de ser possível estar "na pele do capitão Nemo preso dentro do seu submarino com o polvo gigante atacando você", o menino "não ficou com medo de poder fugir", pois era "só uma história". Um livro que rompe o pacto enuncivo é perigoso, atinge quem o lê de uma forma imprevisível, para o que não se está preparado. Mas esse aviso, que provoca Sebastian e o faz roubar o livro, funciona também como um primeiro degrau na longa escala que vai levar Sebastian para junto da Imperatriz. E é essa gradação que evita o gosto de sangue na boca; por meio dela, o roçar do Nada na pele se faz mais suave e não deixa marcas indeléveis.

Pode-se depreender de *História sem fim* que a maioria dos filmes – como a maioria dos livros, para o livreiro – é inofensiva e não representa perigo.

---

[13] Não foi possível saber se a mesma estratégia foi usada na versão original.

E talvez seja justamente na proliferação desse prazer inócuo que resida o maior perigo, o perigo da estagnação, o perigo do nada.

Bibliografia

GREIMAS, A. J. *De l'imperfection*. Périgueux: Pierre Fanlac, 1987.

________; FONTANILLE, J. *Semiótica das paixões*: dos estados de coisas aos estados de alma. Trad. Maria José Rodrigues Coracini. São Paulo: Ática, 1993. (Série Temas, 33).

SILVA, I. A. *Figurativização e metamorfose*: o mito de Narciso. São Paulo: Editora da Unesp, 1995.

Sérgio Alves de Souza

O tempo e a falência do herói em *Macunaíma*, o filme*

Entre o final da década de 1960 e a seguinte, *Macunaíma, o herói sem nenhum caráter*, de Mário de Andrade, foi foco das atenções de diversos intelectuais. Ao livro, foram dedicadas diversas obras, abordando suas fontes e sua gênese enquanto texto (Proença, 1969; Lopes, 1974), ou analisando-o a partir de tendências então pouco conhecidas no Brasil, como o modelo narrativo de Propp (Campos, 1973) ou a dialogia de Bakhtin (Camargo, 1977).

Um brasilianista, disposto a discutir as relações entre seus pares e seu objeto e entre os intelectuais brasileiros e a cultura do país, dedicou-lhe uma paródia (Morse, 1990). Avançando ao final da década de 1970, foram lançados uma edição crítica (Andrade, 1978), volume contendo as gravuras de Carybé para uma edição de circulação restrita originalmente publicada em 1957 (Carybé, 1979), e um balanço dessa produção recente, que, ao mesmo tempo, propunha novas interpretações (Souza, 1979). Tais exemplos indicam o quanto o olhar sobre a cultura brasileira, proposto por Mário de Andrade nesse livro, era uma referência forte naquele momento.

Para além da tradição acadêmica, interessa-me aqui a leitura do livro feita pelo cinema, através de *Macunaíma*, dirigido por Joaquim Pedro de Andrade em 1969. O filme provoca algumas indagações, sobretudo se pensarmos nas diferentes temporalidades nele propostas e na caracterização da cultura brasileira encarnada pelas diversas facetas de Macunaíma, recolocando alguns temas presentes no livro de Andrade, como mitos de

* A pesquisa da qual resultou este texto foi financiada pelo CNPq.

diferentes origens ou a relação entre índios, negros e brancos enquanto fundadores/formadores de povo e nação.

O filme opera a partir de um diálogo intertextual duplo: com a obra original e com a situação brasileira do final da década de 1960. No geral, o roteiro segue o texto do livro, o que torna mais significativas as diferenças entre ambos, que não dizem respeito apenas às coerções da linguagem de manifestação, mas constroem uma oposição entre o tempo da mata e o tempo da cidade, simulacro da situação brasileira de então.

No presente texto irei focalizar a construção, no filme, de um efeito de sentido inexistente no livro – "a impossibilidade do ato heroico" –, sobretudo a partir dos mecanismos de temporalização e de aspectualização temporal usados para a construção das duas concepções de tempo existentes no filme, que serão definidas adiante. Um *efeito de sentido* é aquilo que uma manifestação semiótica produz sobre a sensibilidade do receptor, criando a sensação de aproximação com uma situação da qual só existe uma construção textual.

O enfoque utilizado busca propor a compreensão semiótica de alguns elementos da linguagem cinematográfica (montagem, iluminação, figurinos, música etc.) e, indiretamente, põe em discussão as fronteiras entre a Semiótica e a História, entre outros aspectos, por considerar que o efeito de sentido "impossibilidade do ato heroico" somente pode encontrar sua plenitude se levarmos em conta sua oposição à crença de vastos setores da esquerda nas possibilidades de sucesso da luta armada no Brasil do final da década de 1960.

Níveis da análise

De acordo com o modelo idealizado por A. J. Greimas, a significação de um discurso é construída a partir da articulação entre três "camadas" de sentido com diferentes graus de abstração:[1]

a) No nível fundamental, o mais simples e abstrato, a significação aparece como uma oposição semântica mínima.

b) No nível narrativo, a narrativa é organizada a partir do ponto de vista do sujeito.

[1] De maneira geral, minha apresentação resume a exposição da teoria semiótica feita por Barros (1999).

c) No nível discursivo, a narrativa é assumida por um enunciador cujos valores aparecem no texto.

Embora o sentido de um texto dependa da relação entre os três níveis, a teoria prevê a possibilidade de descrição e explicação de cada um deles de maneira autônoma. Dessa forma, minha análise irá explorar alguns pontos do nível narrativo e, sobretudo, o nível discursivo do filme *Macunaíma*. Assim sendo, considero útil expor de maneira um pouco mais detida esses dois níveis.

Para o nível narrativo, a semiótica propõe uma teoria da ação que pressupõe um modelo canônico, composto por três etapas, embora não estejam necessariamente explícitas no texto: 1. a manipulação, quando o sujeito é manipulado, isto é, "convencido" por um destinador-manipulador para que aja, adquirindo a competência para tanto; 2. a ação, quando o sujeito procura fazer aquilo que lhe foi proposto pelo destinador-manipulador e 3. a sanção, quando o sujeito tem sua ação julgada e recompensada (ou não) por um destinador-julgador.

No nível discursivo ocorre a passagem das estruturas profundas e narrativas para o nível superficial do discurso, sendo produzido um simulacro do mundo: os sujeitos, objetos, programas de aquisição de competência e de objetos etc. recebem uma formulação abstrata organizada em percursos temáticos (tematização), os quais podem ser revestidos pelas figuras do mundo (figurativização).

É central, para a compreensão do filme *Macunaíma* proposta aqui, um olhar mais detido sobre a maneira como a semiótica[2] pensa a temporalização. O tempo da semiótica, sendo um tempo discursivo, não pode ser confundido com o tempo linear e cronológico da Física newtoniana e de sua herdeira, a historiografia tradicional.[3]

Através da programação temporal, os programas narrativos deixam de organizar-se segundo a categoria lógica da pressuposição para serem transformados em consecuções. A localização temporal monta um sistema de referências duplo: através da debreagem, institui duas posições temporais zero – o então (tempo enuncivo, isto é, do enunciado) e o

---

[2] Consultar: Greimas e Courtés (s.d.), Fiorin (1999) e Marchezan (1996).
Embora Fiorin (1999:234) discorde de Greimas no que se refere aos âmbitos da localização e da programação temporais, no geral, mantém-se dentro dos parâmetros da teoria.

[3] A esse respeito, consultar Parret (1985) e Benjamin (1986).

agora (tempo enunciativo, isto é, da enunciação). Os tempos enuncivo e enunciativo inscrevem-se na ordem da linguagem, não se confundindo com o momento do tempo cronológico no qual o discurso é enunciado: em *1984* (Orwell, 1976), por exemplo, o *agora* não é 1948, ano no qual o livro foi escrito, tampouco, é óbvio, o 1984 possivelmente vivido pelos meus leitores.

A partir da instituição dos tempos enuncivo e enunciativo, os diferentes programas narrativos são organizados através das categorias anterioridade/posterioridade e, para aqueles programas que são paralelos, concomitância.[4] De acordo com o esquema, retirado de Greimas e Courtés (s.d.: 266):

Concomitância / não concomitância

anterioridade / posteridade

A temporalização é sobremodalizada pela *aspectualização temporal*, através da qual um sujeito observador qualifica a dinâmica temporal a partir da categoria aspectual pontualidade/duratividade. O eixo da pontualidade pode caracterizar-se como incoativo ou terminativo e assim, para caracterizar um processo, temos a seguinte configuração aspectual:

incoatividade → *duratividade* → *terminatividade*

O aspecto durativo é articulado a partir da categoria duratividade contínua/duratividade descontínua (iteratividade). O termo /descontínuo/ ou /iterativo/ caracteriza a recorrência. Claro está que as relações entre as categorias da aspectualização temporal se dão no discurso, isto é, não são fixas e, no caso de processos imbricados, o /terminativo/ de um processo pode ser aspectualizado como /incoativo/ do processo imediatamente posterior ou, em termos mais simples, uma sucessão de eventos pode ter como consequência uma outra.

[4] Pelas intenções desta exposição, considero desnecessário expor em detalhes os desdobramentos apresentados por Fiorin (1999:146 e segs.), com a constituição de dois sistemas temporais, um enuncivo e outro enunciativo.

Temporalidade

No filme, como no livro, visivelmente, existem dois espaços culturais diferenciados e afastados: a mata, de onde provêm Macunaíma e seus irmãos, e a cidade. No filme, mais que no livro, a oposição semântica natureza *vs.* cultura subjaz a uma outra oposição, entre duas maneiras distintas de temporalização.

Na programação textual (em termos simples, a disposição do discurso nas coerções e possibilidades de uma dada linguagem) do filme *Macunaíma*, a caracterização da mata dá-se a partir da utilização de diversos recursos técnicos de linguagem e opções na adaptação do livro, que tendem a construir um efeito de sentido de atemporalidade.

Penso a atemporalidade como um efeito de sentido construído a partir de vários procedimentos: a ausência de ancoragem histórica impede não só o conhecimento de qualquer relação entre o tempo da enunciação e o tempo do enunciado (/concomitante/ ou /não concomitante/), como a percepção dos ciclos da natureza; a localização temporal (de um processo em relação a outro) é colocada em suspenso, a partir do apelo reiterado à aspectualização através da /descontinuidade/. *A ancoragem histórica* é entendida aqui como o procedimento por meio do qual são dispostas em um discurso marcas – como referências a pessoas, lugares, datas – que produzem o efeito de real – ou seja, a sensação da reprodução de um referente externo ao texto. Em cinema (como no teatro ou na TV), a ausência de ancoragem não se concretiza de maneira absoluta e coloca um problema cuja análise exaustiva demandaria um aprofundamento nos estudos sobre intertextualidade e interdiscursividade: a identificação dos atores, pelo espectador, remete a um tempo extrassemiótico, passível de ser localizado historicamente e remetido de volta ao discurso como simulacro do momento da enunciação:[5] Além desse problema da impossibilidade de um abandono

[5] Vejo o filme e sei, por exemplo, que Paulo José ou Joanna Fomm ainda jovens me remetem a fins da década de 1960 ou começo da seguinte, independentemente de outras marcas de ancoragem presentes no discurso; como historiador, vou além, e procuro no filme o que ele é capaz de me dizer especificamente sobre o período em questão; dato o objeto filme, dato o discurso veiculado por ele, dato os sentidos produzidos pelo discurso. Existem obras nas quais é nítida a escolha deliberada do ator (no sentido corrente, não semiótico do termo) como marca de ancoragem, por exemplo, os filmes de ação hollywoodianos que se utilizam sempre dos mesmos atores.

completo da ancoragem, a atemporalidade, sobretudo se pensarmos o cinema como linguagem cuja apreensão se dá no tempo, só pode ser compreendida como paradoxo – o tempo passa de maneira vazia, como tempo da enunciação de um enunciado sem tempo, no qual os enunciados não produzem transformações.

Na primeira e na terceira partes do filme *Macunaíma*, que se passam na mata, o efeito de atemporalidade é construído a partir da conjugação entre alguns procedimentos discursivos:

1. *Suspensão do tempo da natureza.* Tal efeito acontece a partir de três procedimentos: a iluminação constante (não há diferença dia/noite ou manhã/tarde), a negação do tempo biológico (Macunaíma já nasce adulto, inexistindo qualquer alteração de seu corpo entre seu nascimento e a declaração de sua condição adulta[6]) e a pequena variação cromática, com o uso de apenas uns poucos tons de verde e bege (não há diferença entre as estações do ano).

2. *Indiferenciação entre espaços.* Os espaços interior e exterior guardam grandes semelhanças: embora exista uma maloca, ela é ampla, não tem fonte de iluminação visível e sua luminosidade é a mesma do entorno, em relação ao qual tem como única diferença as redes utilizadas para dormir, inexistindo qualquer outra indicação de /noite/ na mata. Para esse efeito, também contribui a pequena variação cromática, que faz com que o caminhar na mata seja repetição. Tal efeito atua sobre o tempo, pois, sendo os espaços contínuos, o tempo de deslocamento entre eles é suspenso.

3. *Incongruência entre o dito e o mostrado.* Tal procedimento é bastante usado, com a narração em *off* enunciando a passagem do tempo, através de expressões como "*um dia*", "*uma semana*", e a imagem não se alterando, dando a tais expressões um efeito atemporal, como o "era uma vez" dos contos de fadas.

4. *Suspensão do modelo canônico da narrativa e da estrutura sequencial do tempo.* Se considerarmos o nascimento de Macunaíma como ponto incoativo da primeira parte do filme, e a passagem pela fonte mágica

---

[6] Macunaíma é declarado adulto pela Cotia, quando conta a ela que enganou a mãe e o Currupira. No livro, a Cotia joga sobre o herói caldo de aipim para que crie corpo, atuando sobre a natureza. No filme, lhe dá roupas de adulto, indicando verbalmente a necessidade (cultural) de cobrir o corpo, que já era usado para brincar com as namoradas de Jiguê.

e a decisão de sair da selva rumo à cidade como terminativas, há uma sucessão recorrente de pequenas sequências isoladas, recobrindo os mesmos programas narrativos, que não produzem transformações, mas funcionam apenas como reiteração de caracteres.

Macunaíma é astuto, mimado pela mãe, não gosta de fazer nenhuma espécie de esforço e persegue as namoradas de Jiguê; este e Manaape trabalham arduamente. Em outros termos, repete-se várias vezes a estrutura Macunaíma /não quer/, /não deve/ e /pode não/ trabalhar e não o faz, /quer/ e /pode/ ter as namoradas dos irmãos e, portanto, o faz. Os irmãos /devem/ e /não podem não/ trabalhar e o fazem, /querem/ ter as namoradas, mas, como estão ocupados, /não podem/ tê-las.

Como tais blocos envolvem os mesmos sujeitos, eles se caracterizam pela não concomitância; entretanto, são intercambiáveis. Dessa maneira, não podem ser compreendidos nem como anterioridade, nem como posteridade.

A suspensão da estrutura sequencial do tempo também é produzida pela ausência de ancoragem histórica: o mundo da mata é fechado, sem qualquer relação com seu exterior e inexistem, na primeira parte do filme, alusões ao momento da enunciação ou a um momento histórico qualquer que possam servir de referência cronológica. Dentro desse quadro de dissolução do tempo, os episódios parecem ser /não concomitantes/, /não anteriores/ e /não posteriores/, seja em relação ao momento da enunciação, seja em relação ao mundo exterior ao discurso.

5. *Ausência da possibilidade ou necessidade de ação dos sujeitos humanos*. Este procedimento é construído sobretudo a partir da alteração de passagens do livro, com a atribuição da autoria das transformações ao acaso ou à natureza:

- no livro, a enchente é consequência da vingança do Sapo Maraguigana pela morte de seu filho, o boto, causada por Manaape; no filme, o narrador em *off* conta "*Um dia, veio a enchente*";

- a morte da mãe no livro ocorre da seguinte maneira: Macunaíma conta à mãe que sonhou que lhe caiu um dente, esta responde que é morte de parente; posteriormente, Macunaíma vai caçar e, enganado por Anhanga, acidentalmente mata a mãe. No filme, Macunaíma conta à mãe do sonho, esta responde e imediatamente cai morta;

- o conhecimento de Ci por Macunaíma, no livro, ocorre ainda na mata, e sua morte desencadeia a busca da muiraquitã e a ida à cidade; no filme, Macunaíma conhece Ci já na cidade;

- mesmo a ação de personagens míticas é esvaziada, como no episódio da lavagem e branqueamento de Macunaíma. No livro, a água está dentro de uma pegada de Sumé, enquanto que no filme se trata de um jorro natural, encontrado ao acaso.

Transformação

O ponto de mudança ocorre após a morte da mãe, com a chegada à fonte, cuja água lava todo o corpo de Macunaíma, que se torna branco, e apenas parcialmente os irmãos: Manaape torna-se pardo e Jiguê, com a pouca água que restou, só consegue branquear as plantas dos pés e as palmas das mãos. O branqueamento antecede o deslocamento rumo à cidade, que ocorre em duas etapas. A mudança ocorre não apenas naquilo que é contado (as ações passam a produzir transformações), mas na própria maneira de discursivizar, com uma presença muito forte da ancoragem através da valorização de figuras e outros elementos que evocam o Brasil do final da década de 1960.

Inicialmente, os três irmãos e Iriqui, segunda companheira de Jiguê, estão em um barco, ainda com as roupas que usavam na mata (Macunaíma com calças e camisa mal ajambradas que ganhou da Cotia, e os irmãos e a moça com uma espécie de camisola). No segundo momento do deslocamento, os quatro já estão inseridos em outra temporalidade, aparecendo em um caminhão pau de arara e vestidos com roupas simples, passíveis de serem identificadas como do final da década de 1960.

Para que se perceba a introdução de uma nova temporalidade, o filme muda também seu andamento: após aproximadamente 24 minutos de selva e um deslocamento de cerca de um minuto e meio, temos dois minutos e meio de filme nos quais existe uma saturação de marcas de ancoragem e de ações que resultam em transformações na narrativa.

No livro, os três irmãos foram sozinhos à cidade, sem a companhia de Iriqui, que serve apenas no filme como primeira localização temporal, ao indicar seu destino de mulher jovem imigrante: quando o grupo chega, somos informados que Iriqui *"arrumou emprego em uma casa de moças e desapareceu do filme"*. Na sequência seguinte, Macunaíma caminha pela região central da cidade, com olhar espantado e encarando vários Policiais Militares que passam por ele; na condição de margem, aparecem várias lojas com placas de marcas bastante conhecidas, como Volkswagen e Malas Primícia; Jiguê e Manaape, rodeados por uma multidão, ouvem de um homem os procedimentos burocráticos para tirar documentos.[7] Em uma nova cena, em uma noite escura, Macunaíma, sobre um viaduto, vê as luzes dos carros que passam embaixo.

Na cena seguinte, os irmãos caminham pela cidade deserta e silenciosa e pressentem que haverá confusão. Ouve-se o estouro de uma bomba, som de tiros, Ci passa correndo, sendo perseguida por uma Kombi com vários homens, ela é colocada na Kombi, ouvem-se mais tiros, a garota sai carregando um braço humano e se esconde, ao som da canção "Garota papo firme", gravada por Roberto Carlos, em uma garagem automática, espécie de estacionamento, bastante comum, à época, nas grandes capitais.

A partir desse momento, a história se transforma, desaparecendo o traço /descontínuo/. Macunaíma vive com Ci, a moça tem um filho, ela e o filho morrem, Macunaíma passa por um período de tristeza, descobre que a muiraquitã (pedra da sorte de Ci) está com Venceslau Pietro Pietra, tenta reaver a pedra e consegue, os três irmãos voltam à mata (quando novamente o tempo passa a fluir a partir de episódios isolados).

Além de existir uma sequência linear de processos, a cidade tem uma série de marcas temporais, afora as já apresentadas, surgidas sobretudo da adaptação de trechos do livro de Andrade: Ci, a guerreira, torna-se uma guerrilheira urbana e sua morte deve-se a um atentado malsucedido;[8] Venceslau Pietro Pietra, o gigante Piaimã comedor de gente, é apresentado como um dos "*campeões da Iniciativa Privada*" e o "*Gigante da Indústria e do Comércio*".

A cena na qual Macunaíma faz seu discurso sobre os males do Brasil ("*pouca saúde e muita saúva os males do Brasil são*") é montada a partir da expulsão de um orador oficial que comemora um "*Novo feriado*", o "*Dia do*

---

[7] Levando em conta os caracteres atribuídos aos três irmãos na primeira parte do filme, podemos pensar em Jiguê e Manaape preocupando-se com os documentos (coisa que Macunaíma não faz), que representam aquisição do /poder/ trabalhar na cidade.

[8] No livro, Ci é morta por uma cobra que lhe envenena o peito e lhe mata também o filho.

Cruzeiro". De terno, usando um monumento como palanque, o homem faz um discurso cujos temas são a defesa da família e da propriedade, o combate ao comunismo, referências às realizações do novo governo e ao desastre do anterior. Macunaíma, vestindo jaqueta, camiseta amarela e uma boina (por baixo da qual percebemos cabelos longos), expulsa o homem e discursa agarrado de maneira desajeitada ao monumento. Tanto os temas do discurso do homem calado por Macunaíma, quanto a caracterização deste, são um simulacro de situações bastante corriqueiras nas grandes cidades brasileiras na época, quando eram comuns tanto as manifestações favoráveis à ditadura quanto as passeatas estudantis de oposição.

Assim como as já comentadas sequências dos irmãos andando pela cidade, outras marcas de ancoragem não dependem de passagens do livro, ficando explícita uma certa intencionalidade de construir um simulacro da situação brasileira de então: a sequência do discurso de Macunaíma termina com a audiência enfurecida interrompendo-o aos gritos de "*subversivo*". Fugindo, ele quase é preso pela "*atitude suspeita*" de estar correndo.

A casa de Ci, visivelmente, é um "aparelho", usado de maneira provisória como base para as ações da guerrilheira. Nela, encontramos certas figuras constitutivas dos temas da militância clandestina e da violência (mimeógrafo, máquina de escrever, transmissor de rádio, barril, mapa com local assinalado, mesa ocupada por material para a fabricação de bombas) e do não enraizamento ao lugar (poucos móveis, ausência de objetos pessoais; os raros objetos de decoração reforçam o tema da violência, como um quadro em forma de alvo, um vaso em feitio de granada de mão e um despertador, que está sobre a mesa, acompanhado de pavios, funil, um pote com líquido alaranjado, um galão para transporte de combustíveis).

Logo depois da morte de Ci, Macunaíma torna-se meio *hippie*: prostrado em uma praia, apoiado a um coqueiro, camisa estampada, calças lilás, óculos escuros, uma longa corrente no pescoço, barba desgrenhada e sujo. Em seguida, uma senhora e três garotas o tiram da praia, ele passeia em um barco e brinca com as moças. Quando elas mandam que ele fique à sua espera, pula no mar e nada até a praia, onde conhece outra moça.

Essa passagem é particularmente significativa, tanto por sua função no filme quanto por sua origem. No filme, tem a função tanto de fazer com que Macunaíma recupere seu vigor sexual característico, quanto de levá-lo à busca da muiraquitã após a morte de Ci. Trata-se da adaptação de uma das intrigas centrais do livro: Macunaíma promete a Vei casar com uma de suas filhas, mas escolhe ficar com uma portuguesa, razão pela qual é castigado quando volta à selva. Embora seja fundamental para a compreensão da questão da identidade nacional tal como colocada por Andrade (Souza, 1979:46-56) – em sua relação com a portuguesa, Macunaíma tenta alcançar a Europa, abandonando a cultura brasileira –, no filme ela é visivelmente esvaziada: Vei (vivida pela atriz Zezé Macedo) sequer é nomeada e o castigo, como se verá adiante, desaparece pela necessidade de manter a coerência do espaço da selva.

Como disse anteriormente, a passagem recoloca Macunaíma em ação: no contato com as filhas, recupera o vigor sexual; a leitura de um jornal sensacionalista, no qual foi publicada a notícia de que cometera atentado ao pudor, lhe permite descobrir onde está a muiraquitã e começar a tentar recuperá-la.

Quando, finalmente, a muiraquitã é retomada, os irmãos decidem deixar a cidade. O narrador, em *off*, reproduz parcialmente o texto do livro:

> *Então os três manos voltaram para a querência deles. Estavam satisfeitos, porém o herói ainda mais contente que os outros porque tinha os sentimentos que só um herói pode ter: uma satisfa imensa. Levava com ele o que mais o entusiasmara na civilização da cidade...*

Vemos Macunaíma acompanhado de uma moça (Princesa) e vestido como um *cowboy* chique. Os irmãos carregam um carrinho com vários objetos que figurativizam a modernidade urbana – dentre eles, podem-se distinguir uma corneta de alto-falante, uma geladeira, um ventilador, um aparelho de TV e um liquidificador.

Na cena seguinte, há um reforço de figuras da modernidade: os três irmãos e a moça estão em um barco a motor (a primeira travessia foi feita em uma canoa a remo); Macunaíma leva uma câmera fotográfica a tiracolo e, empunhando uma guitarra, canta.

A canção tem por letra um pequeno texto de Mário de Andrade, descrito no livro como parte das *"emboladas e traçados sem sentido"* que

Macunaíma fazia durante a viagem de volta. A música é de Jards Macalé.[9] Inicialmente, temos um pequeno trecho cantado *a capella*,

"*Mano,*
Vamos embora
Para a beira
Do Uraricoera",

com entoações do regionalismo nordestino tal como resgatado por Geraldo Vandré[10] (o início grave, uma ligeira ascendência a um tom mais agudo e volta ao grave). Essa estrofe é seguida de outra com uma batida instrumental rápida (entretanto, no caso, o instrumento não é viola, como se esperaria, mas a guitarra elétrica, tocada com uma batida de Jovem Guarda, que evoca os acordes iniciais de "Geleia geral", de Gilberto Gil e Torquato Neto):

"*Tapera tapejara*
- Caboré,
Arapaçu passoca
- *Caboré*"

Quando estão chegando, Macunaíma reza a Rudá, o Pai do Amor, com saudades de Ci. Enciumada, Princesa troca Macunaíma por Jiguê. Quando chegam de volta ao lugar do início do filme, a maloca onde viviam está destruída. Macunaíma não quer trabalhar e, por isso, é abandonado pelos irmãos e por Princesa. Aqui, o filme separa-se definitivamente do livro: neste, no caminho de volta, o grupo encontra-se com vários seres, folclóricos ou históricos, e a chegada e a solidão de Macunaíma são precedidas por uma série de ações do herói, que inclusive provocam o desaparecimento dos demais.[11]

---

[9] Até hoje, o compositor Jards Macalé é intitulado "maldito", rótulo usado no início da década de 1970 para identificar músicos vinculados à MPB, articulados às vanguardas artísticas e que não se integraram plenamente aos mecanismos de *marketing* adotados pela indústria cultural naquele momento.

[10] Geraldo Vandré foi, no final da década de 1960, autor de algumas canções consideradas de oposição ao regime ditatorial então vigente. As mais conhecidas são "Disparada" e "Caminhando (Pra não dizer que eu não falei das flores)".

[11] No livro, Macunaíma engana Jiguê com um feitiço, dando-lhe um anzol feito com a presa de uma sucuri. Jiguê torna-se uma sombra que engole os demais. Tematicamente, a sombra opõe-se a Vei, o sol; desprezada a intriga entre Macunaíma e Vei, se fosse mantida no filme, essa passagem não teria nenhuma função.

Desde a cena da fonte até esse momento do filme, Macunaíma tinha mostrado enorme capacidade de adaptação a diferentes espaços: foi à cidade como pau de arara, conviveu com a militante, seduziu a filha de Venceslau Pietro Pietra e conseguiu derrotá-lo; voltou à mata como cantor moderno, cercado de objetos de consumo. Entretanto, é na mata que Macunaíma encontra sua decadência: os objetos não lhe servem para nada; por sua inação, os irmãos e a garota o abandonam; perde os dentes; antes da morte, só lhe restam as memórias narradas a um papagaio.

Mesmo no episódio da morte, sua tendência à inatividade, se compararmos com o livro, transparece. No livro, enganado pela Vei, joga-se em um lago onde está a Uiara; depois, sai do lago, mata todos os peixes, consegue recuperar alguns dos pedaços de seu corpo que haviam sido arrancados e sobe ao céu em busca de guarida, sendo transformado na Ursa Maior por Pauí-Pódole. Macunaíma cumpre, assim, seu destino de herói, andando pela terra, descendo (para dentro da água), escapando do mundo dos mortos (a sombra de Jiguê e a Uiara) e ascendendo aos céus. No filme, Macunaíma simplesmente joga-se no lago seduzido pela Uiara e morre na água.

Se, na cidade, o Macunaíma fílmico consegue sobreviver, construindo num tempo linear suas possibilidades de ação, na mata, sua tendência à inatividade o torna presa fácil da derrota e seu destino de herói não se efetiva.

Conclusão

Macunaíma constrói uma oposição entre a mata (primeira e terceira partes do filme) e a cidade (segunda parte). Na mata, é construído um efeito de sentido de atemporalidade – o tempo é repetitivo (as ações dos sujeitos são sempre as mesmas, a natureza é estática, a caracterização bastante semelhante dos espaços esvazia de significação o deslocamento entre eles), destituído da ação humana (as transformações ocorrem graças ao acaso ou à natureza) e desligado da história (não há ancoragem, as falas do narrador marcam o tempo de maneira imprecisa). Na cidade, o tempo segue um andamento rápido, as ações dependem da interferência humana, existe uma saturação de marcas de ancoragem.

Temos em *Macunaíma* uma visão do espaço fora das grandes cidades (no qual as organizações armadas apostavam seu futuro e o do Brasil) como um local sem história e, portanto, inviável como alternativa política. O herói Macunaíma, aquele que vence na cidade, é incapaz de compreender/conviver com aquilo que lhe é exterior, daí sua pouco heroica morte na mata.

Macunaíma nos alerta sobre a impossibilidade do heroísmo e produz uma percepção extremamente pessimista do país, em um momento no qual o imaginário da esquerda alimentava seus projetos com a figura de heroicos militantes saídos das grandes cidades e ocupando o interior do país.

Bibliografia

ANDRADE, Mário de. *Macunaíma*: o herói sem nenhum caráter. Edição crítica organizada por Telê Porto Ancona Lopes. São Paulo: Livros Técnicos e Científicos Editora, 1978.

BARROS, Diana Luz Pessoa. *Teoria semiótica do texto*. 4. ed. São Paulo: Ática, 1999. (Fundamentos, 72).

BENJAMIN, Walter. Sobre o conceito da História. *Magia e técnica, arte e política*. 2. ed. Trad. Sérgio Paulo Rouanet. São Paulo: Brasiliense, 1986, pp. 222-32. (Obras Escolhidas, 1).

CAMARGO, Suzana. *Macunaíma*: ruptura e tradição. São Paulo: Massao Ohno, 1977.

CAMPOS, Haroldo. *Morfologia do Macunaíma*. São Paulo: Perspectiva, 1973. (Estudos, 19).

CARYBÉ. *Ilustrações do mundo do herói sem nenhum caráter*. Rio de Janeiro/São Paulo: Ao Livro Técnico/Edusp, 1979.

FIORIN, José Luiz. *As astúcias da enunciação*: as categorias de pessoa, espaço e tempo. 2. ed. São Paulo: Ática, 1999.

GREIMAS, Algirdas Julien; COURTÉS, Joseph. *Dicionário de semiótica*. 9. ed. São Paulo: Cultrix, 1983.

LOPES, Telê Porto Ancona. *Macunaíma*: a margem e o texto. São Paulo: Hucitec, 1974.

MARCHEZAN, Renata M. F. C. *O teatro do tempo*: um estudo discursivo do aspecto temporal e de sua manifestação na Língua Portuguesa. São Paulo, 1996. Tese (Doutorado) – Faculdade de Filosofia, Letras e Ciências Humanas, Universidade de São Paulo.

MORSE, Richard M. McLuhanaíma – the solid gold hero ou o herói com bastante caráter (uma fuga). *A volta de McLuhanaíma*: cinco estudos solenes e uma brincadeira séria. Trad. Paulo Henriques Britto. São Paulo, Companhia das Letras, 1990, pp. 247-78. (Existe versão parcial publicada em *Almanaque*, 3, pp. 63-74, 1977).

ORWELL, George. *1984*. 9. ed. Trad. Wilson Velloso. São Paulo: Nacional, 1976.

PARRET, Herman. L'oubli naturel des linguistiques du temps. *VVAA – La linguistique fantastique*. Paris: Denoël, 1985, pp. 358-66.

PROENÇA, M. Cavalcanti. *Roteiro de Macunaíma*. Rio de Janeiro: Civilização Brasileira, 1969.

SOUZA, Gilda de Mello e. *O tupi e o alaúde:* uma interpretação de *Macunaíma*. São Paulo: Duas Cidades, 1979.

Nilton Hernandes
Mariana de Rosa Trotta

"Me conta agora como hei de partir": análise do fragmento *Eu te amo* do espetáculo *De repente, não mais que de repente*, do balé Cidade de São Paulo*

Em meados da década de 1990, o balé Cidade de São Paulo decidiu montar *De repente, não mais que de repente*, em homenagem a Tom Jobim. O músico morreu em 1994, quando a companhia, uma das mais importantes do país, já concebia o espetáculo, a cargo do coreógrafo português Vasco Wellencamp. Vamos analisar, neste trabalho, um fragmento do balé. Trata-se de uma coreografia pensada a partir da música *Eu te amo*, de Tom Jobim e Chico Buarque.[1] O recorte – necessário em função dos limites deste estudo – impõe uma série de restrições, que devem ser esclarecidas. Perdem-se importantes jogos de sentido, já que o espetáculo, como um todo, é uma cuidadosa montagem do que o Cidade de São Paulo considerou mais significativo e "coreografável" na obra de Tom Jobim.

De qualquer maneira, o trecho *Eu te amo* pode ser considerado um "todo de sentido". É necessário, entretanto, descrever certas passagens de cena e funções de elementos cênicos que atravessam todo o espetáculo, como uma cadeira, um chapéu e um paletó vermelho. Eles são relevantes para a análise e serão estudados mais adiante. O vídeo do fragmento analisado pode ser visto no site http://niltonhernandes.sites.uol.com.br.

---

* Esta é a segunda versão deste texto. A primeira foi publicada no VIII Caderno de Discussão do Centro de Pesquisas Sociossemióticas (USP: FFLCH – PUCSP: COS – CNRS: PARIS), 2002, pp. 235-51. Algumas observações de professores e colegas foram incorporadas a este trabalho.

A estreia de *De repente*, no Teatro Municipal de São Paulo, foi filmada pela TV Cultura de São Paulo. Como utilizamos o vídeo na análise, estamos diante de outro complicador, um gênero pouco comum de programa de televisão, o balé filmado. Há um objeto artístico, um balé, submetido a uma linguagem audiovisual televisiva. Entre outras consequências importantes, isso significa que o contato direto público/bailarinos, os diversos efeitos coreográficos, como o uso da profundidade do palco, por exemplo, são substituídos ou submetidos a uma outra linguagem, que, por sua vez, recria o espetáculo em função de coerções diferentes. Basta citar que uma das cinco câmeras utilizadas foi posicionada no alto e no fundo do palco. O palco é focado de cima para baixo e do fundo para a frente. Como telespectadores, observamos os bailarinos de cima e de costas, num ângulo não relevante para o coreógrafo e inacessível para o público do teatro.

Essa submissão da dança ao formato audiovisual televisivo já daria um rico estudo. A TV necessita de constantes cortes e mudanças de câmera para não cansar o telespectador. Essa coerção cria um ritmo que se sobrepõe ao andamento pensado pelo coreógrafo. *Closes* permitem um contato com expressões dos bailarinos que não têm o mesmo efeito no teatro.

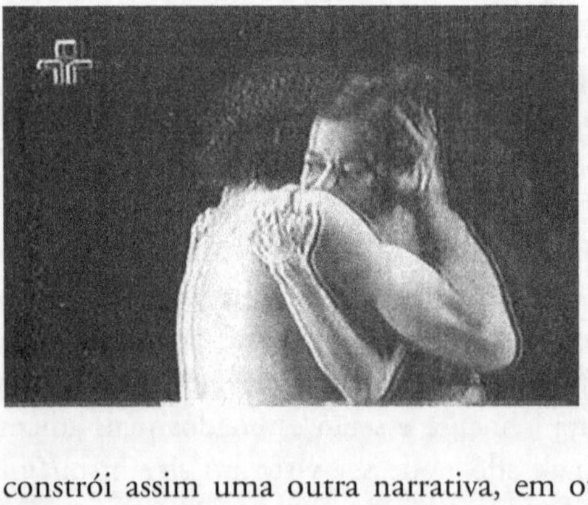

A câmera constrói assim uma outra narrativa, em outro tempo e em outro espaço, diversos daqueles pensados pelo coreógrafo. Nosso trabalho, contudo, vai se concentrar no espetáculo de dança, descartando, sempre que possível, a narrativa televisiva e seus efeitos. Em outras palavras, o analista vai sair de frente da TV e se imaginar posicionado nas poltronas de veludo vermelho do Teatro Municipal.

Antes de aprofundar o estudo, é pertinente comentar algumas posições metodológicas. Estamos diante de um objeto que se pretende artístico, entendendo a arte como "uma qualidade intrínseca a certas obras produzidas pela inteligência humana, em geral constituídas apenas de materiais visuais, que manifeste um efeito estético, leve a um juízo de valor sobre cada obra, sobre seu agrupamento ou sobre seus autores e que dependa de técnicas específicas ou modalidades de produção da própria obra".[1]

O objetivo deste estudo é mostrar como e por quais razões se produzem determinados efeitos de sentido, principalmente estéticos. Em outras palavras, não se pretende explicar o que o coreógrafo quis dizer, mas sim como a obra "diz o que diz".

Além de ser um objeto "artístico", o espetáculo é sincrético. Para entender o sincretismo, é necessário primeiramente afirmar que a semiótica francesa amplia o conceito de texto. Balés, revistas, programas de rádio ou TV, livros, novelas, casas, fotos, filmes, esculturas, músicas, paisagens, roupas, supermercados, cidades, são exemplos de "textos" passíveis de estudo semiótico.

Para a semiótica francesa todo texto tem um plano de conteúdo, lugar dos conceitos, ou "onde o texto diz o que diz", e um plano de expressão, *grosso modo*, a parte "material" ou "sensível" de um texto, que sustenta os conteúdos. Quando alguém tem algo a dizer e não acha as palavras, é porque tem o plano de conteúdo, mas não encontrou ainda o plano de expressão. Já entrar em contato com um jornal em língua estranha é conectar-se com o plano de expressão (tipos gráficos, por exemplo) sem ter acesso ao conteúdo, por desconhecer as regras do idioma. Um texto sincrético é o que maneja várias linguagens de manifestação do plano de expressão para criar um, e apenas um, conteúdo. Não importa a sofisticação de recursos do plano de expressão, eles remetem sempre a um mesmo conteúdo. No caso do balé, verificamos que o plano de expressão tem substâncias visuais, sonoras, gestuais, manejadas pelo coreógrafo (aqui no papel que a semiótica chama de *enunciador*). Ele manipula e cria relações entre as diferentes linguagens (musical, cenográfica, de iluminação e da gestualidade) para construir sentidos.

---

[1] Omar Calabrese, A linguagem da arte, Rio de Janeiro, Globo, 1987, p. 18.

O fragmento *Eu te amo* é bastante rico e permite que sejam feitas reflexões sobre como acontece o sincretismo semiótico, como tantas linguagens diferentes criam um único "todo de sentido" e como se relacionam. Aliás, *relação* é uma palavra-chave na semiótica francesa. Vale a pena ressaltar que um texto sincrético não é uma mera soma de partes. No nosso estudo, há ainda um outro complicador. O espetáculo utiliza nada menos que a canção de Tom Jobim e Chico Buarque, texto que, por ter uma identidade própria, favorece o reconhecimento das experiências que o público tem com a música e que são trazidas para o espetáculo. A canção, no entanto, é submetida a uma linguagem maior, a da dança. E o que acontece nesse jogo de fusão e apropriação? O que é valorizado e o que é desvalorizado?

Estudo da canção

Analisemos, primeiramente, a letra de Chico Buarque:

Ah, se já perdemos a noção da hora
Se juntos já jogamos tudo fora
Me conta agora como hei de partir

Se, ao te conhecer, dei para sonhar, fiz tantos desvarios
Rompi com o mundo, queimei meus navios
Me diz pra onde é que inda posso ir

Se nós, nas travessuras das noites eternas
Já confundimos tanto as nossas pernas
Diz com que pernas eu devo seguir

Se entornaste a nossa sorte pelo chão
Se na bagunça do teu coração
Meu sangue errou de veia e se perdeu

Como, se na desordem do armário embutido
meu paletó enlaça o teu vestido,
E o meu sapato inda pisa no teu

Como, se nos amamos feito dois pagãos
Teus seios inda estão nas minhas mãos
Me explica com que cara eu vou sair

Não, acho que estás só fazendo de conta
Te dei meus olhos pra tomares conta
Agora conta como hei de partir

Verificamos que se fala da perda amorosa, não de qualquer perda, mas do fim da magia de uma relação intensa, de um amor pleno. A música que aparece na peça é cantada por Chico Buarque e por uma intérprete feminina, que infelizmente não aparece identificada na ficha técnica do espetáculo. Existem, portanto, dois pontos de vista sobre a relação, o da mulher e o do homem. Se o amado a culpa pelo fim da intensidade da relação, ela faz o mesmo com ele. Há, dessa forma, duas visões divergentes para o mesmo problema.

Vamos encontrar inicialmente um sujeito apartado de seu objeto amoroso e, como consequência, sem sentido, sem direção. Temos uma configuração clássica de um amor correspondido, intenso, que chega ao fim. Uma leitura mais atenta mostra que a paixão realmente acabou, mas a relação ainda não. A música congela esse momento de reflexão após o fim do romance, mas que antecede a partida e a separação definitiva.

Para seguir em frente, é necessário um pouquinho de teoria. Vamos também fazer uma grande simplificação em função dos limites do nosso trabalho. Em semiótica, pode-se pensar o sentido como a quebra de uma situação de harmonia sujeito/objeto e a necessidade de sua retomada. A *performance*, ou ação, é justamente essa busca do sujeito para encontrar seu objeto. Todas as ações do sujeito podem ser resumidas num único verbo: *fazer*. Uma das mais impressionantes conquistas da semiótica de Greimas é poder entender a ação (o fazer) do sujeito por meio de arranjos dos chamados verbos modais: querer, dever, poder e saber. Outro ponto importante: o sujeito também deposita diferentes valores num mesmo objeto. Um homem pode querer um carro para ter acesso ao *status*, outro pelo conforto. Quem maneja as crenças (ou o crer) do sujeito é o destinador, fonte de valores do sujeito. É ele que manipula o sujeito (aqui no papel de destinatário) para a ação. A semiótica verificou a existência de quatro grandes tipos de manipulação do destinador, aqui exemplificadas na relação mãe e filho:

1 – Tentação: "Se você comer a carne, ganha o doce."
2 – Intimidação: "Se você não comer, não vai ganhar doce nunca mais."
3 – Sedução: "Só uma criança bonita como você é capaz de comer tudo."

4 – Provocação: "O seu prato está cheio, mas como eu sei que você ainda é pequeno, não consegue comer tudo".

Voltemos à análise. Do ponto de vista do homem, ele foi manipulado por um fortíssimo desejo, um querer entrar em conjunção com seu objeto, a mulher, para ter acesso aos valores do amor pleno. A mulher, portanto, aparece em dois papéis: a de destinadora, que desencadeia a ação do sujeito/destinatário homem e, ao mesmo tempo, de objeto com o qual ele quer entrar em conjunção para ter acesso ao valor da plenitude amorosa. Do ponto de vista da mulher, também mostrado na interpretação de *Eu te amo*, ela faz o mesmo percurso, só que no papel de sujeito/destinatária. É também modalizada por um querer. O homem é, ao mesmo tempo, destinador, fonte de seus valores amorosos, e objeto com o qual ela quer entrar em conjunção para ter acesso aos prazeres do amor romântico.

O que chama a atenção na letra é o grau de união homem/mulher, ou sujeito/objeto. Há um grande investimento de figuras discursivas para mostrar essa fusão:

- *Se juntos já perdemos a noção da hora;*

- *Já confundimos tanto as nossas pernas*;

- *Meu (seu) paletó enlaça o meu (teu) vestido/ e meu (seu) sapato inda pisa no teu (meu);*

- *Teus (meus) seios ainda estão nas minhas mãos*;

Observamos na letra, ainda do ponto de vista narrativo e geral, que o sujeito, como destinatário, está questionando o seu destinador e o fim das recompensas que esperava dele por ter feito sua parte no contrato. Afinal, foi o destinador quem o manipulou para a ação, que o *fez/fazer* por meio de uma *tentação*: se ele passasse a desejar (querer/ser), e a buscar o objeto, seria recompensado (sancionado) com os valores desejados. Percebe-se um problema de duração temporal. Houve plenitude por um determinado momento, mas o sujeito queria mais.

Os valores do amor romântico proporcionaram uma vida diferente, de sonho (*Se, ao te conhecer, dei para sonhar/fiz tantos desvarios*). Percebemos que para realizar o percurso, o sujeito rompeu com outros destinadores, que o manipulavam para viver o que poderíamos chamar de "realidade comum", baseada em papéis sociais que passaram a também ser desprezados pelo sujeito: *Rompi com o mundo, queimei meus navios.* A letra nos mostra que a união – que se pensava intensa e, ao mesmo tempo, contínua/extensa – se desfez porque o sujeito deixou de receber sua recompensa no contrato destinador/destinatário: *Se entornaste nossa sorte pelo chão,/Se na bagunça do teu coração/meu sangue errou de veia e se perdeu.* A ideia ligada à "bagunça" é justamente a de quebra de contrato pelo destinador, que passou a não cumprir sua parte. A letra não se detém nesse ponto e não esclarece o que aconteceu. Em *Eu te amo,* o desfecho da relação que se anuncia não é mera mudança de vida, mas o ponto final de uma relação tão forte que o sujeito, confuso, até mesmo duvida se realmente tudo acabou (*Não, acho que estás só fazendo de conta...).* O que percebemos de mais evidente é o sujeito verificar, atônito, perdido, que a plenitude amorosa, no final das contas, só serviu para tornar a dor do rompimento ainda mais insuportável e angustiante, enfim, uma forma de morte.

É por essa razão que podemos encontrar a oposição semântica vida *versus* morte não só nesse trecho da música como na base de todo o espetáculo *De Repente, não mais que de repente.* O encontro amoroso é mostrado como a maior fonte de vida "vivida". O fim das relações, a solidão, é um "não ser". Esse é o chamado nível fundamental ou profundo da letra.

Até agora, analisamos o plano de conteúdo da letra da música. A semiótica divide o plano de conteúdo em três níveis, o fundamental (contemplado no parágrafo anterior), o narrativo, ou das historinhas (também já analisado) e o discursivo, que formam o *percurso gerativo de sentido.*

Lembremos que estamos analisando, por enquanto, somente a letra da canção. Há um enunciador marcado, a dupla Tom Jobim e Chico Buarque, que cumpre o papel de destinador desse discurso musical. É o destinador que enriquece a narrativa e a transforma em discurso, escolhendo atores, tempo e espaço, temas (como a impossibilidade de a plenitude amorosa "durar") e figuras. Por uma questão didática, quando descrevemos o nível narrativo, não ficamos apenas falando de sujeito, objeto, destinador etc. Já citamos "partes" do nível discursivo, como a chamada cobertura figurativa: o fato de o sujeito ser um "eu" – um homem e uma mulher que falam em primeira pessoa –, um tempo "agora", e um espaço "aqui", uma casa ou um quarto (lembremos do "armário embutido"), que mostram o investimento em um efeito de subjetividade, de opinião. A análise do nível discursivo se debruça nos mesmos elementos da narrativa, porém se interessa, entre outras estratégias, pelos recursos de persuasão utilizados para manipular, dessa vez, o público final.

No plano discursivo da letra da canção, a estratégia mais evidente é mostrar a plenitude dos momentos passados, a ousadia de fazer tudo pelo amor, para dramatizar ainda mais a relação que chega ao fim. Foi tal o grau de fusão, de estesia, que homem e mulher não conseguem retomar a própria individualidade outra vez.

Lembremos que o reconhecimento – ou não – de um texto como "artístico" é consequência da interpretação do público. Essa estrutura intersubjetiva é parte da noção semiótica de "contrato fiduciário", ou de fé, pois se baseia em valores e expectativas entre sujeitos, não em cláusulas assinadas em um papel. Já mostramos um tipo de contrato – rompido – entre homem e mulher no nível narrativo da canção. Mas há também outro importante contrato fiduciário que nos interessa, agora entre enunciador (o coreógrafo) e enunciatário (o público). Vamos agora pensar como a canção se insere no espetáculo de dança.

Ensina Barros que "o enunciador coloca-se como destinador-manipulador, responsável pelos valores do discurso e capaz de levar o enunciatário, seu destinatário, a crer e a fazer".[2] Podemos afirmar que, num espetáculo artístico, há uma cláusula importantíssima no contrato pressuposto: o público tem a expectativa de viver experiências estéticas. E o que vem a ser, então, o "efeito estético" no espetáculo analisado? Enfim, qual é o mecanismo produtor de sentido de "belo"? Parte desse efeito vai ser explicado na análise da coreografia e do sincretismo entre dança e canção. Outros elementos do espetáculo, como dissemos anteriormente, contribuem para esse enriquecimento estético. Vamos buscá-los com um olhar quase ingênuo sobre *De repente* e pensar nessas estratégias de encantamento.

Uma delas diz respeito ao único "cenário" de todo o espetáculo: a cadeira. Ela vai somando novos sentidos pela dança. Em outras palavras, cada nova coreografia vai agregando sentidos ao que pode ser reconhecido inicialmente como uma simples peça de madeira escura, encontrada

---

[2] Diana Luz Pessoa de Barros, Teoria do discurso: fundamentos semióticos, 3. ed., São Paulo, Humanitas, 2001, p. 92.

principalmente em botequins de décadas passadas. A cadeira se torna uma prisão, a opressão, um ponto de elevação para os céus, entre outras leituras possíveis. O fragmento *Eu te amo* vem precedido de um outro trecho que se assemelha a um velório. Há três elementos cênicos que circulam na cena anterior e que vão também compor o trecho analisado: a cadeira, o chapéu, o paletó vermelho.

Eu te amo começa com uma "herança" da cena anterior do velório: a cadeira na parte posterior direita do palco. Sobre ela, um chapéu. Temos uma sinédoque cênica: a parte – o chapéu – representa o todo: o próprio Tom Jobim. Juntos, cadeira e chapéu ilustram a "presença/ausência" de Tom Jobim e de seus temas. Não podemos esquecer que determinados sentidos da cadeira e do chapéu foram trazidos de outras cenas. Podemos reconhecer aí uma das marcas do enunciador para o reconhecimento de um efeito estético do espetáculo: a economia de meios cenográficos e uma carga constante e intensa de relações de sentido, via dança, sobre os raríssimos objetos. A cadeira transcende sua mera função utilitária. Quer fazer crer que é o cenário – físico e psicológico – da vida de Tom Jobim e de seus personagens.

Outra estratégia de encantamento envolve o paletó vermelho. Ele também vem da cena anterior, do velório. É carregado por bailarinos de maneira cerimoniosa, como um objeto importante do falecido. O bailarino o veste pela metade. A bailarina coloca-se junto a ele. Quando *Eu te amo* começa, o bailarino vira-se. Fica com a parte desnuda para o público. A partir daí, o paletó vermelho vai também agregando sentidos pela dança: torna-se um ponto de ligação fundamental do casal, um lençol, a roupa que se despe para o amor, a roupa que o outro usa para vestir e proteger seu companheiro. Se o amor é laço e plenitude, o paletó vermelho é o ponto de união principal, fundamental. Há um importante uso do contraste do vermelho com o fundo escuro e vazio. A cor vermelha também é carregada de sentido pela cultura ocidental, e ligada à paixão, à intensidade da vida, ao sangue, à revolução.

Do ponto de vista da própria gestualidade, o paletó gera uma grande dificuldade para a realização dos movimentos. Temos aí mais outra marca do enunciador para mostrar competência em cumprir o contrato com o público: a evolução de movimentos, que exigem leveza – afinal, se mostra o encantamento amoroso – com o tirar e colocar o paletó do corpo dos bailarinos em plena evolução da dança.

Outro ponto importante é perceber que o enunciador dividiu com bastante parcimônia as representações mais figurativas e as mais abstratas. Vale lembrar que "um texto será considerado figurativo ou abstrato quando um enunciador nele instalar um dispositivo veridictório para fazer reconhecer ou não figuras do mundo e quando o enunciatário nele encontrar tais imagens".[3] Vemos o sexo, os seios nas mãos, os desvarios. Nessa estratégia de encantamento, estamos diante de um dispositivo que, ao alternar o abstrato, de um lado, e o figurativo que se ancora na música, de outro, mostra certas formas de sincronia música/gesto.

Alguns aspectos teóricos sobre a movimentação

Antes de analisar os movimentos dos bailarinos, a relação com a canção e os efeitos do sincretismo de linguagens, vamos abordar alguns aspectos teóricos. A principal hipótese[4] é a *de que a dança é um exagero da gesticulação prática e mítica*. Expliquemos. Dentro da práxis gestual, ou seja, os gestos cotidianos, nota-se a presença de uma gestualidade *prática* e uma *mítica*. Ambas têm como função prioritária a utilização que faz o homem de seu próprio corpo para produzir movimentos organizados de acordo com programas dotados de um projeto, de um sentido comum. Essa gestualidade pode ser classificada como um tipo de linguagem utilitária.

> Estas duas atividades possuem um mesmo significante gesticular que pode estar integrado, segundo o contexto, em um sintagma gesticular prático ou em um sintagma gesticular mítico.[5] Por essa razão, [...] insistimos na necessidade de 'despojar' esses gestos de toda a significação, reduzindo-os a figuras. A significação se pega a eles fatalmente quando os verbalizamos. Em outras palavras, uma mesma figura gesticular que comporta: inclinação da cabeça e movimentação do busto com flexão anterior, pode significar agachar-se no plano prático e louvar no plano mítico.[6]

---

[3] Diana Luz Pessoa de Barros, "Texto e imagem", em Linguagens, n. 1, Porto Alegre, 1986, p. 35.

[4] As considerações teóricas sobre a dança apresentadas nesta análise foram retiradas do trabalho de iniciação científica de Mariana Trotta, "O discurso da dança – uma perspectiva semiótica", sob orientação da Profª. Drª. Diana Luz Pessoa de Barros, FFLCH-USP, 2001.

[5] F. de Saussure denomina sintagma toda a combinação na cadeia da fala (Dicionário de Linguística, em Dubois e outros, 10. ed., São Paulo, Cultrix, 1998.). Se estendermos a definição para a linguagem gestual, podemos definir *sintagma gestual* como toda combinação na cadeia gestual.

[6] Algirdas Julien Greimas, "Conditions d'une sémiotique du monde naturel", em Du sens, Paris, Seuil, 1970.

Se considerarmos que a gestualidade na dança, em geral, parte dos mesmos princípios da gestualidade dita global, a dicotomia mítico *versus* prático pode ser estendida à dança, desde que se considere que essa oposição não é suficiente, já que a dança-espetáculo realiza a união de ambas as gesticulações. O exagero da práxis gestual é entendido, aqui, como a *ressemantização* de ambas as gesticulações.

Para entrarmos na discussão de como a movimentação cria o sentido é necessário ainda fazer a distinção entre duas estéticas da dança – a clássica e a contemporânea. Uma diferença importante é o fato de a dança clássica privilegiar a linha alongada. A dança moderna privilegia a linha em espiral e nota-se, em quase toda a coreografia, movimentos de contração abdominal que "arredondam" a movimentação. Na dança clássica, isso não ocorre. A não mobilidade da parte central do corpo é uma regra básica. Temos, então, uma outra oposição: reto *versus* arredondado.

Esse "arredondamento" da movimentação da dança moderna acaba por valorizar o plano baixo do palco, ou seja, muitos movimentos ocorrem no chão. O balé clássico, contrariamente, privilegia o plano alto, em que muitas vezes as bailarinas são levantadas por seus parceiros o mais alto possível. No trecho analisado, há momentos em que se valoriza o plano alto, principalmente nas cenas em que não existe letra na música, nas quais o virtuosismo é ressaltado, como veremos mais adiante. Vê-se que, nesse caso, a valorização do plano alto está relacionada a uma proposta puramente estética e nesse sentido, assemelha-se ao estilo clássico, embora nesses momentos sejam utilizados os movimentos que pertençam à gramática da dança contemporânea.[7]

Do ponto de vista da movimentação, o balé em exame, por ter optado por uma linguagem contemporânea, descreve uma gestualidade do cotidiano, próxima do enunciatário. Adapta-se melhor, portanto, à música que também trata do cotidiano.

Se tomarmos a definição do dicionário *Aurélio*, poderemos não só aprofundar essa divisão como, também, encontrar novas oposições.

---

[7] Embora a dança contemporânea tenha como proposta estética uma maior flexibilidade de regras se comparada à dança clássica, podemos reconhecer nela uma gramática, já que muitos movimentos estão codificados e aparecem na grande maioria dos espetáculos atuais.

Vejamos:

- *Balé clássico*: 1. Aquele em que os bailarinos executam uma sequência de movimentos bem definidos, e em que todos os passos começam e terminam em posições precisas; dança clássica.

- *Balé moderno*: 1. Aquele que, a partir do fim do século XIX, abandona as regras clássicas e explora uma forma mais livre de expressão e de movimento; dança moderna.

Embora simples, encontraremos nas definições anteriores uma oposição fundamental de estilo: inflexibilidade *versus* flexibilidade. Tal oposição toca em um outro ponto importante da diferenciação de estilo, a sensação de aproximação *versus* distanciamento do público em relação à obra de arte. Daí resultarem efeitos de sentido opostos da perspectiva do espectador. A dança clássica cria um certo distanciamento, uma vez que a estilização é feita em último grau. O espectador não se sente capacitado para realizar aquele tipo de movimentação, não reconhece neles a práxis gestual, embora ela exista. A dança moderna, por sua vez, exagera a práxis gestual e aproxima, dessa maneira, o enunciatário da coreografia, pois ele reconhece nela uma gestualidade cotidiana. Isso não significa dizer que na dança clássica não exista o exagero da práxis gestual. Ao contrário, ela exagera tanto que se perde, devido à estilização, a práxis como referência. Percebe-se que tanto no estilo clássico como no moderno há a ressemantização da práxis gestual prática e mítica.

Na práxis gestual, a gestualidade prática aparece desordenada e por essa razão é facilmente esquecida. Para um coreógrafo, porém, fazer um espetáculo é criar uma responsabilidade coreográfica, já que alguma ordem deve ser estabelecida para garantir o sentido da obra. É esse sentido de ordenação que o obriga a procurar formas compatíveis entre a mensagem e o movimento. Uma vez articulados – mensagem e movimento – a movimentação adquire autonomia, embora a gestualidade prática não desapareça, a fim de não comprometer inteiramente o efeito enunciativo, já que a dança somente assumirá um caráter comunicativo quando conseguir *ressemantizar* os movimentos que pertencem à práxis gestual. Dessa forma, o bailarino camufla habilmente as marcas da práxis gestual, dotando-a de valor estético, eliminando, assim, a fronteira entre o gesticular e o dançar, transformando-os num único projeto de sentido.

A gestualidade na dança é, portanto, uma gestualidade estética. Em outras palavras, para o bailarino não importa tanto "contar a história", mas a maneira como ela se manifesta poeticamente.

A conjunção coreográfica

Vamos, agora, ao que a coreografia em exame nos diz. Inicialmente, a movimentação do casal fala da disjunção manifestada na música: homem e mulher estão de costas um para o outro. Os movimentos seguintes, porém, mostram união entre eles, quando a música passa a ser cantada (*Ah! Se já perdemos a noção da hora*). O balé começa, portanto, seguindo a música. A coincidência existe, durante toda a coreografia, quando a letra descreve momentos ou sensações.

Os bailarinos, assim, representam alguns dos pedaços da letra. Ao representá-los, criam situações de tempo e espaço diferenciadas que fazem com que não exista uma narrativa linear. Assistimos a *flashes* do passado (cantados na música), do presente e do futuro. Se pegarmos como exemplo a cena em que os bailarinos deitam no palco e levantam o paletó, figurativizando uma cama, observamos os desentendimentos passados do casal no presente coreográfico.

Os dois bailarinos acompanham o esquema da canção. Há um momento no qual o homem dirige os movimentos (a voz masculina da canção) e outro no qual a mulher comanda a dança (voz feminina). A bailarina, porém, exagera a gestualidade, tornando-a mais passional. Estamos diante, portanto, de um semissimbolismo semiótico:[8] o exagero de movimentos do plano de expressão corresponde a uma maior

[8] A distinção entre sistemas simbólicos e sistemas semióticos acontece a partir dos trabalhos de Hjelmslev. Os sistemas simbólicos – como os sinais de trânsito – são linguagens cujos planos de expressão e de conteúdo estão em conformidade total. A cada elemento da expressão corresponde um – e somente um – elemento do conteúdo. Para o estudioso não é vantagem distinguir o plano de expressão (lugar de trabalho de uma ou mais linguagens que vão, no mínimo, carregar os sentidos do plano de conteúdo) e o plano de conteúdo (lugar dos conceitos, ou onde o texto diz o que diz), já que ambos têm a mesma forma. Os sistemas semióticos são linguagens nas quais não existe conformidade entre os planos. É preciso distinguir e estudar separadamente expressão e conteúdo. As análises semióticas sobre artes plásticas (pintura, fotografia, cartazes), poesia, dança mostraram a importância de um terceiro tipo de sistema, os semissimbólicos ou poéticos, que se definem não mais pela conformidade entre elementos isolados dos dois planos, mas pela relação entre categorias do plano da expressão e categorias do plano de conteúdo, que criam uma espécie de microcódigo. Vários trabalhos neste livro contemplam essa questão.

emotividade no plano de conteúdo. A foto a seguir refere-se a um momento da música em que a letra diz: "Dei pra sonhar, fiz tantos desvarios". A bailarina então cobre o rosto do bailarino com o paletó vermelho e o faz girar junto com ela. Quando a voz masculina canta o mesmo trecho da música, o bailarino apenas a roda no chão, mantendo maior distanciamento físico.

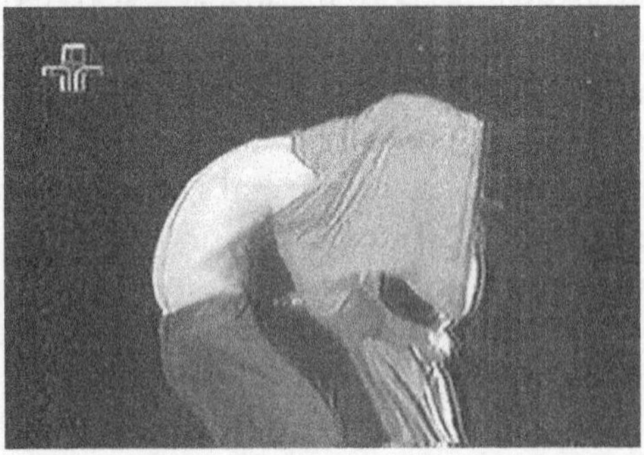

Anteriormente, ao apresentarmos a hipótese teórica da ressemantização gestual, afirmamos que a dança é um exagero das gesticulações prática e mítica. Como fica, então, a questão do exagero da bailarina nessa concepção coreográfica? Trata-se do *exagero do exagero*. Quanto maior for o grau de ênfase do movimento, mais perceptíveis serão as paixões nele contidas, dentro do fragmento analisado. É o que ocorre, por exemplo, na cena da foto anterior em que os dois estão abraçados e girando pelo palco com o paletó envolto na cabeça de ambos, cobrindo-os totalmente. Outros momentos poderiam ser descritos, mas mostramos apenas esse, que já é bem representativo.

O maior grau de exagero do gesto da bailarina cria, portanto, uma nova interpretação. Os desvarios dele não têm a mesma intensidade que os desvarios dela. Assim, a coreografia fala de uma certa diferença na maneira de viver o relacionamento. A música, porém, mostra compatibilidade, uma vez que homem e mulher cantam a mesma letra. A não compatibilidade na coreografia, no entanto, passa a ser um fator de expectativa do rompimento que é relatado na letra. Essa expectativa é quebrada no final da coreografia, quando ela tenta sair do abraço do bailarino e ele a segura no chão sem que tenha a possibilidade de escapar. Tem-se, então, a surpresa: o rompimento da relação não se manifesta na coreografia. O balé criou uma nova história, deu à canção de Tom Jobim e Chico Buarque novos sentidos.

Os dois bailarinos representam somente um dos momentos dessa história completa, de começo, meio e fim. Lembremos que a canção nos insere num "tempo presente", de tristeza, de reflexão sobre a perda, com *flashes* do passado. Na dança, esse mesmo passado da conjunção amorosa, da paixão, da felicidade, vira "presente" diante do público: homem e mulher se fundem, rolam no chão, se tocam, se amam.

Há ainda um outro momento em que não há coincidência entre letra/ dança, mas que se deve ao fato de a música estar na parte instrumental. Verifica-se aí a ênfase de movimentos técnicos, em que os bailarinos são mais exigidos. Há um grau maior de estilização e abstração e até de dificuldade de realização.

A não coincidência efetiva de linguagens canção/dança cria, dessa maneira, um efeito conotativo, ou seja, gera o espaço interpretativo de uma ilusão,[9] que resulta no estranhamento, tão imprescindível para a apreensão do objeto artístico. Em outras palavras, se a música vai a uma direção e a dança a outra, só resta ao público procurar uma explicação, "decifrar" o que o coreógrafo "quis mostrar".

Sincretismo semiótico na dança

Se pensarmos novamente na questão da semiótica sincrética como um "todo de sentido", veremos que, dentro da coreografia, a canção de Tom e Chico recebe nova carga dramática. O casal citado não é qualquer casal, é aquele ali no palco, se amando, transpirando alegria, juventude e felicidade. Tanta é a felicidade mostrada na dança que o rompimento amoroso na música é ainda mais intensificado, embora, dentro da concepção coreográfica, esse momento não seja explicitado. Ao contrário, o bailarino segura a bailarina e não a deixa partir. A coreografia, portanto, figurativiza, torna mais "real" e "próximo" o que a música descreve. Ao mesmo tempo, a coreografia da plenitude e da alegria é "entristecida" pela canção e também ganha tensão: o casal feliz poderá romper e se transformar em mais dois seres solitários, mas isso não pode ser afirmado dentro da concepção coreográfica.

---

[9] Essas considerações foram discutidas em curso ministrado por Denis Bertrand, na pós-graduação da USP.

Percebemos, por meio da relação canção-dança, que o sincretismo semiótico não é a mera soma de pedaços, nem de cargas emocionais, sensoriais e racionais das partes para formar depois um "todo de sentido". No desenvolvimento da coreografia verificamos como dança e música vão se influenciando mutuamente. A identidade da canção de Tom e Chico é reatualizada pela dança. O que quer dizer isso? Esse "texto-parte" – a canção – vai sendo modificado e modificando os outros "textos-partes". Há novos valores que a dança vinculou à música. O coreógrafo, ao não seguir o caminho fácil de representar o que a música primeiramente sugere – a disforia do rompimento – ressaltou o amor como valor máximo, eufórico, acima das dores das separações. Enfim, *uma experiência que vale a pena ser vivida, não importa o preço que se pague por ela depois.*

No balé analisado, o coreógrafo (o enunciador) faz com que a gestualidade recrie os sentidos da canção. Reconhecemos o que podemos chamar de um *destaque sensorial.* A coreografia, a partir de uma gestualidade, retrabalha a música de Tom/Chico, a luz, figurinos para, nesse jogo de relações e influências, criar o texto que podemos chamar de "dança contemporânea".

Bibliografia

Barros, Diana Luz Pessoa de. Texto e Imagem. *Linguagens,* n. 1. Porto Alegre, 1986.

______. *Teoria do discurso:* fundamentos semióticos. 3. ed. São Paulo: Humanitas, 2001.

Calabrese, Omar. *A linguagem da arte.* Rio de Janeiro: Globo, 1987.

Fiorin, José Luiz. *As astúcias da enunciação*: as categorias de pessoa, espaço e tempo. São Paulo: Ática, 1996.

______. *Elementos de análise do discurso.* São Paulo: Contexto, 1999.

Greimas, Algirdas Julien. Conditions d'une sémiotique du monde naturel. *Du sens.* Paris, Seuil, 1970.

______. Semiótica figurativa e semiótica plástica. *Significação – Revista Brasileira de Semiótica.* Araraquara, Centro de Estudos semióticos, 1984.

Adail Ubirajara Sobral

A relação entre enunciador e enunciatário num discurso de Plínio Salgado

Pretendo analisar aqui, do ponto de vista da relação entre enunciador e enunciatário, um discurso de Plínio Salgado, nos termos do conceito de "contrato fiduciário", a relação de confiança/confidência que o enunciador-destinador procura estabelecer com o enunciatário-destinatário. O discurso foi composto e pronunciado um ano depois do afastamento (não tão voluntário) de Plínio Salgado da vida política brasileira para, em suas palavras, o "outro lado". Dirige-se diretamente a seus (ex-?) companheiros políticos, aos quais o autor fala pelo rádio num horário cedido por outra agremiação política.

Transcrevo o texto inteiro para fins de referência, mas a análise enfoca basicamente a relação entre enunciador-destinador e enunciatário-destinatário, claro que levando em conta a totalidade do discurso. Destaco em primeiro lugar a organização geral do texto em termos dos "locutores", "interlocutores" e "fiadores" presentes/presentificados, a fim de facilitar a identificação dos elementos que destaco para análise. Antes, porém, apresento elementos teóricos referentes ao contrato fiduciário, a fim de mostrar o que norteia a análise.

A transcrição conserva a grafia original da época. A divisão em segmentos segue a ordem de surgimento dos enunciatários e/ou destinatários (bem como destinadores) a que se dirige ou se refere o enunciador-destinador, ordem essa vinculada com a relevância dos próprios argumentos, apresentados numa ordem especialíssima e da perspectiva do que recebe o nome de "camuflagem subjetivante" (ver a seguir).

Do contrato fiduciário

O sentido é entendido na semiótica greimasiana como advindo da descontinuidade, da ruptura, da percepção da *diferença*, ou seja, o mundo natural é visto como uma continuidade que o mundo humano rompe a fim de criar sentido. O modelo greimasiano propõe três níveis para a análise da significação, entendida como o processo de produção do sentido: (1) o das estruturas fundamentais, que constituem o plano mais "profundo"; nele são determinadas as estruturas elementares do discurso, as oposições de base que o estruturam; (2) o das estruturas narrativas, ou da gramática narrativa, que são o nível sintático-semântico intermediário, em que as estruturas elementares são narrativizadas; e (3) o das estruturas discursivas, o plano mais próximo da manifestação textual, no qual se definem os papéis dos diferentes atores da perspectiva da enunciação. O nível discursivo é aquele a que pertence o contrato fiduciário.

Greimas afirma que o sujeito da enunciação "produz" um discurso que manifesta o efeito de sentido "verdade". Faz-se presente aqui a manipulação do enunciatário pelo enunciador: sendo a verdade um efeito de sentido (um parecer verdadeiro), sua produção advém de uma ação de "fazer parecer verdadeiro", isto é, do emprego pelo enunciador de recursos que levem a verossimilhança do discurso a ser aceita pelo enunciatário como verdadeira, a partir do acordo tácito, "em confiança", que se instaura entre eles no discurso. Que me seja permitido lembrar aqui o que diz Greimas em *De l'imperfection*,[1] mostrando a paradoxal situação do homem diante do sentido; condenado ao sentido, ele nunca o alcança em sua totalidade, isto é, a verdade só está ao seu alcance enquanto simulacro da verdade:

> Todo parecer é imperfeito: ele oculta o ser; é a partir dele que se constroem um querer ser e um dever ser, o que já é um desvio do sentido. Somente enquanto poder ser – ou pode ser – é o parecer apenas suportável.

A verossimilhança é um "parecer adequado" ao referente, e com esse parecer o enunciador busca a adesão do enunciatário às suas teses, que só ocorre se os sentidos instaurados corresponderem à expectativa deste último, tal como a representa para si mesmo o enunciador e com base na qual ele procura manipulá-lo. A adesão é a base da sanção, da aceitação, do contrato de veridicção. Logo, o simulacro (o "parecer verdadeiro") da verdade se constrói principalmente a partir da

[1] A. J. Greimas, De L'imperfection, Périgueux, Pierre Fanlac, 1987, p. 9.

representação que o enunciador faz do enunciatário. Há dois grandes tipos de manipulação: a que produz uma "camuflagem subjetivante", isto é, a que *destaca* as marcas da enunciação e, portanto, o enunciador, e a que produz uma "camuflagem objetivante", ou seja, a que *oculta* as marcas da enunciação, que nem por isso deixam de estar presentes. Na manipulação subjetivante, o sujeito seria a garantia da verdade-falsidade; tem-se aqui um sujeito explícito falso e um saber verdadeiro oculto. Na manipulação objetivante, em contrapartida, o sujeito e o saber verdadeiro são discursivamente submetidos por construções impessoais ou socializados por marcas como o "se" impessoal e o "nós", apresentando-se um sujeito oculto verdadeiro e um saber explícito falso.

As bases do contrato

Greimas esclarece que a noção de contrato advém do fato de que "a comunicação da verdade repousa na estrutura de troca que lhe é subjacente", isto é, na interação entre os protagonistas do discurso. O fazer persuasivo do enunciador (que busca a adesão) e o fazer interpretativo do enunciatário (que pode ou não aderir), de cunho cognitivo — e cognitivo aqui se refere a conhecimento e não a processamento mental —, são os dois níveis superpostos do contrato de veridicção. Trata-se de preliminares da troca, porque esta só ocorre na conclusão do contrato, que não é cognitiva.

Recusando as instâncias "neutras" do modelo da comunicação, emissor e receptor e, por conseguinte, a ideia de transmissão e recepção de mensagens, ele propõe, no plano do enunciador, o exercício do fazer persuasivo (fazer crer), e, no plano do enunciatário, o fazer interpretativo (ato de crer [ou não] ou ato epistêmico). O ato epistêmico é a transformação de um estado de crença em outro. Greimas afirma que a interpretação envolve tanto o *reconhecimento* como a *identificação*, sendo a "verdade" reconhecida, nesses termos, mediante uma operação de comparação entre o que é "proposto" pelo enunciador e aquilo em que o enunciatário já acreditava. Isso implica a identificação do que é proposto e sua adequação tanto à realidade referencial como ao universo cognitivo. Logo, o ato epistêmico é o controle da adequação do novo e desconhecido ao antigo e conhecido, adequação que naturalmente pode ser aceita ou rejeitada.

Toda proposição formulada pelo enunciador repousa numa base epistêmica, que vai da afirmação à dúvida, da refutação à admissão. O ato epistêmico, prelúdio da comunicação, caracteriza-se então, não como uma simples afirmação de si, mas como *solicitação de consenso, de contrato, entre enunciador e enunciatário*. A manipulação, artifício de persuasão voltado para levar o outro a agir de uma dada maneira, pode ser realizada de duas formas distintas, definíveis pela modalidade privilegiada: (a) segundo o *querer*, por tentação e sedução; e (b) segundo o *poder*, por ameaça e provocação, procedimentos que explicam os efeitos de sentido do fazer crer e do crer.

Pode-se conceber ainda um outro tipo, a manipulação segundo o *saber*, em que a "natureza dos fatos" é apresentada na forma de argumentações lógicas, oferecendo-se à interpretação do sujeito epistêmico como uma proposição da razão; nesse caso, o enunciador convoca procedimentos de manipulação segundo o saber para convencer o enunciatário, apelando às "razões" do próprio enunciatário. Trata-se, então, de convencê-lo: por uma série de operações no plano cognitivo, visa-se à aceitação partilhada pelo "vencido", transformando-o em "convencido". Em suma, o ato epistêmico ocupa o centro do ato discursivo, que se realiza mediante uma *transformação* — a passagem de um estado de crença a outro. Numa revolucionária revalorização, para a época, do "tu" discursivo, Greimas mostra que o enunciatário tem papel vital no funcionamento do discurso, posto que decide sobre o ser e o não ser no nível imanente do enunciado-discurso. Verifica-se assim que o crer verdadeiro deve instalar-se em ambas as extremidades: sem o crer verdadeiro do enunciatário, o crer verdadeiro do enunciador não tem eficácia. Esses últimos elementos servem para definir o Contrato de Veridicção como o equilíbrio entre o crer verdadeiro do enunciador e do enunciatário, o acordo tácito ou cumplicidade entre parceiros mais ou menos conscientes. Baseia-se ele num mínimo de confiança/confidência, que requer do enunciatário um agir que indique sua participação na *proposição* do Contrato. Claro que isso não exclui a possibilidade da mentira ou da manipulação em seu sentido não técnico, negativo, de infidelidade da parte do enunciador.

A questão da verossimilhança se acha integrada à interrogação sobre a veracidade do discurso: como agir para fazer o discurso parecer verdadeiro e que critérios e procedimentos servem ao julgamento do discurso do outro como verossímil? Em busca de uma resposta, a semiótica greimasiana lança mão da ideia de que o discurso contém ao mesmo tempo verdade e falsidade, mentira e segredo, sendo o estatuto destas determinado a partir de um acordo mais ou menos tácito entre enunciador e enunciatário. E é esse "acordo tácito" que recebe o nome de "contrato de veridicção" ou contrato fiduciário. As especificidades dessa relação restringem as leituras possíveis do texto, dado que instauram coerções que dirigem tanto a estruturação como a recepção do texto. O texto, assim, traz elementos que tanto buscam fazê-lo parecer verdadeiro como também limitam as possibilidades de leitura — e mesmo, como decorrência disso, de estruturação. Esses elementos se manifestam por meio de "marcas" que se fazem presentes no discurso nos termos da interação entre enunciador e enunciatário.

Os fazeres do contrato

O Contrato de Veridicção envolve três fazeres, *o fazer veridictório, o fazer epistêmico e o fazer fiduciário*: O *fazer veridictório* é a inscrição pelo enunciador de marcas que permitem que o enunciado se deixe ler como verdadeiro/falso, como mentiroso/secreto; o *fazer epistêmico* é a interpretação, pelo enunciatário, do teor veridictório do enunciado, partindo das atitudes epistêmicas coletivas, dos sistemas de conotações veridictórias, enfim, dos mecanismos de produção do efeito de sentido "verdade"; o *fazer fiduciário* é o agir que leva o enunciatário a confiar ou esperar mais do que seu próprio fazer epistêmico autoriza; envolve, por conseguinte, e aí está um dos mais encantadores (e trágicos) aspectos da vida do homem em sociedade, uma adesão efetiva/afetiva.

A determinação das relações entre enunciação e discurso e a distinção das várias formas de projeção da enunciação e dos vários mecanismos de delegação do saber é o caminho seguido pela semiótica para relacionar o discurso com suas condições de produção. A enunciação, ao tempo em que produz o discurso, instaura o sujeito da enunciação. É parte integrante da enunciação o mecanismo de instalação da pessoa, do tempo e do espaço. Assim, um ponto primordial da análise de discursos é o reconhecimento dos procedimentos de obtenção de efeitos de sentido, procedimentos que variam entre as culturas, os grupos e as ideologias. No nível discursivo, o actante, parte da sintaxe definida pelos papéis que engloba, transforma-se, a partir da recepção de investimentos semânticos, temáticos e/ou figurativos, em *ator*.

O enunciador cumpre o papel de destinador-manipulador, a quem cabe a responsabilidade pelos valores do discurso e que é capaz de levar o enunciatário, seu destinatário, a crer e a fazer. O fazer persuasivo é o recurso que leva, no discurso e pelo discurso, à realização do fazer manipulador. No nível das estruturas discursivas, as relações enunciador-enunciatário se expõem e são apreendidas com mais facilidade. O discurso constrói sua própria verdade, razão pela qual a semiótica fala antes de "dizer verdadeiro" do que de verdade discursiva, evitando assim incorrer no erro de descrever a verdade do discurso pela adequação (aristotélica) ao referente: o sentido é o reino do parecer, não do ser.

O texto de Plínio Salgado

1 "Integralistas! Há um ano, dirigi-me a vós numa hora de inquietude, que comportava aflitivas apreensões, alguns dias depois plenamente justificadas. Naquela oportunidade, tracei-vos, de maneira nítida, a orientação condizente com os postulados da doutrina espiritualista e nacionalista que esposastes. **2a** Hoje, doze meses transcorridos em silêncio, ao qual me obriguei a fim de não serem as minhas palavras interpretadas como defesa individual, **2b** volto a dirigir-me a todos aqueles que, durante seis anos, estudaram, compreenderam e aceitaram as idéias que expus, em todo o território da Pátria, animado pela esperança de opor uma barreira de vontades esclarecidas à ameaça bolchevista e à anarquia dos espíritos. **3** Ensinei-vos a fé em Deus, o amor à Pátria, o ideal da unidade nacional, a prática das virtudes cristãs, o culto dos heróis brasileiros e dos episódios militares da Nação, a renúncia pessoal, o esfôrço permanente no sentido de doar à posteridade um Brasil maior do que aquêle mesmo que herdamos dos nossos antepassados. **4** Isso foi o que vos ensinei e, pois, considerado tudo isso que, em suma, constitui a essência do vosso e do meu pensamento, julgo oportuno orientar todos quantos comungam comigo em tais idéias. Faço-o, recomendando-vos, na hora presente, que se abstenham de quaisquer agitações subversivas e de manifestações de caráter político, perturbadoras da ordem pública. **5a** O panorama sombrio do mundo exige que todos os brasileiros se unam no terreno comum do amor à Pátria. O Brasil vale todos os sacrifícios pessoais por maiores que sejam. Por êle nos levantamos contra as ameaças do separatismo e do comunismo; por êle expusemos nossa vida durante seis anos contra os agentes de Moscou; por êle fomos a tôdas as praças públicas do país pregar a idéia espiritualista e nacionalista, os princípios de Cristo aplicados à estrutura moral da Grande Nação; por êle passamos seis anos de vigílias; por êle sofremos todos os insultos e calúnias da imprensa vermelha e liberal-democrática, assim como todas as perseguições dos políticos profissionais, incansáveis nas suas manobras e impenitentes no seu egoísmo; por êle sofremos tôdas as incompreensões; por êle conhecemos todos os martírios. E, agora, que o mundo está ameaçado por tenebrosas catástrofes, cujas conseqüências podem refletir-se desastradamente sôbre as nações sem unidade, sem mística, sem coesão de espíritos, pergunto-vos se, em sã consciência, poderemos perturbar a ordem interna, criando dificuldades à confraternização nacional em tôrno dos supremos interesses da Pátria comum? **5b** Se, neste momento, promovermos agitações, correremos o risco de sermos acusados, no futuro, como responsáveis pela desunião dos brasileiros, ou como empecilhos àqueles que, acima de tudo, queiram firmar na unidade espiritual da Pátria a sustentação do nosso prestígio externo e da soberania nacional. **6** A lição que a Europa nos oferece, neste instante, é suficientemente clara, para os brasileiros de boa-vontade. Vemos, naquele continente, as derrotas diplomáticas sucessivas dos povos divididos internamente e sem vibração mística pelas aspirações nacionais, ao passo que os povos unidos, coesos, empolgados por um sonho e mantidos em permanente estado de entusiasmo por milhares de propagandistas do patriotismo em função evangelizadora, êsses traçam o mapa das nacionalidades com a ponta das baionetas. **7** Pretenderemos que êsses povos, fortalecidos pela unidade política, nos encarem como um povo enfraquecido pelas dissensões, fácil prêsa de seus apetites, melancólica disponibilidade humana à mercê de tôdas as circunstâncias históricas? E pretenderemos que, amanhã, nos acusem a nós, integralistas, como responsáveis, ainda que de um modo parcial, pela formação de atmosfera hostil à iniciativa de uma confraternização nacional, sem a qual o Brasil jamais constituirá uma unidade perfeita para enfrentar as dificuldades do mundo contemporâneo? É preciso que a História tenha notícia, um dia, de que, neste momento, soubemos olhar, acima de tudo, a Nação, cujos máximos problemas dizem respeito aos impositivos da defesa nacional. **8** Não julgueis que estas minhas palavras encerram quaisquer intuitos de vulgar adesão, de mudança, um milímetro sequer, da linha de dignidade que me impus e vos tracei. Nem a mim, nem a vós, nos anima o interêsse mesquinho das posições cômodas e tranqüilas, muito menos o gesto indecoroso dos oportunistas, estendendo a mão para pedir, seja o que fôr, em troca de atos de consciência. Longe de nós uma atitude de fatigados e vencidos, acendendo no olhar, onde sempre fulgurou a centelha do patriotismo, o fumo das ambições torpes. Nunca nos seduziram partilhas, ou compensações, porque o nosso patriotismo não tem preço. O que estas palavras, portanto, querem significar é, tão-somente, a perfeita compreensão da hora internacional, que exige tréguas nas lutas internas. **9** Qual a orientação, pois, que vos recomendo? A orientação da paz, da ordem, da abstenção de quaisquer agitações. Além dessa norma, recomendo-vos ainda: trabalhar pelo Brasil. Como trabalhar? Cumprindo a vossa, a nossa doutrina. Em que consiste essa doutrina? Em ser bom pai, bom filho, bom espôso, bom profissional, bom cidadão, bom patriota. De que maneira? Cingindo-vos aos preceitos cristãos da vida, isto é, fechando os olhos e os ouvidos a tôdas as seduções dêsse materialismo utilitarista, arrivista e gozador, que dissolve os povos envilecidos pela ausência de Deus. **10** Formai a consciência das gerações futuras no seio dos lares, convencidos de que a moralidade é a base da grandeza de um povo. Incuti em vossos filhos o mais profundo sentimento de honra, para que êles cresçam desejando ser homens de bem, quer na vida particular, quer na vida social, ou na vida pública; inspirai-os no culto dos heróis nacionais. Cumpri vossos deveres cívicos, exteriorizando orgulhosamente o amor da Pátria. Estudai e ensinai o nosso passado, porque só o passado, formando a consciência da origem, confere nobreza aos povos. Conservai-vos vivos e ativos, pacíficos e trabalhadores, ordeiros e vigilantes, calmos e despertos, para tudo dar ao Brasil quando êle vos pedir. Dai tudo ao Brasil. Cumpri êstes ensinamentos e merecereis respeito, porquanto só os brutos poderão ver, na prática dessas virtudes, motivos de rancores contra vós. **11a** Estas são as minhas palavras a um milhão de brasileiros que ensinei e eduquei durante seis anos. Digo-as, desinteressadamente, e, com a maior solenidade, porque falo do outro lado da vida política da Nação, reafirmando os meus propósitos, tantas vezes repetidos, de nada querer do Brasil a não ser que êle seja grande e respeitado. **11b** O momento internacional é de uma gravidade sem precedentes nestes últimos cem anos da História Universal. Diante dêle e dos perigos que ameaçam nossa Pátria, direi, para que não caia sôbre mim, um dia, a acusação de haver concorrido para a subversão da ordem e as divisões dentro do país: – uni-vos, brasileiros, respeitando as autoridades constituídas e não perturbando, de forma alguma, a ordem pública. **11c** E, se apesar disso, a minha palavra e a vossa atitude não forem compreendidas no presente, restar-nos-á a certeza de que, sempre fiéis ao mais alto pensamento de patriotismo, a posteridade saberá julgar-nos nas páginas da História."

A organização geral do texto

O texto se constrói a partir das *oposições fundamentais* entre eu-vós-nós/ "eles", e passado/presente-posteridade-história. A primeira oposição apresenta "eles" de diversas formas, seja pessoalizadas, ou, o que é mais comum, impessoalizadas. Eu-vós-nós, oposto a "eles", é um conjunto cujos membros mantêm entre si várias relações [eu como quem capacita vós (para crer/fazer); vós como julgador da competência de eu; nós manifesto como "integralistas" (que também é em outros pontos vós, "todos os brasileiros") etc. Assim, o texto revela que o enunciador se dirige /a situação internacional/ e /a posteridade/, julgados "fiadores", e se opõe a /eles/ e /outras nações/, que ao seu ver buscam impedi-lo, e aos enunciatários (vós), de obter o objeto (entrar em conjunção com o objeto) que o destinador valoriza (o bem da Nação) e que ele quer levar estes últimos a buscar (o que supõe que talvez não estejam buscando ou que há quem possa pensar que não estejam).

Do ponto de vista *temporal*, o enunciador distingue, de um lado, "momento presente" (e expressões equivalentes) de "passado" (*há um ano; doze meses transcorridos)* e, do outro, "momento presente" *e* passado (um passado específico a que desde o início faz referência), de "futuro". A modulação temporal que se manifesta em segmentos do discurso sempre que a "atitude" proposta merece menção parece indicar que a atitude contrária à nele proposta (*promovermos agitações*) seria oportuna em outro momento, um momento em que o inimigo externo não fosse o mais importante. O *fazer crer* prevalece sobre o *fazer fazer*, porém como elemento de sustentação desse mesmo *fazer fazer*, o discurso apresenta o "*saber fazer*" do enunciador (*tracei-vos de maneira nítida*; *as idéias que expus;*

ensinei-vos etc.) como argumento para o "*querer fazer*" que pretende conseguir dos enunciatários ("*não perturbar a ordem interna neste momento*" — e destaco o "*neste momento*").

O texto se inicia pela exploração da ideia de comunidade: o criador e fundador do integralismo interpela os "Integralistas!" . E desde o começo introduz a base do contrato que propõe: "tracei-vos, de maneira nítida": trata-se de um enunciador desde já competente. Começam aqui a surgir as marcas da "camuflagem subjetivante", que é o caminho seguido pelo enunciador, por mais que apele a fatos e valores concretos independentes dele para sustentar a proposta de ação que faz — e aqui está o aspecto mais interessante desse discurso: o locutor é o garante da verdade de seu discurso, e, assim, o saber verdadeiro recua para o segundo plano.

O enunciador busca destacar sua união com o enunciatário nessa comunidade desde já partilhada, na qual o dito é presumido *a priori* como dotado de sentido e digno de crédito; a "verdade" do dito tem por base a competência doutrinária do enunciador. Ele caracteriza o enunciatário como sendo capaz de entender imediatamente o sentido do que é dito, caracterizando-o como um ser dotado de razão e da capacidade de julgar, ao mesmo tempo em que atribui a si a competência para se dirigir a ele e dirigi-lo: fazer crer e fazer fazer. Essa comunidade proposta se opõe a um "eles" indefinido; ela é situada no presente e voltada para o futuro, que são valorizados circunstancialmente, apesar de todas as referências a "*tenebrosas catástrofes*" e coisas do tipo, mas tem no passado comum a "eu" e "vós" (nós) seu fundamento e os critérios da ação que o discurso propõe.

O enunciador acentua que se dirige àqueles cuja competência foi doada por ele e emprega recursos que buscam levar ao reconhecimento, pelos enunciadores, de sua competência para orientá-los. Isso parece ter relação com o fato de que a "orientação" dada nesse discurso não é propriamente, como se pode entrever, muito fiel à "doutrina", embora seja aceita por esta última porque o "aqui e agora" do discurso (*neste momento*) é uma situação extrema. A "doutrina esposada" é apresentada como compatível com o reconhecimento do peso das razões "maiores" que constituem essa situação extrema; a doutrina é apresentada como o valor maior do sujeito da enunciação, característica que ele julga ser compartilhada por seus enunciatários por terem eles adquirido essa competência por seu intermédio (*ensinei; eduquei* etc.).

Como essa doutrina tem por origem e garante o próprio enunciador, há no discurso a presença de uma clara assimetria entre as posições do enunciador e do enunciatário: o valor /doutrina/ tem sua veracidade dependente da competência do enunciador. O recurso à camuflagem subjetivante parece advir assim do fato de a "doutrina" *per se* não ser automaticamente compatível com o fazer fazer que o enunciador propõe, devendo pois o enunciador jogar todo o peso de sua competência para defender essa proposta circunstancial.

O destinador do sujeito da enunciação se faz presente como /panorama sombrio do mundo/, /pátria ameaçada/, /o momento internacional/ etc. O enunciador recorre à sedução ("pergunto-vos se, em sã consciência"; "brasileiros de boa vontade" etc.) e à ameaça (5b, 6 e 7), procura refutar objeções por meio da introdução de uma estrutura polêmica (8) na qual parece dirigir-se aos companheiros, mas pretendendo na verdade dirigir-se aos "outros"; quer dizer, o trecho é vago, podendo-se igualmente dizer que o sujeito se dirige a "eles" a fim de dizer indiretamente a "vós", com o fito de evitar que algum deles não aceite o "fazer" proposto, algo que, se dito de modo direto, poderia levar precisamente à rejeição [da proposta], o que o enunciador quer evitar.

Elementos específicos do texto

Exponho aqui os vários momentos do texto a fim de apreender os principais detalhes relevantes de sua composição:

– nos trechos 1 e 2, o sujeito da enunciação faz a ancoragem na realidade e determina quem são os enunciatários ("todos aqueles que"), e começa a criar de si uma imagem de sujeito competente para falar o que fala, ao mesmo tempo em que procura justificar o fato de se pronunciar;

– nos trechos 3 e 4, ele aprofunda essa defesa de imagem, cujo ponto culminante é o primeiro período de 4. No segundo período de 4, o sujeito mostra julgar aceita sua competência e aborda diretamente seu tema: orientar os enunciatários sobre uma questão concreta;

– 5a justifica essa orientação apoiando-se em /situação presente do mundo/ e, ao mesmo tempo, no passado comum do enunciador e dos enunciatários, retomando, portanto, a imagem da competência do enunciador; faz-se presente além disso um julgador futuro não identificado, base de uma ameaça feita aos enunciatários pelo sujeito da enunciação. 5b constitui um reforço de 5a;

– 6 e 7 arrolam mais argumentos em favor da proposta do sujeito; 6 apresenta a situação de países que não conseguiram levá-la a cabo e 7 traz a ameaça dos povos que o conseguiram. A posteridade, a História, ou uma de suas variantes, seriam o destinador e o julgador da atitude que o texto propõe aos enunciatários: seu julgamento futuro determina a atitude presente;

– 8, com seu funcionamento "polêmico", tem por enunciatários tanto os "inimigos" como os "amigos relutantes"; o segmento é dedicado à justificação da atitude proposta (o que o enunciador deseja que os enunciatários façam) diante da "doutrina" e procura refutar eventuais objeções a esta proposta. Aqui, /momento internacional/ é o valor que justifica essa proposta, e o enunciador acena com a possibilidade de que, sendo outro o estado de /momento internacional/, a proposta apresentada (que assim seria mais um recurso de sedução, em que a possibilidade futura compensaria a impossibilidade presente) poderia ser outra: "que exige tréguas nas lutas internas";

– 9 é um trecho mais propriamente "didático" que reduz a tensão estabelecida em 8. O tom de busca da persuasão cede lugar a uma estrutura mais, digamos assim, impositiva, porém distensa; o enunciador parece sentir-se seguro da "adesão dos espíritos";

– o trecho 10 dá continuidade a 9 e busca descaracterizar mais uma vez a capacidade de julgar a atitude proposta de "eles" ("só os brutos poderão ver"), que foi remetida à "posteridade". Retoma-se aqui a duplicidade das referências a "eles"; em alguns momentos, o próprio destinador do sujeito da enunciação é apresentado como membro de "eles";

– 11 retoma a questão da competência do sujeito, negando que ele tenha em sua proposta algum interesse pessoal (o que seria contrário à imagem de competência criada); seu objetivo seria o "bem da pátria", uma ação necessária diante do "momento internacional". O segundo período de 11 volta a enfatizar as razões do enunciador para falar neste momento ("gravidade sem precedentes").

Referindo-se a "eles", o enunciador remete ao "destinador": para que "não caia sobre mim um dia ..." — revelando assim o seu interesse pessoal! Vê-se que sua avaliação da situação o faz vacilar entre o pessoal (sua "imagem", "os inimigos") e o impessoal ("posteridade" etc.), e entre o "eu" e o "nós", tal como ocorre com a justificativa da ação proposta, que oscila, como vimos, entre a doutrina e os "valores maiores", ainda que alguns desses já sejam aceitos pela doutrina.

O trecho final merece destaque porque é uma espécie de "sumário" do discurso; nele, sujeito da enunciação e enunciatários, *agora unidos*, ao menos do ponto de vista do enunciador, opõem-se aos "*brutos*". Remetendo mais uma vez ao seu destinador-julgador (que é apresentado também como uma ameaça a "eles"), o sujeito da enunciação arremata a justificativa da ação proposta, apresentada, como se viu, enquanto momentaneamente positiva:

"E, se apesar disso, a minha palavra e a vossa atitude não forem compreendidas no presente, restar-nos-á a certeza de que, sempre fiéis ao mais alto pensamento de patriotismo, a posteridade saberá julgar-nos nas páginas da História."

Temos aqui o "dizer" do enunciador [*a minha palavra*] unido ao "fazer" não comprovado dos enunciatários [*vossa atitude*] — de cuja ocorrência o enunciador, que começou argumentando em favor de sua competência, parece neste final ter certeza. Por outro lado, temos o momento presente (momento da enunciação e da ação dos enunciatários), lugar de "eles", oposto ao futuro, lugar do destinatário-julgador do sujeito da enunciação, bem como, no trecho, dos seus enunciatários. O enunciador atribui à /posteridade/ a competência de julgá-lo a partir de uma enunciação gigantesca e polissêmica [as páginas da História] que dirá [positivamente] do seu feito presente.

O ponto culminante é a apresentação da fidelidade de "nós" ao patriotismo como perene (sempre fiéis) e desse patriotismo como melhor (que o de "eles"), um valor superlativo. Temos por fim, a partir disso, a certeza do sujeito da enunciação de que, diante disso, ele e seus enunciatários só podem esperar, do "julgador penúltimo", uma sanção positiva (que "eles" não terão), ainda que, no presente, a sanção, a cargo de "eles", seja negativa. Talvez se possa dizer que o sujeito da enunciação sacramenta, aqui, a posição de "eles" como, além de enunciatários indiretos, destinadores-julgadores dele e dos seus.

Como arremate, verifica-se que se mantém a preponderância do valor /doutrina/, sempre com a competência do enunciador como garante da verdade de sua "interpretação", mesmo sendo os valores "maiores" apresentados como o motivo da ação proposta. Assim, o enunciador acena o tempo inteiro com a caracterização da doutrina como o valor maior dele e dos enunciatários, sempre nos termos da imagem positiva que apresenta de si mesmo, e se modula sua proposta doutrinária mediante a ênfase no /presente/, mostra repetidas vezes que a ação proposta mantém as bases da doutrina, que precedem essa ação e que permanecerão depois dela. A doutrina tem seu valor sujeito à competência do enunciador, e a imagem deste é o real "valor maior". Logo, o principal efeito de sentido criado pelos recursos usados é o reforço da competência do enunciador de, entre outras coisas, valorar o fazer proposto, bem como, nessa mesma direção, *sua* capacidade de conciliar as exigências doutrinárias particulares com uma ação advinda de um valor "aceito (ou aceitável) por todos", geral, portanto, tendo por interpretador-julgador "a posteridade" etc., vista como positiva, e, subsidiariamente (?), "eles", vistos como negativos.

Quadro-resumo

A maneira como o enunciador do texto analisado se dirige em vários momentos desse aos enunciatários cria uma cadeia de relações que procuro resumir a seguir:

1 – Destinadores-julgadores
1a: "Valores maiores", que desencadeiam o discurso e que hão de reconhecer a "verdade" de suas teses e propostas 1b: "Eles", os adversários, que esperam uma ação de 2 e 3, e que não vão, ao contrário de 1a e de 2, reconhecer a "grandeza" da ação proposta, porque se opõem em princípio à comunidade integralista. Tanto 1a como 1b levam 3 a agir e o fazem tentar persuadir 2 e levá-lo a agir.
2 – Sujeito da enunciação-destinatário
"Vós" — trata-se daqueles a quem o sujeito da enunciação-destinador, 3, pretende persuadir e levar a agir, os enunciatários tomados em sua condição de agentes, nos termos de sua caracterização por 3. Sua ação depende da aceitação de uma interpretação circunstancial da "doutrina", o que explica a opção de 3 pela camuflagem subjetivante. É destinatário de 1a e de 1b através da mediação de 3.

3 – Sujeito da enunciação-destinador

"Eu" — trata-se da instância que "pode" dirigir-se aos destinatários, e dirigi-los, e cujas características, arroladas no texto, orientam as leituras possíveis. Propõe uma nova interpretação, circunstancial, da "doutrina", cuja aceitação por 2 depende da aceitação de sua competência como intérprete da doutrina que eles "esposaram". É destinatário de 1a e de 1b.

Conclusão

Vimos que o modelo greimasiano permite uma apreensão aprofundada da maneira como a relação proposta pelo enunciador-destinador ao(s) enunciatário(s)-destinatário(s) serve de espinha dorsal à construção dos sentidos nos discursos, em nosso caso, verbal e de cunho político. Essa riqueza descritiva faz ver novas relações. Identificamos, em nosso caso, do ponto de vista da caracterização semiótica dos mecanismos de produção de sentido no discurso político, (1) a importância para a construção do discurso das oposições configuradas pelas referências ao imediato e ao mediato, ao presente e ao futuro/passado, ao(s) valor(es) amplo(s) e aos valor(es) restrito(s), ao "nós" e ao "eles" etc., ao "aqui" e ao "lá", bem como das formas de construção das relações eu-tu-nós nas diversas situações discursivas criadas pelo texto; (2) a relevância da sequência específica da apresentação dos argumentos para a persuasão e a ação daqueles a quem, o texto se dirige; e (3) as evidências de que a compreensão do discurso depende da relação específica entre seu(s) enunciadores e seu(s) enunciatários estabelecidas no próprio discurso numa dada situação.

Bibliografia

Barros, D. L. P. de. *Teoria do discurso*: fundamentos semióticos. São Paulo: Atual, 1988.

Greimas, A. J. *Du Sens*. Paris: Seuil, 1970.

——. *Du Sens II*. Paris: Seuil, 1983.

——. *De L'imperfection*. Périgueux, Pierre Fanlac, 1987.

Sobral, A. U. et al. O contrato fiduciário: considerações preliminares. *Colóquio do Centro de Pesquisas Sociossemióticas*, IV, São Paulo, 1998. Cadernos de Discussão... São Paulo: CPS, 1998, pp. 9-25.

José Roberto do Carmo Jr*

Semiótica e futebol**

Os saudosistas dizem que o Brasil já não é mais o país do futebol, que já se foi o tempo de Pelé, Garrincha, Didi, Nilton Santos e de tantos outros artistas da cancha. Seja como for, o espetáculo do futebol, que no Brasil está longe de ser um simples jogo, ainda traz algumas das marcas dos tempos das grandes conquistas, dos grandes clubes, dos grandes craques. Na época de ouro do futebol brasileiro, o elo entre o campo de futebol e os milhões de torcedores era apenas o rádio. O espetáculo era então comandado pelo *locutor* esportivo.

O locutor esportivo é uma espécie de *encenador* vocal. Pouco importa a "realidade" da partida de futebol. O futebol faz parte do imaginário e do sonho de cada torcedor e ao locutor cabe transformar a partida real em um espetáculo à altura desse imaginário. Esperamos do locutor esportivo que ele nos transmita a emoção do gol e que a faça durar. O locutor tem que retratar o detalhe, o lance, a jogada, o passe, o drible e, principalmente, o gol; tem que demarcar o momento de tensão e modular, pela voz, a intensidade e a "temperatura" do jogo. É bem diferente o papel do comentarista esportivo. Este explica, analisa, faz um diagnóstico, apontando causas e consequências da estratégia de cada um dos times em campo. Ao locutor cabe focalizar a ação, ao comentarista cabe apreendê-la em toda a sua extensão. Através do locutor nos *emocionamos*, através do comentarista *conhecemos* por que nos emocionamos.

---

* Bolsista da Capes.

** Este texto é parte de uma pesquisa mais ampla sobre vários tipos de oralidade: a oralidade do locutor, do cantor, do político, do pregador religioso, entre outros.

O futebol é um objeto privilegiado, quase didático para a semiótica, na medida em que todos os elementos que compõem o quadro de uma narrativa polêmica estão aí presentes: o *destinador* (torcida pró) e o *antidestinador* (torcida contra), o *sujeito* (o time, o craque), o *antissujeito* (o adversário carrasco), e uma série de *adjuvantes* e *antiadjuvantes* (o técnico, o bandeirinha, o gandula, o relógio, o "juiz-ladrão"), sem falar nos vários *sincretismos* actoriais possíveis. Ainda está por ser feita uma semiótica do futebol. Nosso propósito nesse ensaio, bem mais restrito, é o de captar apenas uma das facetas do espetáculo: buscamos identificar os instrumentos de geração da significação ativados pelo locutor esportivo para criar a ilusão referencial do gol, o momento de conjunção entre *sujeito* e *objeto*.

Um rápido intervalo teórico

A Semiótica é uma *Teoria do Discurso*. Como toda teoria, faz uso de um número limitado de conceitos sem os quais a análise se torna impraticável. Como o que nos interessa neste ensaio é o uso que o locutor esportivo faz de sua voz, temos de descrevê-la como um *texto*, uma trama de elementos que *expressam* um certo *conteúdo*, criando assim efeitos de significação.

A manifestação sensível de um texto, quer dizer, aquilo que vemos, ouvimos, enfim, aquilo que captamos por meio dos sentidos, recebe o nome de *plano da expressão* desse texto. Na linguagem verbal, o texto nos é dado no tempo. Não podemos nem ler, nem produzir duas palavras simultaneamente, o que implica que a expressão do texto tem que ter um caráter linear. Pois bem, o plano da expressão é formado por dois elementos, os *constituintes* e os *caracterizantes*.[1] Como o que nos interessa aqui é a cadeia da fala, podemos simplificar as coisas dizendo que os *constituintes* são as sílabas enquanto os *caracterizantes* formam a cadeia de acentos e modulações. Observemos nosso objeto: a fala.

Na fala cotidiana, *constituintes* e *caracterizantes* formam, juntos, nossa *dicção*. Todos temos de pronunciar as sílabas (os *constituintes*) com clareza suficiente para que nossa fala se torne distinta, compreensível e inteligível. É por essa razão que pessoas com dislalia – um gago, por exemplo – têm

[1] Para uma exposição mais técnica e compreensiva sobre os conceitos de *constituintes* e *caracterizantes*, consultar J. R. do Carmo Jr., Plano da expressão verbal e musical: uma aproximação glossemática, São Paulo, Dissertação (Mestrado), FFLCH, USP.

dificuldade para se fazer compreender: um gago não consegue pronunciar corretamente as sílabas, que são os elementos *constituintes* da linguagem oral. Mas, ao mesmo tempo, essas sílabas também são acompanhadas de uma acentuação e uma modulação (os *caracterizantes*), que criam saliências e contrastes nessa *linha de expressão*. As fronteiras entre sílabas, as fronteiras entre palavras e as fronteiras entre enunciados somente são possíveis graças a essas saliências e contrastes dos *caracterizantes*. Os acentos "costuram" as sílabas umas às outras configurando *palavras*; as modulações "costuram" as palavras umas às outras configurando *frases*. Não fosse esse poder de coesão dos acentos e modulações, a cadeia da fala seria um ajuntamento incompreensível de sílabas e não haveria sentido perceptível. É mais fácil mostrar como funcionam *expoentes* e *caracterizantes* na manifestação escrita. Observem a figura 1 abaixo:

Figura 1

colocadaparawesleyprocuraadrianinhovoltouparaaquadracentralpararo
drigorodrigoviraparaapontaesquerdaeempurraparaisaiasjanaintermediária
doverdaobolacolocadaporisaiasnapontaesquerdacomadrianinhocom
aprimeiroseguraabolaadrianinhoroloupraisaiastocounaarea
olhaogoldoluizinhosozinhonagrandeareavaimarcarsoltouogoleiroe

Aquilo que à primeira vista parece um aglomerado caótico de letras é um texto, mas um texto do qual foram totalmente extraídos os *caracterizantes*, ou seja, as balizas prosódicas tais como pausas, pontos, inflexões interrogativas, afirmativas, acentuações, marcas incoativas e terminativas etc. Esse exemplo mostra claramente que *constituintes* e *caracterizantes*, os dois componentes da linha da expressão de um texto, são igualmente importantes para que o texto tenha sentido, para que este texto signifique.

Mas o que isso tudo tem a ver com semiótica? A resposta é a seguinte: tudo indica que *caracterizantes* e *constituintes* são componentes das *linguagens* em geral, e não apenas das *línguas naturais*. Ao contrário, esse dispositivo constitui um modelo elementar, de alcance muito amplo, que nos ajuda a compreender a maquinaria interna da linguagem *lato sensu*. Vamos tomar apenas um exemplo para ilustrar esse ponto. Observemos por um momento a geração de *efeitos de sentido* na linguagem cinematográfica. Um *efeito de sentido* é uma simulação de realidade produzida por um texto, seja esse texto um poema, uma canção, uma propaganda, um filme.

Em primeiro lugar, um filme é formado por uma sucessão de *planos* ou *tomadas*, de ideias visuais que, assim como as sílabas e as palavras de um texto, se encadeiam uns após os outros, constituindo uma determinada sequência. Os planos são os *constituintes* na linguagem cinematográfica. Mas, se um filme é constituído por planos, ele não se reduz a isso. Sabemos que uma *sequência* de planos pode ser modulada ou *aspectualizada* pela câmara lenta e pela câmara acelerada, por exemplo. Além disso, através da *montagem* é possível obter um grande número de efeitos de sentido que não decorrem dos planos em si mesmos, mas do próprio ato do diretor de dispô-los numa determinada velocidade de corte, criando contrastes de toda espécie: iluminação, campo, velocidade interna da cena etc. Esses contrastes não se confundem com as imagens propriamente ditas, mas interagem com elas criando simulações de ritmo, dinâmica, intensidade, suspensão etc., que são tão importantes para o sentido do filme quanto as próprias imagens.

Se o diretor busca criar o efeito de sentido de uma rápida sucessão de acontecimentos, como num filme de ação, a montagem buscará uma sequência de planos curtos, criando o efeito de nervosismo, dinamicidade, violência, ao passo que uma sequência lenta, num filme psicológico, será, ao contrário, representada por uma sucessão de planos longos que criarão o efeito de sentido de languidez, de tédio, de ociosidade, de tristeza, de monotonia, de calma, de tranquilidade, de sensualidade etc. Mas é possível também encurtar ou alongar progressivamente os planos criando um aumento de intensidade dramática em direção ao clímax da ação. Já os planos progressivamente mais longos evocam em geral a impressão inversa: distensão, relaxamento progressivo etc.[2] Todos estes efeitos – e nos referimos a apenas alguns deles – decorrem do arranjo e organização dos planos. Veremos mais adiante que algo semelhante a esses recursos cinematográficos (lembrem-se que cinema quer dizer *movimento*) será utilizado pelo locutor para criar efeitos de significação.

Se não existissem esses dois elementos atuando, ou seja, se não houvesse esta "divisão de trabalho" entre *constituintes* e *caracterizantes*, a linguagem cinematográfica seria monótona, restringindo-se a apresentar, plano após plano, uma sucessão de ideias visuais. O cinema seria reduzido

---

[2] Gérard Betton, Estética do cinema, São Paulo, Martins Fontes, 1987.

à fotografia e o trabalho do diretor seria nulo. É o diretor que "costura", através da montagem e da edição, cada um dos planos, imprimindo assim seu ritmo e sua dinâmica ao filme. É o diretor que dá *sentido* ao texto cinematográfico.

Tudo isso quer dizer o seguinte: os *caracterizantes* parecem ser uma espécie de matéria 'plástica' das linguagens que pode ser objeto de todo tipo de deformação e moldagem. Veremos que o narrador esportivo tem uma locução 'anormal': ele molda a acentuação, a entoação e velocidade da fala para expressar um certo conteúdo sem que, com isso, deixe de estar 'falando'. Na fala do locutor esportivo estão todos os fonemas e sílabas, ou seja, todos os *constituintes*. É por essa razão que compreendemos o que ele fala. Mas a fala do locutor tem um algo a mais. Ela tem um lado excessivo e exagerado que cria novos sentidos, inexprimíveis pelas palavras "nuas". Assim como o locutor, o cantor, o orador (pensem no orador político e no pregador religioso) são sujeitos que dominam uma face da linguagem oral que até o momento não tem despertado muito interesse dos pesquisadores,[3] mas que, em alguns casos, parece estar no coração do sentido de um texto. De fato, muitas vezes o mais importante num texto não é *o que é dito* mas o *como é dito.*

O gol

Agora que já temos um quadro teórico relativamente bem organizado, é hora de examinar nosso objeto: a narração feita pelo locutor Reinaldo Costa, do gol marcado pelo atacante Luizinho, numa partida entre Palmeiras e Ponte Preta. A transcrição do texto é a seguinte:

"*...bola colocada para Wesley, procura Adrianinho, voltou para a quadra central para Rodrigo, Rodrigo vira para a ponta esquerda e empurra para Isaías, já na intermediária do Verdão, bola colocada por Isaias, na ponta esquerda com Adrianinho, com...(?) a primeiro, segura a bola Adrianinho, rolou pra Isaías, tocou na área, olha o gol do Luizinho, sozinho na grande área, vai marcar, soltou o goleiro, é gol. Gol.*"

Todos nós que já ouvimos alguma vez a transmissão radiofônica de um jogo de futebol sabemos que nessa representação escrita não temos elementos para diferenciar a fala excessiva do locutor esportivo de uma

[3] O projeto Nurc desenvolve importantes pesquisas sobre a oralidade, embora numa perspectiva diferente daquela que propomos neste livro. Cf. Dino Preti (org.), Análise de textos orais, São Paulo, Humanitas, 1997.

fala "normal". A escrita é um sistema muito pobre de tradução da fala. A transcrição da locução esconde a ilimitada variabilidade imposta à linha de expressão pelo locutor. E daí a consequência paradoxal de que na escrita, muitas vezes, o *plano de expressão é inexpressivo*. A ortografia desde sempre descurou da prosódia, e por uma razão bastante boa e justificável. Na grande maioria das vezes o que buscamos registrar na escrita é apenas o conteúdo de um texto, ou seja, apenas *o que é dito*, pouco importando o *como é dito*. Com isso se ganha muito, pois uma escrita que registrasse todas as inflexões e andamentos da fala seria complexíssima; mas, com isso, perde-se muito também. No caso do locutor esportivo, o que mais nos interessa é justamente a concretude da fala, a velocidade, a progressão em direção ao agudo, a intensidade. Podemos tentar explicitar tais elementos recorrendo ao espectrógrafo,[4] que é um aparelho utilizado por foneticistas e fonoaudiólogos para registrar todas essas variações. A figura 2 a seguir é uma "fotografia" do texto do gol em que, em vez dos fonemas e das sílabas (os *constituintes*), temos a imagem da "música" que está por trás deles (os *caracterizantes)*.

Figura 2

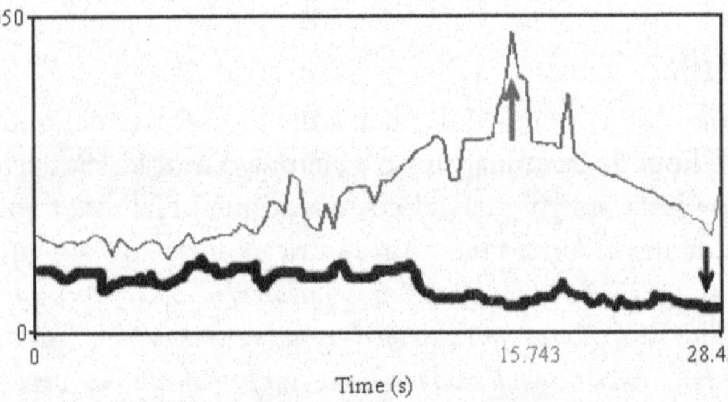

Observem que a figura apresenta duas curvas, uma em preto e outra em cinza. A curva em preto retrata a "melodia" do texto produzida normalmente, ou seja, por uma pessoa lendo o texto do gol. A segunda curva, em cinza, retrata a melodia do mesmo texto, só que na forma como foi produzida pelo locutor esportivo no momento do gol de

[4] Os gráficos foram obtidos com o auxílio dos seguintes softwares: Sound Forge for Windows 95 version 4.5.278 (by XMAN98) e PRAAT 4.0.4 A system for doing phonetics by computer, by Paul Boersma and David Weenink, Summer Institute of Linguistics.

Luizinho. Observem também as duas setas: a seta em cinza indica o momento do gol na fala do locutor, enquanto a seta em preto indica o momento do gol na fala "normal". Finalmente, reparem na indicação do tempo: a leitura normal do texto dura aproximadamente 28 segundos, enquanto o locutor produz o mesmo texto em pouco mais de 15 segundos.

Muito bem, há uma máxima da semiótica segundo a qual *o sentido nasce da diferença*. Segundo essa máxima, quando analisamos um texto, devemos buscar quais são as diferenças que estão ali presentes e a maneira pela qual quem produz o texto utiliza essas diferenças para criar aqueles *efeitos de sentido* a que nos referimos há pouco. Antes de discutir cada uma dessas diferenças, vamos apontá-las:

As diferenças da fala pertinentes para o nosso texto são de dois tipos:

1– diferenças prosódicas (*caracterizantes)*

a) altura = diferença entre *grave* vs. *agudo*

b) duração = diferença do *longo* vs. *breve*

c) intensidade = diferença do *forte* vs. *fraco*

d) aceleração = diferença do *acelerado* vs. *desacelerado*

2 – fonemáticas (*constituintes*)

a) vocálica = diferença entre *consoante* vs. *vogal*

Observem novamente a figura da página anterior. Na locução esportiva há um amplo uso das diferenças de altura, ou seja, do contraste entre sons graves e sons agudos. É claro que na fala normal também existem momentos em que a entoação sobe para o agudo e outros em que a entoação desce para o grave. Aliás, esse serpenteado da fala normal está bem retratado na curva em preto da nossa figura. Se não houvesse esta oscilação na fala "normal", teríamos uma reta e não uma curva. Mas reparem que o locutor esportivo faz muito mais que oscilar a sua entoação. O serpenteado de sua entoação tem uma orientação, ou seja, parece que seu discurso *vai para um lugar determinado*. Este *ir para um lugar*, esta noção de direção, é importante porque é ela que caracteriza um discurso dotado de sentido. Vejam como o locutor cria a emoção do gol através de um elemento do plano da expressão: sua entoação sobe progressivamente até o momento do gol (marcado no nosso gráfico com uma seta em cinza). A partir desse momento a curva inicia um movimento descendente, como que fechando um ciclo melódico.

Para fixar o que estamos dizendo, vamos chamar provisoriamente este movimento de *arco entoacional*, esquematicamente representado na figura 3 a seguir:

Figura 3

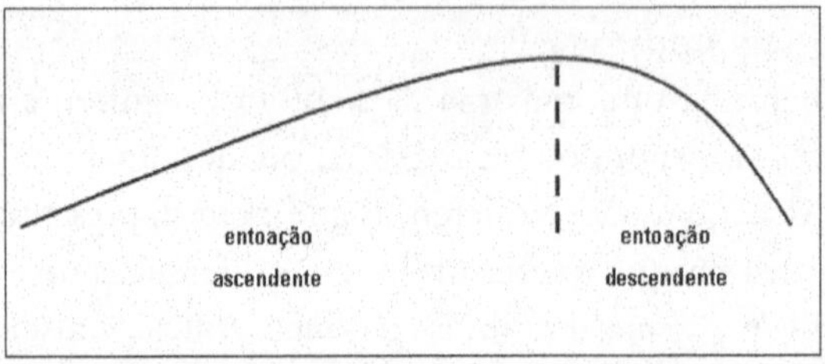

Esse movimento entoacional não ocorre no texto "normal", uma vez que a entoação oscila em torno de cada uma das frases (*"tocou na área"*, *"vai marcar"*, *"é gol"*, são frases, cada uma com sua entoação própria), sem, no entanto, configurar uma direção clara. Em outras palavras, enquanto no texto normal temos uma *multiplicidade* de frases, uma espécie de ajuntamento de curtas expressões sem nexo aparente entre si, na locução de Reinaldo Costa temos uma *unidade* de significação, unidade esta conseguida pelo *arco entoacional*. O locutor consegue "costurar" cada uma das frases isoladas e criar com isso uma pequena história, uma pequena narrativa de gol. Nós já mostramos como os *caracterizantes* "costuram" as sílabas umas às outras, formando unidades maiores que são as palavras. Já dissemos que uma palavra não é um mero ajuntamento de sílabas, mas uma unidade de sílabas. O locutor esportivo faz algo muito parecido com isso. Seu *texto* não é um ajuntamento de frases soltas, mas uma verdadeira unidade de sentido com início, meio e fim.

Observem agora o fragmento do texto que vai de *rolou* até *gol*. Marcamos a altura da pronúncia de cada verbo ou palavra iniciada após uma pausa e colocamos esses dados na figura 4 a seguir.

Figura 4

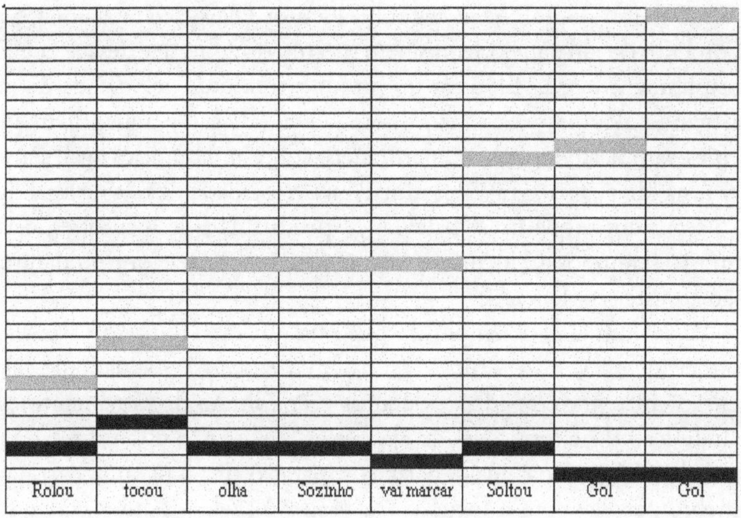

Este quadro não deixa dúvidas quanto à estratégia do locutor: ele cria a ilusão de uma progressão espacial em direção ao gol. A cada frase, nós "vemos" a bola progredir em direção ao gol. Nós não precisamos estar dentro do estádio para ver o espetáculo, o locutor traz o espetáculo até nós. Isso é um exemplo do que em semiótica chamamos de *efeito de sentido.*

Agora que entendemos como o locutor manipula a tensão da voz para criar a ilusão de progressão espacial, vejamos o que ele faz com o tempo. Observemos novamente a figura 2 para averiguar a participação de outros *caracterizantes* na montagem dessa história do gol. Todo o movimento ascendente é marcado pela simulação da rapidez das jogadas através da velocidade da fala. A fala do locutor esportivo é muito mais acelerada do que a fala "normal", o que implica mais sílabas por unidade de tempo e, consequentemente, mais cortes e segmentações. A cada vez que pronunciamos uma nova sílaba há uma segmentação na cadeia da fala, já que as vogais abrem a sonoridade, enquanto as consoantes fecham a sonoridade. Se o falante normal precisa de aproximadamente 28 segundos para produzir esse texto, o locutor precisa de apenas 15, ou seja, ele é quase duas vezes mais rápido. Mas esse fato, em si mesmo, não é particularmente significativo, porque, como vimos, a criação de sentido nasce da *diferença*. E essa diferença se apresenta exatamente no momento do gol. Se até agora o locutor falava aceleradamente, no momento do gol não podemos nem mesmo dizer que ele desacelera. Ele, simplesmente, *para*. Ele vem do limite extremo de velocidade de fala, chegando algumas vezes a comprometer sua dicção e, repentinamente, a frase simplesmente para e permanece sobre uma única vogal. Para se ter uma ideia, a palavra *gol* produzida na velocidade de fala normal dura 0,5 segundo, enquanto a "palavra" *gol* produzida pelo locutor esportivo dura 14 segundos. O locutor entra na *duração* pura, na continuidade que não admite segmentações.

Vejam um claro exemplo do que seja um *efeito de sentido*: através de elementos da *linguagem* (no caso, os *caracterizantes* velocidade de fala e tensão entre grave/agudo), o locutor cria a ilusão de movimento e da paralisação do tempo. Notem que esses efeitos não estão diretamente vinculados à partida "real". Basta comparar o ritmo de uma partida de futebol pela TV com a locução via rádio. Aqueles grandes craques da época de ouro do futebol brasileiro fazem parte de uma geração que cultivava um estilo de jogo excessivamente "lento" para os padrões do futebol moderno. Mas nem por isso a locução esportiva era mais lenta ou menos emocionante. Decididamente, a locução não é afetada pela partida. A locução *cria* a partida de futebol.

É interessante que, no momento do gol, parece ocorrer um fenômeno totalmente diverso do que vínhamos observando até agora. O locutor "desmonta" a palavra *gol* e fica com o que esta tem de mais "valioso": o som puro e definido de uma vogal. É o caso de perguntarmos se o gol pronunciado pelo locutor ainda é uma "palavra". Voltaremos a essa questão dentro em breve.

Nós já vimos na introdução deste trabalho que os *caracterizantes* "costuram" as sílabas, as palavras e as frases umas às outras formando maiores unidades de sentido, e vimos também que o locutor esportivo "costura" as frases criando uma pequena narrativa, aquilo que nós chamamos de *arco entoacional*. Qualquer pequena história sempre será a história da aquisição ou da perda de algo por alguém. Isso é o que, em semiótica, nós chamamos de *narrativa*. Simplificando muito as coisas, podemos dizer que, no estado inicial, o sujeito está em disjunção com o objeto, ou seja, o sujeito não tem aquilo que deseja (o que representamos pelo símbolo S U O). No estado final da narrativa dizemos que o sujeito está em conjunção com o objeto, quer dizer, aquele objeto que o sujeito tanto desejava foi enfim obtido (o que representamos pelo símbolo S ∩ O). Um dos postulados da semiótica é o de que qualquer discurso gira em torno de um fato de junção, ou seja, da passagem da disjunção para a conjunção e *vice-versa.* Um exame mesmo que superficial dos mais variados textos leva a crer que uma narrativa "bem formada", qualquer que seja sua extensão, tem que possuir entre os estados de disjunção e conjunção um e apenas um ponto de proeminência ou clímax. Este ponto é o clímax da narrativa e, em geral, coincide com o que chamamos de *performance.* Assim, na figura 5 podemos visualizar o desenvolvimento narrativo como um *arco narrativo*:

Figura 5

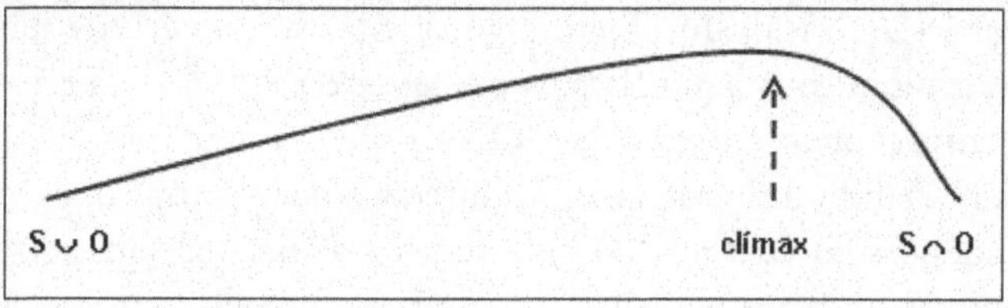

Normalmente observamos essa dinâmica de funcionamento do texto quase que exclusivamente através do seu *plano de conteúdo.* Dadas as características da representação escrita que já apontamos, o *plano da expressão*, com exceção dos textos poéticos, pouco contribui para a geração de sentido num texto.

Mas o que estamos mostrando neste ensaio é um caso em que o *plano de expressão* é uma parte importantíssima da geração de sentido. Como vimos, no caso da narração do gol, o plano da expressão é manipulado para criar um efeito de sentido que simula a transformação do sujeito em disjunção com o objeto para um estado de conjunção com o objeto, passagem esta que está também no texto escrito, é verdade, mas que ganha vida na voz do locutor esportivo que usa de todas as diferenças entre *caracterizantes* que um texto oral pode ter. A figura 6 representa essas transformações que observamos no plano da expressão:

Figura 6

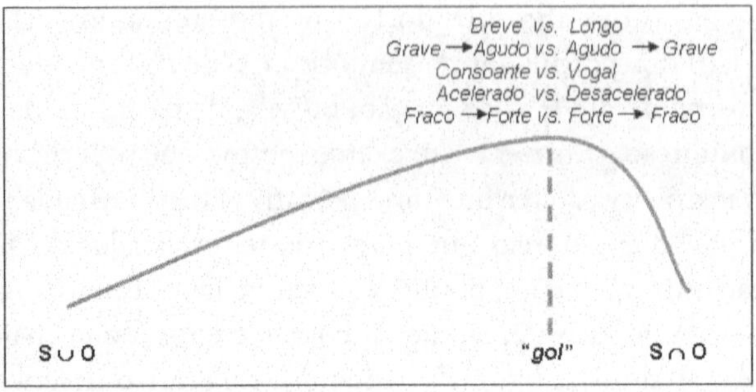

O texto do locutor, quando lido numa situação normal de fala, ou seja, com a entoação e velocidade de um leitor padrão, também é uma narrativa da aquisição do objeto pelo sujeito, só que é uma narrativa que não explora com tanta eficácia os efeitos de significação criados na relação entre expressão e conteúdo. O locutor enriquece com sua voz esta narrativa, criando um *texto* que tem interesse por si próprio, ganhando independência do fato real do gol. Tanto é assim que, quando temos oportunidade de acompanhar o momento do gol em outros meios (ao vivo, pela TV), constatamos que, em muitas ocasiões, o gol "real" não estava à altura da encenação vocal do locutor esportivo. Mas isso pouco importa à semiótica, que se interessa fundamentalmente pelos meios empregados para a construção da significação, sejam eles no *plano do conteúdo* ou no *plano de expressão.*

Conclusão

Uma análise semiótica não pode limitar-se apenas a descrever adequadamente seu objeto. Ela precisa ir mais além, apontando para perspectivas mais generalizantes, aplicáveis a outros objetos, em outros contextos. Cada análise é, então, um meio de avançar no campo teórico. Portanto, é preciso tirar o locutor do centro da cena e tentar ver o que se esconde por trás de sua fala. É evidente que estamos diante de um tipo muito especial de *oralidade*, uma face oculta da linguagem que o locutor secretamente divide com o cantor, com o orador político, com o pregador religioso. Todos esses oradores conseguem, por um efeito de *linguagem*, mesclar ao seu dizer uma *emoção*. Colocando uma camada sensível sobre a superfície inteligível de seus discursos, os oradores nos *emocionam*, nos *comovem*, quer dizer, nos *movem a fazer algo*. A semiótica tem que dar conta desse tipo de questão porque, ao final das contas, estamos diante de algo inerente ao discurso.

Esperamos ter deixado clara nossa hipótese de trabalho: o plano da expressão da linguagem comporta elementos *constituintes* e *caracterizantes* cada um dos quais com suas funções e seus efeitos específicos. É verdade que ainda conhecemos muito pouco sobre esse fenômeno, mas esse pouco parece já bastante esclarecedor. Quando se começou a estudar cientificamente a linguagem, um dos primeiros fatos com os quais os linguistas depararam foi o da natureza articulada das línguas naturais. Nossa linguagem é *constituída* de segmentos. Esses segmentos – e existem vários tipos deles – são como que tijolos com os quais construímos um texto. É possível conhecer muita coisa sobre a linguagem humana estudando esses tijolos e seus encadeamentos. Mas chega um ponto em que isso já não basta.

Busquemos no dicionário a palavra formada pelos segmentos *g*, *o*, e *l*. Lá encontraremos seu significado: "No jogo de futebol, objetivo principal do prélio, que é a transposição de uma linha ou quadro também denominado *gol*, ou *arco*, *cidadela*, *meta* ou *vala*, pela bola."[5]

Mas quando Fiori Giglioti grita *Goooool!*, não é a palavra em "situação dicionária", como diz o poeta João Cabral de Melo Neto, que nos afeta. Formado exatamente com os mesmos *constituintes* – os segmentos /g/, /o/ e /l/ –, esse gol deixou de ser uma palavra e transfigurou-se numa espécie de música. Diante desse gol que já não é palavra, dessa *palavra quase música*, uma ciência dos segmentos pouco tem a nos ensinar. Precisamos de uma ciência que vá além dos segmentos, uma ciência que estude as palavras como se fossem música, que nos mostre a arte da música que subjaz em cada palavra.

[5] Aurélio Buarque de Holanda Ferreira, Pequeno dicionário da língua portuguesa, Rio de Janeiro, Civilização Brasileira, 1967, p. 606.

Bibliografia

Barros, Diana Luz Pessoa. *Teoria do discurso*: fundamentos semióticos. 3. ed. São Paulo: Humanitas, 2001.

Betton, Gérard. *Estética do cinema*. São Paulo: Martins Fontes, 1987.

Carmo Jr., José Roberto. *Plano da expressão verbal e musical*: uma aproximação glossemática. São Paulo, 2002. Dissertação (Mestrado) – Faculdade de Filosofia, Letras e Ciências Humanas, Universidade de São Paulo.

Ferreira, Aurélio Buarque de Hollanda. *Pequeno dicionário brasileiro da língua portuguesa*. Rio de Janeiro: Civilização Brasileira, 1967.

Greimas, A.J.; Courtés, J. *Dicionário de semiótica*. São Paulo: Cultrix, 1983.

Preti, Dino (org.). *Análise de textos orais*. São Paulo: Humanitas, 1997.

Antonio Vicente Pietroforte

A palavra e o discurso

Entre as etapas da análise de um texto poético está o levantamento das figuras de linguagem nele presentes e a determinação de seus efeitos de sentido. Vamos ler o soneto *Braços*, do poeta Cruz e Sousa:

Braços nervosos, brancas opulências,
brumais brancuras, fúlgidas brancuras,
alvuras castas, virginais alvuras,
lactescências das raras lactescências.

As fascinantes, mórbidas dormências
dos teus braços de letais flexuras,
produzem sensações de agres torturas,
dos desejos às mornas florescências.

Braços nervosos, tentadoras serpes
que prendem, tetanizam como os herpes,
dos delírios na trêmula coorte...

Pompa de carnes tépidas e flóreas,
braços de estranhas correções marmóreas
abertos para o Amor e para a Morte.

Ao lado das rimas, da métrica, das assonâncias e das aliterações, há no poema uma metáfora, construída em torno da relação entre braços e serpentes, e uma metonímia, construída em torno dos braços, tomados como uma parte pelo todo do corpo da mulher. Fixando nossa atenção apenas nas figuras de linguagem de palavra, são nossos objetivos discutir seus efeitos de sentido não como desvios de um suposto grau zero da linguagem, chamado denotativo, mas como mecanismos do discurso em que denotação e conotação são definidos dentro de um mesmo processo semiótico.

As palavras e as "coisas", significante e significado

Muitas vezes, devido a seu rigor terminológico, a Linguística é acusada de nomear velhos conceitos com novas palavras, de modo que nada muda nos quadros das ciências da linguagem. É comum, quando se explicam os conceitos de significante e significado, propostos por Saussure (1969: 79-93), afirmar-se que o significante é o mesmo que palavra e, significado, o mesmo que as "coisas" do mundo. Assim, por exemplo, escreve-se a palavra "árvore" no quadro negro e aponta-se uma árvore através da janela, tomando a primeira como significante e, a segunda, como significado. Poucas afirmações são mais equivocadas do que essa. Além de mostrar um desconhecimento total do ponto de vista saussuriano, propaga-se com isso um conceito de língua há muito tempo contestado pelas ciências da linguagem.

O signo é uma relação entre um *significante* e um *significado*, e não entre uma palavra e uma coisa. Ao mostrar-se uma árvore e a palavra escrita no quadro negro, entende-se, erroneamente, que *significante* é o mesmo que palavra e *significado*, o mesmo que coisa. Saussure, porém, afirma justamente o contrário. Ao definir uma relação entre um *significante*, a imagem acústica do *signo*, e um *significado*, seu conceito, o sentido do signo deixa de depender de um referente fora da língua, como é o caso da árvore na paisagem, e passa a ser determinado por uma relação entre duas grandezas linguísticas: uma imagem acústica, de ordem fonológica, e um conceito, de ordem semântica (Pietroforte e Lopes, em Fiorin, 2003: 111-112).

O grau zero da linguagem

Na concepção de linguagem em que há uma relação entre palavras e "coisas" o sentido está nas "coisas do mundo" e é refletido pela linguagem. Na proposta de Saussure, o sentido de um signo é determinado a partir das relações que ele contrai com os demais signos do sistema linguístico do qual ele faz parte, de modo que o sentido é construído não por referência a "coisas reais", mas por meio dessas relações entre signos. Com isso, o sentido emana da língua e se projeta no mundo, invertendo o vetor da primeira concepção.

Essa ideia de língua como princípio de classificação, por meio do qual é construída uma visão de mundo, vai de encontro ao conceito de grau zero da linguagem, que é suportado pela relação entre palavras e "coisas". Em grau zero, a linguagem refere-se às "coisas" com objetividade, ou seja, por meio da chamada linguagem denotativa, de modo que há uma relação direta entre as palavras e elas, o que faz com que, nesse ponto de vista, a linguagem reflita o mundo objetivo. Ao lado da ordem direta, porém, há um uso da linguagem, chamado linguagem figurada ou conotativa, em que há desvios dessa ordem. Assim, há uma linguagem própria, utilizada nos discursos ditos objetivos, como o discurso científico, por exemplo, e uma linguagem figurada, utilizada nos discursos ditos subjetivos, como o discurso literário, de modo que a linguagem própria ganha o estatuto de "verdadeira" e a figurada, o estatuto de "inventada" (Pietroforte e Lopes, em Fiorin, 2003: 125).

Nesse ponto de vista, contrário ao de Saussure, o grau zero retrata o mundo das coisas como um reflexo seu e o sentido emana delas. No entanto, se é da linguagem que emana o sentido, é a partir de mecanismos de linguagem que se constroem tanto os efeitos de sentido de denotação quanto os de conotação. Assim, concebendo a linguagem como produtora de efeitos de sentido, vamos examinar, em seguida, uma possibilidade de explicar como esses mecanismos funcionam.

Denotação

Vamos estudar a denotação como um efeito de sentido construído pela linguagem, e não o contrário, como se costuma fazer, por referência às "coisas" do mundo. Um exame da linguagem técnica do discurso científico pode facilitar essa tarefa. Em seus *Elementos de linguística geral*, A. Martinet define o conceito de monema (1978: 12-13):

> Com os seus significado e significante, as unidades da primeira articulação são signos, e signos mínimos por não poderem analisar-se em sucessões de signos menores. Não existe termo universalmente aceito para designar tais unidades; pela nossa parte, chamamos-lhes *monemas*.

O sentido atribuído a monema é único, ou seja, monossêmico. Monema quer dizer, no discurso de Martinet, signo mínimo e nada mais. Esse recurso, utilizado com frequência nos discursos científico, filosófico e jurídico tem a propriedade de, ao concentrar o sentido em um único significado, gerar o efeito de sentido de objetividade, mesmo em se tratando de conceitos abstratos, como o de monema, por exemplo. Nesses tipos de discurso, a univocidade do sentido é necessária para seus desenvolvimentos. Baseados em processos indutivos e dedutivos, que visam à construção de argumentos relativos a um encadeamento lógico entre premissas e conclusões, seus léxicos devem designar apenas um sentido, fora do qual suas premissas perdem a validade gerando incongruências.

Também no discurso literário esse recurso aparece. No conto *O espelho*, de Machado de Assis, a personagem Jacobina define, denotativamente, o conceito de alma exterior, o qual pretende demonstrar por meio da história de sua nomeação para alferes (Machado de Assis, 1997: 346):

> *Nada menos de duas almas. Cada criatura traz duas almas consigo: uma que olha de dentro para fora, outra que olha de fora para dentro... Espantem-se à vontade; podem ficar de boca aberta, dar de ombros, tudo; não admito réplica. Se me replicarem, acabo o charuto e vou dormir. A alma exterior pode ser um espírito, um fluido, um homem, muitos homens, um objeto, uma operação. Há casos, por exemplo, em que um simples botão de camisa é a alma exterior de uma pessoa; – e assim também a polca, o voltarete, um livro, uma máquina, um par de botas, uma cavatina, um tambor, etc.*

A alma exterior, tal como é definida por Jacobina, é aquela que olha de fora para dentro, de modo que a polca, o voltarete, um livro, uma máquina etc., são seus exemplos. Todas essas palavras são tomadas denotativamente: polca e voltarete são dois tipos de dança; um livro é um objeto formado por páginas impressas e encadernadas; e uma máquina é um aparelho mecânico. Não se trata, como parece, de definir coisas fora da linguagem refletindo-as, mas de classificar o mundo dotando-o de sentido.

Contudo, no texto de Machado de Assis não se definem essas palavras, como nele é definida alma exterior e, no texto de Martinet, definido o conceito de monema. No entanto, elas fazem parte de um léxico sobre o qual há um consenso social e fazem parte de um discurso social que as reúne e as classifica. Esse discurso social é explicitado na elaboração de dicionários, ou seja, na lexicografia. Desse modo, o dicionário, longe de fornecer o sentido próprio das palavras, descreve a construção dos conceitos relacionados a elas, dotando-as de sentidos unívocos, que são interpretados como denotações. Nada impede, nas descrições lexicográficas, que os sentidos conotativos mais frequentes e expressões idiomáticas ocorram ao lado das definições denotativas, no entanto, quando isso se dá, são indicados como tal. Assim, os dicionários fazem parte de um tipo de discurso que, como todo discurso, produz efeitos de sentido, e não simplesmente uma lista de palavras com seus respectivos usos corretos e apropriados.

Comparação

Ao lado da denotação, caracterizada pela afirmação na concentração em um sentido unívoco, há um processo discursivo em que essa concentração pode ser negada. Quando dois ou mais significados são comparados em torno de uma relação de similaridade, o sentido denotado é negado e caminha para sua difusão em outros sentidos, gerando, assim, conotações. A figura de palavra que traduz esse efeito é chamada comparação. Nesses versos do canto IV da *Ilíada*, de Homero, na tradução de Carlos Alberto Nunes, há um exemplo de comparação (Homero, 1996: 96):

> *Dos vencedores os gritos de júbilos se ouvem e as queixas*
> *dos que tombam vencidos; de sangue se encharca o chão duro.*
> Como *dois rios, oriundos de um grande degelo dos montes,*
> *numa bacia, somente, o volume das águas despejam,*
> *para reuni-las, depois, nas entranhas de um côncavo abismo,*
> *de onde o barulho vai longe, ao pastor, que num monte se encontra:*
> *tal era a grita e o trabalho dos dois combatentes exércitos.*

Há a descrição denotativa de uma batalha, no entanto, por meio da conjunção *como*, o furor da batalha é comparado ao furor do degelo dos montes que deságua em um abismo. Assim, o sentido unívoco da denotação é negado quando comparado com outro sentido que, por meio do discurso, é mostrado como semelhante a ele.

Metáfora

Na metáfora o sentido unívoco da denotação é negado e afirma-se a sua difusão em outros sentidos. Desse modo, a metáfora é a afirmação de um processo que decorre da negação da denotação, que implica a construção de comparações. Na metáfora, a comparação que constrói sentidos semelhantes não está mais separada em dois termos comparados, como a batalha e o degelo discursivizados no texto de Homero. Nela, o sentido plurívoco é afirmado em um único termo. Na canção *Memória da pele*, de João Bosco e Waly Salomão, há uma metáfora em torno da palavra *taça*:

Eu já esqueci você, tento crer
Nesses lábios que meus lábios sugam de prazer
Sugo sempre, busco sempre a sonhar em vão
Cor vermelha, carne da sua boca, coração

Eu já esqueci você tento crer
Seu nome, sua cara, seu jeito, seu odor
Sua casa, sua cama, sua carne, seu suor
Eu pertenço à raça da pedra dura
Quando enfim juro que esqueci
Quem se lembra de você em mim, em mim
Não sou eu, sofro e sei
Não sou eu, finjo que não sei, não sou eu
Sonho bocas que murmuram
Tranço em pernas que procuram, enfim
Não sou eu, sofro e sei
Quem se lembra de você em mim, eu sei, eu sei...

Bate é na memória da minha pele
Bate é no sangue que bombeia na minha veia
Bate é no champanhe que borbulhava na sua taça
E que borbulha agora na taça *da minha cabeça*

O texto trata da nostalgia. Contudo, não se trata de uma nostalgia vaga e indefinida, mas de uma saudade provocada pela sensação física, no corpo do enunciador, da ausência de contato com o corpo do enunciatário, por isso a memória da pele. Essa saudade manifesta-se à revelia das avaliações do enunciador sobre o fato de já ter esquecido ou não seu objeto de desejo, já que no texto aparece discursivizado o conflito entre esse suposto esquecimento e sua lembrança, manifestada no corpo do enunciador:

Quando enfim juro que esqueci
Quem se lembra de você em mim, em mim
Não sou eu, sofro e sei
Não sou eu, finjo que não sei, não sou eu
Sonho bocas que murmuram
Tranço em pernas que procuram, enfim
Não sou eu, sofro e sei
Quem se lembra de você em mim, eu sei, eu sei...

Quando o desejo sexual aparece discursivizado, a memória da pele manifesta-se no corpo do enunciador e, separado de seu objeto, resta-lhe o prazer solitário:

Bate é na memória da minha pele
Bate é no sangue que bombeia na minha veia
Bate é no champanhe que borbulhava na sua taça
E que borbulha agora na taça *da minha cabeça*

Ora, a palavra *taça* só adquire sentido na coerência que ela estabelece com o tema erótico colocado em discurso. Ao ser colocado em discurso na narrativa erótica no momento da ejaculação, o champanhe, com seu estouro e seu borbulhar, designa também esse momento. A *taça*, no verso "Bate é no champanhe que borbulhava na sua *taça*", passa a designar, então, também a genitália feminina que, no verso "E que borbulha agora na *taça* da minha cabeça", designa também o corpo do enunciador.

Assim, o sentido de *taça* é plurívoco, ele não está restrito ao sentido unívoco de um tipo de copo que, por sua vez, também é construído no discurso. Essa plurivocidade não deve ser entendida como uma confusão a respeito do sentido da palavra metaforizada. Na canção acima, *taça* significa a taça de champanhe, a genitália feminina e a mão masturbadora do enunciador porque o tema erótico é tematizado ao longo do discurso em que a palavra é inserida. A palavra *taça* realiza, ao mesmo tempo, o tema do brinde e o tema erótico, de modo que ela conecta esses dois temas por meio do efeito de sentido metafórico. Essa plurivocidade, portanto, é controlada pelo discurso que, em sua coerência temática, determina os sentidos que uma metáfora pode assumir.

Se o sentido unívoco é concentrado nos efeitos de sentido denotativos, contrariamente, nos efeitos de sentido metafóricos ele difunde-se em outros sentidos, mostrando que outras possibilidades de leitura são construídas pelo discurso que, justamente, possibilitam e regem sua difusão. Nos versos da canção, essa difusão dá conta de minimizar, pela comparação com um brinde, culturalmente interpretado como delicado e fino, a obscenidade do gesto metaforizado, que, se descrito denotativamente, talvez perdesse a complexificação entre a lascívia e a fineza que essa metáfora produz.

Metonímia

Até agora, foi possível determinar um processo de construção de efeitos de sentido, que parte de sua concentração para sua difusão. A afirmação da concentração produz a denotação, a negação da concentração, a comparação e a afirmação da difusão, a metáfora:

afirmação da concentração de sentido	$\Longrightarrow$	negação da concentração de sentido	$\Longrightarrow$	afirmação da difusão de sentido
denotação		*comparação*		*metáfora*

Nada impede que se faça, então, a dedução de um processo que segue o caminho contrário, em que se negue a difusão do sentido em direção a sua concentração. A metonímia, enquanto a figura de palavra que estabelece relações de contiguidade, como as da parte com o todo ou da causa com a consequência, pode realizar essa negação da difusão.

Nas relações da parte com o todo, há a necessidade da construção de um sentido em que essa parte seja definida como a parte de um todo, ou seja, há a necessidade de uma denotação. Na metonímia "a mão que toca um violão", da canção de Maurício do Vale, a mão é uma parte do corpo humano, seu sentido aponta para a construção de uma denotação sem afirmá-la ainda. O mesmo acontece nas relações de causa e efeito. Na metonímia "vou tocar Bach", Bach significa uma música composta por ele, o que implica que tanto a peça quanto seu autor estão denotados.

No primeiro parágrafo de *O Ateneu* (Pompeia, 1996: 13), de Raul Pompeia, há uma metonímia que orienta todo o sentido do texto do romance:

> *"Vais encontrar o mundo, disse-me meu pai, à porta do Ateneu. Coragem para a luta." Bastante experimentei depois a verdade deste aviso, que me despia, num gesto, das ilusões de criança educada exoticamente na estufa de carinho que é o regime do amor doméstico, diferente do que se encontra fora, tão diferente, que parece o poema dos cuidados maternos um artifício sentimental, com a vantagem única de fazer mais sensível a criatura à impressão rude do primeiro ensinamento, têmpera brusca da vitalidade na influência de um novo clima rigoroso. Lembramo-nos, entretanto, com saudade hipócrita, dos felizes tempos* [...]

O Ateneu, assim discursivizado, é uma parte do mundo que vale por ele todo. Tudo o que é vivido pelo enunciador ao longo do texto do romance dentro dos muros do colégio vale por tudo o que se vive no mundo fora deles. Na construção desse sentido do termo Ateneu, tanto o colégio quanto o mundo são denotados. O mundo é a sociedade com suas relações e o Ateneu é o colégio de Aristarco. Quando o primeiro vale pelo segundo, há uma negação da difusão de seu sentido sem afirmar, ainda, sua concentração em um sentido único, já que o colégio de Aristarco não é somente um Ateneu, mas é o mundo também.

Assim, é possível demonstrar que tanto a denotação quanto as conotações comparativas, metafóricas e metonímicas são produtos de mecanismos do discurso que ora afirmam a concentração de sentido univocamente, ora sua difusão, de modo plurívoco.

não concentração
concentração ⟹ *comparação* ⟹ difusão
denotação *metáfora*
⟸ não difusão ⟸
metonímia

No percurso que vai da não concentração para a difusão de sentido, ou seja, nos domínios da comparação e da metáfora, geram-se efeitos de sentido subjetivos, já que, por meio das semelhanças que orientam as comparações e as metáforas, transparecem as escolhas do enunciador. No percurso contrário, nos domínios da metonímia e da denotação, geram-se efeitos de sentido objetivos, já que as escolhas do enunciador estão minimizadas pela concentração de sentido, seja ela restrita à definição de termos técnicos, seja relacionada ao discurso lexicográfico dos dicionários. Isso explica seu uso frequente nos discursos que se pretendem assim, como os discursos científico e jurídico. Quanto ao discurso literário, essas considerações estão de acordo com as afirmações de R. Jakobson, em seu texto *Linguística e poética* (Jakobson, s.d.: 118-162). Considerando a metáfora e a metonímia figuras de palavra básicas na construção da linguagem, lembra o autor o uso estilístico da primeira em escolas literárias de enfoque subjetivo, como o Romantismo, e da segunda, em escolas de enfoque objetivo, como o Realismo e o Naturalismo.

Desse modo, por meio de mecanismos discursivos, demonstra-se que tanto a denotação quanto a conotação podem ser descritas como produtos da linguagem, constituindo efeitos de sentido, e não reflexos e desvios de um mundo de coisas reais.

A enunciação e as figuras de linguagem de palavra

Com as considerações feitas até agora, é possível verificar que se trata de uma rede de relações, em que cada possibilidade de lexicalização define-se em relação às outras. Essa rede pode ser sistematizada no modelo do quadrado semiótico, articulado pela categoria formal *concentração vs. difusão*, aplicada nas dimensões do sentido. A concentração constrói a univocidade de sentido, própria do efeito de denotação; e a difusão, a plurivocidade, própria do efeito de conotação metafórica. A negação da concentração constrói a negação da univocidade, própria do efeito de conotação comparativa; e a negação da difusão, a negação da plurivocidade, própria do efeito de conotação metonímica. Esquematicamente, pode-se representar essa rede de relações deste modo:

concentração de sentido
univocidade
denotação

difusão de sentido
plurivocidade
metáfora

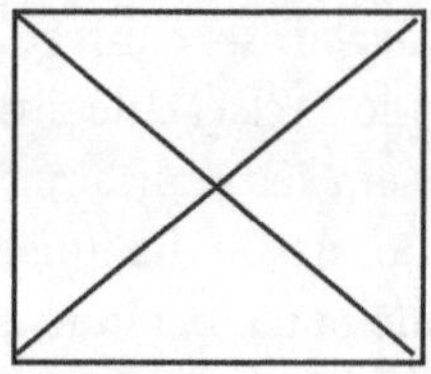

não difusão de sentido
não plurivocidade
metonímia

não concentração de sentido
não univocidade
comparação

Uma vez determinada essa rede de relações, é possível determinar os efeitos de sentido que ela produz na instância da enunciação. De acordo com a semiótica, a enunciação constrói-se na relação enunciador-enunciatário do discurso, cujo produto é o enunciado. O enunciador e o enunciatário podem estar marcados ou não na enunciação. Quando estão marcados, há uma enunciação em primeira pessoa, que demarca um lugar do aqui e um tempo do agora. Quando não estão marcados, há uma enunciação em terceira pessoa, que demarca um lugar do lá e um tempo do então. A primeira é chamada enunciação enunciativa, e a segunda, enunciação enunciva.

Enunciação enunciativa e enunciação enunciva definem dois modos básicos de colocação das categorias de pessoa, tempo e espaço no discurso, e também dois efeitos básicos de sentido: o de subjetividade e o de objetividade. Na enunciação enunciativa, a demarcação do enunciador na primeira pessoa e a consequente demarcação do enunciatário na segunda pessoa produz o efeito de subjetividade, ao passo que na enunciação enunciva, a não demarcação de ambos produz o efeito de objetividade. Na enunciação enunciativa tudo se passa como se o que é enunciado fosse da responsabilidade do eu que enuncia e se marca no discurso, ao contrário, na enunciação enunciva, a não demarcação do eu produz uma objetividade que, aparentemente, independe desse enunciador, agora implícito. Desse modo, na enunciação enunciativa há uma aproximação entre a instância da enunciação e o enunciado e, na enunciva, um distanciamento.

Relacionando esses modos de enunciação com os modos de lexicalização colocados no quadrado semiótico, é possível afirmar que no modo denotativo há um efeito de sentido de objetividade e, no modo metafórico, de subjetividade. Própria dos discursos científico e jurídico, a denotação promove, pela univocidade de sentido, um efeito de objetividade que é impossível de ser conseguido no modo metafórico. A metáfora, por sua vez, devido à relação de similaridade entre os termos implicitamente comparados em sua realização, denuncia as escolhas do enunciador nessa comparação. Assim, há um efeito de subjetividade na escolha da comparação implícita na metáfora entre a genitália feminina e a taça, na canção *Memória da pele*, que parece própria do enunciador, ao passo que a definição de monema, proposta por Martinet, parece objetiva e parece depender mais das relações lógicas entre significante e significado do que de escolhas pessoais. Se a aproximação entre enunciação e enunciado produz um efeito de subjetividade, e a metáfora é própria desse efeito de sentido, há uma aproximação entre enunciação e enunciado na metáfora. Contrariamente, se o distanciamento entre enunciação e enunciado produz um efeito de objetividade, e a denotação é própria desse efeito de sentido, há um distanciamento entre enunciação e enunciado na denotação. De acordo com o quadrado semiótico, a negação do distanciamento dá-se na comparação, e a negação da aproximação, na metonímia.

distanciamento
denotação

aproximação
metáfora

não aproximação
metonímia

não distanciamento
comparação

A colocação em discurso

Algumas aplicações podem ilustrar os processos que se buscou determinar nos itens anteriores. Vamos examinar esse jogo de *aproximação vs. distanciamento* correlacionado com a denotação e a conotação em dois textos literários, enfocando os processos metafórico e metonímico.

A pata da gazela, de José de Alencar, é um dos romances da literatura brasileira que poderia muito bem ser enquadrado no conceito moderno de fetichismo, justamente por causa de uma metonímia. Para quem se lembra do texto, Horácio apaixona-se metonimicamente por uma botina no lugar de um pé, e, depois, por este pé no lugar de sua dona (Alencar, 1981:25):

> *Sobre aquela botina via elevar-se como sobre um pedestal, um vulto de estátua, mas vago, indistinto; e contudo esse esboço sem formas sedutoras, aquela sombra sem alma e sem calor, lhe parecia de uma beleza deslumbrante. Não era ela a mulher a quem pertencia o mais formoso pé do mundo, o mimo, a obra-prima da natureza?*

Essa alegoria metonímica não agradará nada à ardilosa Amélia, que, sabendo muito bem como se esconder, responde assim às insistências do podólatra, aflito por ver seu pé (Alencar, 1981: 60):

> *– Realmente eu não compreendo. Será possível que a senhora tenha ciúmes dele? perguntou Horácio gracejando.*
>
> *A moça olhou-o com expressão.*
>
> *– Tenho sim, tenho ciúmes.*

Um semioticista das paixões diria que Amélia resiste a uma morte semiótica, ela não permite um fazer cognitivo de Horácio que apaga seu sujeito semiótico substituindo-a por uma metonímia dela mesma. Nessa parte pelo todo, nitidamente um processo metonímico, Amélia é recortada em sua objetualidade. Em sua alegoria metonímica, o enunciador Horácio, na interpretação que faz de Amélia, nega uma aproximação dela enquanto sujeito. Enganado por ela, Horácio não vacila em abandoná-la quando pensa ser Laura a verdadeira dona do pé.

Horácio também metaforiza. Quando ele descobre o pé aleijão, o contrário do pé mimoso, desabafa (Alencar, 1981:71):

> *Sonhar uma pérola e encontrar um seixo; imaginar um mimo e encontrar uma brutalidade; desejar um botão de rosa e colher uma túbara!*

Sua subjetividade revela-se. A leitura que Horácio faz de seu objeto deixa ver, por meio da metaforização, o universo axiológico de que dispõe para suas interpretações. Não que sua metonínia não o exponha também, mas o faz sempre mediante a desmontagem de componentes que só ganham sentido se uma totalidade for construída antes de ser interpretada. Na tensão sujeito-objeto dessa última fala de Horácio, a metonímia desmonta uma parte do objeto que o sujeito interpreta metaforicamente.

Esses exemplos apaixonados, abundantes n'*A pata da gazela*, compõem um jogo alegórico produzido pela habilidade com que Alencar articula as relações que buscamos aqui determinar. Dos pés aos braços, vamos voltar ao soneto de Cruz e Sousa, citado no começo de nosso trabalho. Poeta simbolista, Cruz e Sousa prefere os processos metafóricos. A axiologia com a qual ele interpreta seu objeto transparece nas metáforas. Em "tentadoras serpes", a metáfora revela um sujeito de enunciação a dialogar interdiscursivamente com a visão cristã, que vê na mulher uma ameaça para a integridade moral do homem, capaz de fazer com que ele perca seu lugar no Paraíso. A serpe, porém, é a metáfora de uma metonímia. Os braços são uma parte do corpo que, construído objetivamente, é lido subjetivamente na metaforização.

Bibliografia

Alencar, J. de. *A pata da gazela*. São Paulo: Ática, 1981.

Barros, D. L. P. de. *Teoria do discurso*: fundamentos semióticos. São Paulo: Atual, 1988.

Cruz e Sousa. *Poesias completas de Cruz e Sousa*. São Paulo: Ediouro, s.d.

Fiorin, J. L. *Elementos de análise do discurso*. São Paulo: Contexto/Edusp, 1989.

______. *As astúcias da enunciação*. São Paulo: Ática, 1996.

______. *Introdução à linguística I*: objetos teóricos. São Paulo: Contexto, 2002.

______. *Introdução à linguística II*: princípios de análise. São Paulo: Contexto, 2003.

Hjelmslev, L. *Prolegômenos a uma teoria da linguagem*. São Paulo: Perspectiva, 1975.

Homero. *Ilíada*. 6. ed. Rio de Janeiro: Ediouro, 1996.

Jakobson, R. *Linguística e comunicação*. São Paulo: Cultrix, s.d.

Lausberg, H. *Elementos de retórica literária*. 4. ed. Lisboa: Calouste Gulbenkian, 1993.

Machado de Assis. *Obra completa*. Rio de Janeiro: Nova Aguilar, v. II, 1997.

Martinet, A. *Elementos de linguística geral*. 8. ed. São Paulo: Martins Fontes, 1978.

Popmpeia, R. *O Ateneu*. 16. ed. São Paulo: Ática, 1996.

Saussure, F. de. *Curso de linguística geral*. São Paulo: Cultrix, 1969.

Marcelo Machado Martins

Constituintes do gênero policial: natureza, percursos e métodos de investigação

Natureza da narrativa policial

Uma investigação nos servirá de entretenimento.
Auguste Dupin

O gênero policial fixa-se no centro de polêmicas diversas. Uma delas é a que envolve discussões a respeito de seu aparecimento, pois alguns críticos, com um zelo absolutamente arqueológico, recuperam o seu germe e, por vezes, toda sua estruturação, em textos bastante díspares como, por exemplo, nas histórias bíblicas de "Caim e Abel" (Gên. 4, 1-16), na "História de Suzana" (Dan. 13, 1-64), na tragédia de *Édipo Rei*, ou, mais "modernamente", em *Zadig ou o destino*, em *História de Udolfo*, em *Frankenstein*, em *Memórias de Vidocq* etc. Há, por outro lado, uma tendência nos estudos da narrativa policial que atribui o seu aparecimento a Edgar Allan Poe (1809 –1849).

A primeira tarefa que nos atribuímos é a de nos posicionar a respeito dessa discussão, e acreditamos que as ideias aqui desenvolvidas poderiam facilitar a elaboração de uma tipologia geral das narrativas policiais. No desenvolvimento de nossa argumentação, apresentaremos também algumas questões teóricas com as quais trabalhamos. Num segundo momento, centramos nossa análise no percurso narrativo de duas personagens que coabitam no espaço da narrativa policial, o *criminoso* e o *detetive*. Por fim, apontaremos algumas ideias que subjazem à construção dos métodos de investigação da personagem detetive.

Seguindo a orientação de uma proposta para análises de textos e de discursos, a semiótica trabalha com alguns postulados, que, quando pertinentes para o trabalho que se apresenta, serão retomados. Iniciamos com a diferenciação entre *texto* e *discurso*, dicotomia que segue as premissas saussurianas quanto à caracterização do *signo linguístico*, entidade de "dupla face", onde se encontram o *significante* e o *significado*. O primeiro é o suporte material, sensível, que "expressa" o conteúdo; o segundo é o que é veiculado pelo primeiro. Esses termos podem ser homologados do seguinte modo: significante = texto (= plano de expressão), significado = discurso (= plano do conteúdo). Os termos *texto* e *discurso*, por outro lado, são utilizados com muita frequência como sinônimos, mas isso não chega a ser um problema, se se tem claramente definida a perspectiva conceitual de cada um deles. Essa explicação é necessária para que seja retomado um dos princípios metodológicos que subjazem a este trabalho: num primeiro momento, deve ser feita uma abstração do plano de expressão do discurso, centrando as análises, no seu plano de conteúdo – e só depois disso é que será retomada a expressão, a manifestação textual, com o intuito de verificar se ela, além de "expressar" o conteúdo, também é portadora de significados que vão reiterá-lo a partir de seus traços peculiares.

Esse *plano de conteúdo*, por sua vez, será estratificado em níveis de construção de sentidos, a partir do que se denomina, em semiótica, *Percurso Gerativo do Sentido*, em cujo crescendo de significação podem ser apreendidos três patamares em que são engendrados os sentidos do discurso: o *nível das estruturas fundamentais*, o *nível das estruturas narrativas* e o *nível das estruturas discursivas*. Cada um desses patamares possui um componente *sintático* e um *semântico*, relativamente autônomos.

Para exemplificar sucintamente esses níveis – e sem adentrar nas complexidades de suas relações –, voltamo-nos aos textos anteriores a Poe para demonstrar que eles não podem ser considerados *narrativa policial*, embora possuam *aspectos de policialidade*.

No *nível das estruturas fundamentais*, reconhecemos os elementos mais simples e abstratos que dão conta do sentido global do texto, numa relação de asserção e de negação, isto é, uma operação de reconhecimento das semelhanças e das diferenças. Assim, universos semânticos como /vida/ *vs.* /morte/; /natureza/ *vs.* /cultura/, /identidade/ *vs.* / alteridade/, /inclusão/ *vs.* /exclusão/ etc. fazem parte desse primeiro nível e são sobremodalizados com os termos /eufórico/ *vs.* /disfórico/ – quando um termo do universal semântico é afirmado pelo texto como eufórico, diz-se que ele é positivo e, ao contrário, disfórico, negativo.

A sintaxe desse nível faz com que um termo seja afirmado e o outro, por conseqência, negado, *de onde surgem as primeiras significações do texto.* Às histórias anteriormente citadas pode ser atribuída, por exemplo, a oposição entre /vida/ *vs.* /morte/, num percurso em que o primeiro termo é eufórico e o segundo, disfórico, mas há de se reconhecer que tal oposição não é suficiente para a caracterização de nenhum gênero, mesmo porque os universais semânticos não são de número infinito e podem ser apreendidos facilmente na totalidade de textos realizados, independentemente do gênero a que pertencem.

No segundo patamar do percurso gerativo de sentido, no *nível das estruturas narrativas*, portanto, voltam-se as análises para o fazer transformador do sujeito e os estados que ele altera. A semiótica propõe um *esquema narrativo canônico*, um modelo de previsibidade, que nos possibilita verificar, a partir da *performance* do sujeito, isto é, da transformação que ele opera na narrativa, por quais manipulações ele passou, quais foram as competências que ele precisou adquirir para efetuar tal ação e, por fim, como ele vai ser julgado por ter realizado ou não o que lhe foi (auto)destinado. Se a sintaxe desse nível trata dessas questões, a semântica, por sua vez, vai determinar os valores dos objetos que estão em jogo, do ponto de vista do sujeito: assim, os objetos vão ser apresentados como desejáveis (o sujeito os quer), indispensáveis (o sujeito deve tê-los) possíveis (o sujeito pode tê-los), verdadeiros (o sujeito sabe tê-los), etc. e, por outro lado, sua constituição de sujeito do fazer vai ser analisada do ponto de vista de sua vontade (ele quer fazer), de sua prescrição (ele deve fazer), de sua liberdade (ele pode fazer) e de sua competência (ele sabe fazer).

A gama de combinação desses termos, inclusive com suas respectivas negações, é bastante grande e variável, de narrativa para narrativa. Se se volta para as histórias escritas anteriormente às narrativas de Poe, que são reconhecidas como o germe da narrativa policial, vamos verificar que o que se ressalta delas para tal afirmação é o fazer de um *sujeito transgressor* e de um *sujeito sancionador* (que, por reconhecer a transgressão do outro, o pune). O fazer desse transgressor em, por exemplo, um assassinato, possui uma dupla perspectiva, a de perda e a de ganho: ao mesmo tempo em que ele se apropria da "vida" do outro (aquisição reflexiva), esse outro é espoliado dela (privação transitiva). O fazer do sancionador, por sua vez, opera a passagem de estados de segredo ou mentira a estados de verdade ou falsidade, mas, outra vez, advoga-se que essa estruturação básica não pertence exclusivamente ao gênero policial, podendo ser encontrada em um número considerável de textos não policiais.

No último patamar do percurso gerativo de sentido, no *nível das estruturas discursivas*, a sintaxe recobre os estudos referentes à colocação em discurso das categorias de pessoa, de tempo e de espaço. Sempre levando em conta que os elementos dos níveis anteriores são atualizados nesse último nível do percurso; nele são analisados os efeitos de sentidos produzidos por um discurso narrado em primeira ou terceira pessoa, num espaço do aqui ou do lá, num tempo do presente ou do passado, e quais os recursos discursivos com os quais trabalha o narrador para criar tais efeitos. A semântica desse nível, por sua vez, trata das figuras e dos temas sob os quais são construídos os discursos. Nos textos citados, a sintaxe discursiva parece não ter muita importância como elemento definidor do gênero policial, ao contrário da supervalorização que recebe a semântica do discurso. Reconhecem-se, por exemplo, a construção figurativa do "mocinho" e do "bandido", do bem e do mal, respectivamente, e a tematização da culpa, da fuga, da perseguição e do castigo. Embora esses elementos constituintes façam parte do gênero policial, mais uma vez afirmamos que eles não são suficientes para determinar tal gênero, mesmo porque podem ser facilmente reconhecidos em textos diversos.

Até o momento, procuramos exemplificar sumariamente o percurso gerativo do sentido a partir da afirmação de que em textos anteriores aos de Poe pode ser encontrado o germe da narrativa policial. Reconhecemos, nos três níveis desse percurso, alguns elementos que sustentam tal afirmação. Por outro lado, afirmamos também que tais elementos não são suficientes para determinar o gênero, mesmo porque eles podem ser reconhecidos em textos que não fazem parte do gênero policial, pois podem contribuir para a construção de qualquer texto. Mas, então, quais seriam os elementos constituintes do gênero policial, e por que atribuir a Poe a sua fundação?

Tudo o que recuperamos nos textos anteriores aos de Poe faz parte também da constituição do gênero policial e pode ser considerado como *aspectos de policialidade*. Em relação ao nível das estruturas discursivas, no entanto, foi Poe que instaurou a figura do "detetive", que passa a ser um dos elementos *definidores* do gênero em questão. Os crimes, então, passam a ser investigados e solucionados por uma personagem específica, criada mesmo para esse fim, e não por personagens "sobrenaturais" ou que entraram na trama "por acaso", como acontece nas histórias escritas anteriormente às de Poe: foi ele quem, ao criar a figura de detetive, demarcou primeiramente o papel temático da investigação que recobre o campo de atuação dessa personagem, embora se reconheça que, nas narrativas modernas, ocorreram, como era mesmo de esperar, modificações na construção dessa figura, a exemplo dos detetives que representam a vertente da narrativa policial denominada *noire*.

Além da instauração dessa figura específica, ainda em relação ao nível discursivo, a literatura especializada parece não ter se debruçado detidamente nas relações significativas provenientes da sintaxe do nível discursivo, na qual podem ser reconhecidos e analisados os efeitos de suspense, os efeitos de ambiguidades, as questões referentes aos diferentes pontos de vista que "recontam" a história, a "verdade" final revelada pelo detetive etc. Desse modo, numa combinação sintagmática de elementos, esses *aspectos de policialidade* a que nos referimos mais a figura de uma personagem definida como "detetive", mais o modo de contar as histórias, isto é, o conjunto desses elementos que se manifestam *ao mesmo tempo* é que vai nos autorizar a elaborar uma definição do gênero policial. Por ter feito isso, Edgar Allan Poe pode ser considerado, então, o fundador do gênero.

Em três histórias, *Os crimes da rua Morgue* (1841), *O mistério de Marie Rogêt* (1842) e *A carta roubada* (1845), o detetive Auguste Dupin aparece como o protagonista responsável pela revelação da verdade que cerca os crimes cometidos nessas histórias, e elas são, para nós, de suma importância: tanto do ponto de vista das classificações que o gênero recebe, como para o entendimento do que ele vem a ser. A primeira história, inclusive, inaugura o "mistério do quarto fechado", em que "o crime realizado [...] muitas vezes redunda num jogo de adivinhação, quase num quebra-cabeça".[1] A construção da personagem Dupin, que vive na Paris do século XIX, relaciona-se opositivamente à imagem dos sujeitos históricos que fundaram a polícia francesa numa época em que "o policial era um funcionário de baixíssimo escalão e bastante menosprezado pela sociedade, não sem razão, e temível por sua brutalidade, por sua ignorância e por seus erros".[2]

---

[1] Paulo de Medeiros e Albuquerque, O mundo emocionante do romance policial, Rio de Janeiro, Francisco Alves, 1979, pp. 98-9.

[2] Edmond Loncard, Policiers de roman et policiers de laboratoire, Paris, Payot, 1924, p. 7.

Nas duas primeiras histórias, a polícia não consegue descobrir o criminoso, tarefa realizada com pleno sucesso por Dupin, que entrou no caso de investigação para se "divertir", conforme a citação epigráfica que inicia este item. Em *A carta roubada*, por sua vez, pela resolução dos casos anteriores, o detetive é procurado pela polícia, que lhe propõe um acordo, caso ele aceite ajudá-la. Embora aceite a proposta de investigação, Dupin *dispensa* e *despreza* os métodos aplicados pela polícia, instaurando a sua própria maneira de efetuar a investigação. Ao lado da construção dessa personagem "detetive", todos os elementos citados em relação aos textos escritos anteriormente aos de Poe são reconhecíveis nessas narrativas (/vida/ *vs.* /morte/, sujeito transgressor *vs.* sujeito sancionador, figuras que recobrem os temas da culpa, da perseguição etc.). Além disso, o modo de contar tais histórias também contribuiu para consolidar a fundação desse gênero: o narrador em primeira pessoa, ainda "sem nome", é sempre o "auxiliar" do detetive, e sua maneira de interpretar os dados referentes aos crimes destoa do modo como o detetive interpreta os mesmos dados; a narrativa é sempre contada num tempo posterior aos fatos acontecidos, mas o narrador respeita seu ponto de vista como personagem no momento em que acompanhava a investigação; vários pontos de vista em relação ao crime são instaurados, o que produz efeitos de ambiguidades e de suspense; o discurso do narrador, assim como o da polícia, é sempre desqualificado pelo discurso do detetive etc.

Se voltarmos um instante à história das narrativas policiais, verificaremos que é a partir de Poe que surgiram os "detetives", e que a difusão definitiva do gênero, já então instaurado como tal, ocorreu com a criação de Arthur Conan Doyle (1859-1930): Sherlock Holmes, que popularizou indiscutivelmente o tipo de personagem criado por Poe e cujos modos de atuação foram considerados um paradigma a ser seguido pelos sujeitos históricos.

Um dos traços característicos da narrativa policial é a retomada da figura do detetive em outras histórias, com o seu "auxiliar", caso ele tenha um. A evocação de Sherlock não é desassociada do Dr. Watson. Nesse caso particular da literatura, a personagem "saiu das páginas" em que figurava, passando a transitar no nosso mundo, isto é, adquiriu o estatuto de ser humano, e mais: *imortal!* As aventuras de Sherlock têm como cenário a Londres dos anos finais do século XIX e iniciais do século XX, onde vivia com o Dr. Watson, num apartamento que ficava na Baker Street, 221B. Hoje, o local se transformou no *The Sherlock Holmes Museum*, próximo à estação do metrô que recebe o mesmo nome da rua, em cuja saída há, num pedestal, uma estátua em tamanho natural da personagem e, ao lado, um funcionário do museu que entrega aos transeuntes um cartão comercial com os seguintes dizeres: "221B Baker Street – London NW1 – Sherlock Holmes – Consulting Detective", além de ter desenhado o busto da personagem de perfil (com o cachimbo) e ter impressa a sua assinatura.

Os visitantes do museu, transportados à ambientação do século XIX (não apenas pela arquitetura do local ou pelos móveis de decoração, mas também pelas vestimentas dos funcionários), além de ficarem conhecendo as "histórias das histórias" em que figurou o detetive, contadas e recontadas pelos quatro cantos do mundo, podem reconhecer seus objetos "pessoais": cachimbo, boné, lente de investigação, violino etc. Até pouco tempo atrás, esse endereço ainda recebia cartas de leitores do mundo todo, destinadas ao "consultor" detetive: pedidos de ajuda na solução de casos, elogios pelos trabalhos efetuados etc. O sucesso de Sherlock foi tão grande que a ficção se fundiu com a realidade, transformando a personagem, como dissemos, em sujeito de "carne e osso", e seu autor, querendo dar outros rumos a seu trabalho, mesmo porque não queria entrar para a posterioridade como "autor de entretenimento", preconceito já existente naquela época, fez morrer o detetive em "O problema final" (*Memórias de Sherlock Holmes*). Luto e comoção geral invadiram a Inglaterra pela morte de um dos seus heróis nacionais, e a imprensa estampou inúmeros protestos, pedindo a sua volta a Conan Doyle, que, então, dedicava-se a escrever romances históricos. Quase dez anos depois do desaparecimento de Sherlock dos romances, seu retorno se deu numa das obras-primas de Doyle: *O cão dos Baskervilles*.

Esses detetives do século XIX carregam na sua constituição de sujeito a crença de que as ciências poderiam ser a resposta para entender não apenas o homem, como também a estrutura de sua organização social. Os métodos utilizados pelos estudos científicos, acreditava-se, poderiam contribuir para todas as áreas do conhecimento, bastando, para isso, *que fosse percebido o fenômeno e, ao mesmo tempo, determinadas as leis que o regiam*, segundo a concepção positivista, que vigorava na época. Além disso, o desenvolvimento, a proliferação e o escalonamento social dos centros urbanos e, acrescenta-se, o advento da imprensa, foram condições necessárias para que o gênero policial, via Poe e Doyle, conquistasse o gosto do público.

No gênero policial, o criminoso é o sujeito que executa a grande *performance* da narrativa, pois é a partir de seu fazer que entra em cena o detetive. Esse tipo de texto constrói-se a partir de encaixes de *percursos narrativos*: no primeiro, o sujeito criminoso realiza a *performance* principal da narrativa, o crime propriamente dito, e outros sujeitos reconhecem a existência desse crime (PN do criminoso); no segundo percurso, um sujeito é manipulado, a partir do crime cometido, para realizar a *performance* de descobrir o criminoso e/ou prendê-lo. Esse sujeito reveste-se do papel de destinador-julgador nem tanto do reconhecimento da *performance* principal, que pode ser feito por qualquer integrante da narrativa, mas sim de quem a executou e dos motivos que esse sujeito, o criminoso, teve para executá-la (PN do detetive). O quadro abaixo ilustra o encaixamento das sequências narrativas que constituem a narrativa policial:

PN DO CRIMINOSO	Manipulação	Competência	*PERFORMANCE* ↓ CRIME		Sanção ↓reconhecimento da *performance* realizada ou a sua preparação ↑	
PN DO DETETIVE			Manipulação	Competência	*PERFORMANCE* ↓ principal SANÇÃO referente à *performance* realizada pelo sujeito criminoso: cognitiva e pragmática	Sanção

O percurso do criminoso

O caso é de assassinato, e o assassino é um homem. Tem mais de um metro e oitenta de altura, está na flor da idade [...], *usa botas rústicas, de bico quadrado, e estava fumando um charuto* [...]. *Chegou aqui com sua vítima numa carruagem* [...]. *É muito provável que o assassino tenha rosto vermelho e que as unhas de sua mão direita sejam extremamente longas.*
Sherlock Holmes

Vários são os motivos que levam um sujeito a praticar um determinado crime, independentemente do risco que corre, dada a possibilidade de ser descoberto. Sua ação, o crime, faz com que seja acionado o fazer do *sujeito detetive*, que entra na história para descobrir a verdade relacionada à *performance* criminosa e, na investigação, investe determinados valores. Considerado o sujeito que desencadeia a grande transformação da narrativa, o criminoso pode ser focalizado de diferentes maneiras: 1) ele mantém um estado *mentiroso* de sua identidade (parece inocente, mas não é), o qual vai ser revelado pelo detetive como um estado *secreto* (não parece criminoso, mas é) – aqui a narrativa trabalha com o reconhecimento do "vilão", que pode ser entendido como uma sanção cognitiva; 2) ele (ou suas ações criminosas, ou o estado em que se encontra a vítima) é o centro da focalização do narrador, e a sanção realizada pelo detetive, agora pragmática, não diz respeito à sua identidade, mas sim a como ele será *capturado* e *punido*, de acordo com as formas socializadas de justiça como, por exemplo, o enforcamento ou a prisão; 3) ele não só mantém um estado mentiroso (ou secreto) de sua identidade, como também se refugia, tentando evitar, assim, ambas as sanções, a cognitiva ou o reconhecimento de que ele é o criminoso, e a pragmática ou a punição propriamente dita.

Os crimes realizados podem ter seus motivos gerados a partir das *paixões simples*, pois o desejo de o criminoso estar em relação conjuntiva com algum objeto-valor faz com que ele aja, execute sua *performance* criminosa (um roubo pode revelar, por exemplo, o caráter ambicioso do criminoso), ou ainda, a partir das *paixões complexas*, nas quais o criminoso atribui a um outro sujeito, a vítima, um dever fazer, que, geralmente, não passa de um de código deontológico ou código de deveres impostos ao outro – criado apenas no seu imaginário e, por isso, quando esse suposto sujeito delegado de um dever não realiza "o esperado", o criminoso sente-se em estado de falta, desenvolvendo, desse modo, um percurso de reparação dessa falta (um assassinato pode ter sido desencadeado pelo sentimento de vingança, por exemplo).

De um modo ou de outro, o crime nunca tem um fim em si mesmo: para o sujeito que o cometeu, significa um meio para que ele adquira outro objeto, quer com valores objetivos (*status*, riqueza etc.), quer com valores subjetivos (satisfação por ter realizado uma reparação de falta, por exemplo). Nesse sentido, pode-se dizer que a sequência do crime é um programa narrativo de uso em relação a um programa narrativo de base, onde estão os verdadeiros valores a que visa o criminoso. Em outras palavras, o crime pode ser entendido como uma etapa prévia de um estado qualquer, pois ele dá ao criminoso condições para a junção almejada por ele.

A aquisição da competência para que o sujeito criminoso realize a sua *performance* diz respeito a um poder e um saber fazer mal ao outro. Daí serem chamadas *paixões de malevolência* as encontradas nas narrativas policiais. Com bastante frequência, antes da concretização de um projeto de assassinato, por exemplo, vítima e criminoso são apresentados numa estreita relação intersubjetiva. Essa questão, tratada em semiótica como *construção de simulacros*, diz respeito ao código de deveres que são atribuídos imaginariamente aos sujeitos, no ato de comunicação. Os simulacros não dizem respeito "à verdade" das coisas: são imagens que os sujeitos constroem, a partir das crenças e dos saberes que orientam a sua interpretação do mundo, a respeito do outro (e de si mesmos), partindo dos modos como esse outro *parece apresentar-se*, dos valores com os quais *parece estar em junção*, do modo como o outro *parece construir-se* pelo discurso etc. Tais imagens, como se disse, são manifestações de um parecer e a construção delas orienta as relações "intersubjetivas" dos sujeitos.

Voltando à narrativa policial, num primeiro momento, um sujeito de estado (que virá a ser o criminoso) constrói um simulacro de um sujeito do fazer (a vítima que aciona o fazer malevolente do criminoso), vivenciando a paixão da espera fiduciária ou espera da crença, da satisfação e da confiança no fazer do outro. Num segundo momento, o estado do primeiro sujeito é transformado, pois ele se sente decepcionado, frustrado e insatisfeito, atribuindo a "culpa" ao fazer do segundo sujeito. Se as narrativas acabassem aqui, os sujeitos em estado de falta seriam *conformados* ou *resignados* em relação ao sujeito causador da falta. No entanto, não é isso que ocorre e, daí, inicia-se a terceira etapa do percurso: o primeiro sujeito de estado sente-se *aflito*, *inseguro* e *desesperado*, e isso o transforma de sujeito de estado em sujeito do fazer, cujo alvo é a "vítima" que o acionou. Desencadeado e realizado o fazer malevolente, o então criminoso volta a ser um "simples" sujeito de estado, sentindo-se *aliviado* e *seguro*, omitindo, por outro lado, que realizou o crime, e acreditando que ele tenha sido o "crime perfeito".

Essa, aparentemente, é uma das regras das narrativas policiais, antes de o criminoso ser descoberto. Quando se realiza a sanção cognitiva, o reconhecimento por parte do detetive, o criminoso vivencia uma nova decepção, uma nova frustração e uma nova insatisfação que desencadeiam outros fazeres, ou direcionados a si mesmo ou direcionados ao detetive que o descobriu. Assim, ou o criminoso se conforma com a sanção pragmática ou a punição que inevitavelmente lhe será atribuída, resignando-se com o que será dado a ele como castigo, pelos representantes da lei, ou, ainda, tenta uma última *performance*, quer o assassinato do detetive, quer o suicídio.

O percurso do detetive

> *Ainda não examinei a correspondência, mas não há nada de interessante atualmente. Os grandes criminosos, os criminosos de métodos, não existem mais. Os casos para os quais tenho sido contratado recentemente são banais ao extremo.*
> Hercule Poirot

O papel temático de investigador pode ser assumido por três figuras, denominadas aqui auxiliares, pseudodetetives e detetives.

Auxiliares são aquelas personagens que levantam hipóteses ou fazem acusações ou julgamentos a partir de interpretações bastante subjetivas. Exercem o papel de possuir um conhecimento qualquer a ser compartilhado, pois informam sempre algo novo àquele que efetivamente investiga o crime, o detetive. Esse saber, por sua vez, pode ser, se não o elemento-chave que contém a solução do crime, um elo orientador fundamental para o desenrolar das investigações: a situação do crime, suas circunstâncias, o passado da vítima etc. Esses auxiliares são representados por vizinhos, por empregados, por testemunhas oculares ou anônimos. Quando se veem como sujeitos, que, indiretamente, podem ajudar nas investigações, tornam-se uma espécie de investigador, embora não lhes caiba o papel de investigar propriamente dito. O que eles fazem é, como se disse, a partir de hipóteses bastante subjetivas, formular suposições sobre as circunstâncias do crime, os motivos que o desencadearam e, obviamente, quem o cometeu. São ativados pelo sentimento do dever auxiliar as investigações, mas sobretudo por *querer estar conjuntos com a verdade*, o que vai caracterizar o sujeito *curioso*. Os auxiliares, pseudodetetives e os detetives são constituídos por diferentes dispositivos modais que vão orientar paixões diversas, dentre as quais destacamos a que recobre essas três figuras, a *curiosidade*.

A *curiosidade* é uma paixão simples, ou paixão de objeto, caracterizada pela modalização do sujeito em querer ser conjunto com o objeto-valor cognitivo, representado por um saber qualquer. *Curiosidade*, de acordo com o *Aurélio*, significa "desejo de ver, saber, informar-se; desejo de aprender, conhecer, investigar, desejo irreprimível de conhecer os segredos; bisbilhotice, indiscrição". A conjunção desejada, no entanto, pode manifestar-se de duas formas, diferenciando, num primeiro momento, e de forma bem genérica, as figuras que recobrem o papel temático de investigador: o sujeito realiza uma *performance* para obter o saber desejado (detetive e pseudodetetives), ou o sujeito é revestido de uma certa passividade, embora também queira estar conjunto com o saber desejado (auxiliares). Poder-se-ia falar, nesse primeiro nível, de *curioso ativo* e de *curioso passivo*, respectivamente.

O *curioso ativo* busca o saber integral sobre o fato, fala para descobrir, quer saber tudo, pergunta etc., realizando, assim, uma aquisição reflexiva e depois, só depois de organizar e escolher as informações pertinentes ao fato, cuja verdade buscou, faz uma doação transitiva do que sabe a outros sujeitos. O *curioso passivo*, ao contrário, crê saber tudo acerca do crime investigado, fala para informar, afirma suposições, embora saiba apenas fragmentos sobre o fato, e realiza, assim, uma doação transitiva para aqueles que investigam o caso. Por outro lado, o curioso ativo, observa-se, é "dependente" do curioso passivo para descobrir a verdade. Depois de o caso resolvido e a verdade, portanto, estabelecida, o curioso ativo "devolve" as informações parciais obtidas num grande bloco de significação ao curioso passivo, assumindo, assim, a posição desse, cuja diferença se encontra no conteúdo da informação *integral vs. parcial*, isto é, no discurso do curioso passivo há *fragmentos da verdade do crime*, ao contrário do discurso do curioso ativo, no momento final da narrativa, que contém *a verdade do crime*.

Os dois papéis de *curioso* desdobram-se em quatro possibilidades se se pensa na categoria de *discrição vs. indiscrição* em relação ao saber a ser adquirido ou ao saber a ser transmitido: *curioso ativo discreto* (intrometido); *curioso ativo indiscreto* (inconveniente); *curioso passivo discreto* (reservado); *curioso passivo indiscreto* (fofoqueiro).

Uma digressão, neste ponto, mostra-se necessária para que eu possa me justificar junto aos amantes do gênero policial. Na tipologia da *curiosidade* proposta, o detetive Hercule Poirot (Agatha Christie, 1891-1976), por exemplo, não seria um sujeito *reservado*, mas *intrometido*. A princípio, isso pode parecer destoante da caracterização que ele recebe nas narrativas policiais em que figura, mas devemos levar em conta que os termos da descrição com a qual se constrói a tipologia não caracterizam o *ser* do sujeito, o indivíduo, mas o *modo como se dá o seu fazer*, a sua investigação. Além disso, ressalta-se que a nomenclatura aqui utilizada possui um conteúdo mínimo, que, na relação entre os termos, passa a diferenciá-los. Se se recorre ao *Aurélio*, verifica-se que o termo *indiscreto* pode ser tanto o sujeito *intrometido* quanto o sujeito *inconveniente*, sendo que ambos violam um dever não fazer ditado pelas regras de conduta. No entanto, *inconveniente* é mais indiscreto que o *intrometido*: enquanto este "se mete no que não lhe diz respeito", aquele "não respeita o decoro, a decência, as conveniências; incorreto, indecente". Em outras palavras, o *inconveniente* caminha para a malevolência, enquanto o *intrometido* parece não ser "muito" prejudicial ao outro.

Os sujeitos aqui denominados auxiliares enquadram-se sempre nas articulações que englobam o curioso passivo: adquirem um saber de um outro sujeito qualquer, não necessariamente presente na narrativa, e o transmitem ao curioso ativo (detetive ou pseudodetetive). Por não ter adquirido o saber de forma reflexiva, o curioso passivo preenche as possíveis lacunas da informação transmitida com sua subjetividade marcada em seu discurso. São, seguindo a tipologia, *reservados* (como os "mordomos ingleses") ou *fofoqueiros* (como as imagens com as quais são construídas as "velhinhas", as "vizinhas" e os "donos de estabelecimento" que compõem não só o universo da narrativa policial, mas também o de outros textos).

Os *pseudodetetives* (representados tanto pelos auxiliares ou "acompanhantes", como pela polícia), ao contrário, querem resolver o crime, pois buscam informações a respeito dele e acompanham a investigação de perto. No entanto, eles não conseguem estabelecer uma relação entre *vítima*, *crime* e *criminoso*. A função dos pseudodetetives é extremamente importante, nem tanto para ajudar o detetive na resolução do caso, tarefa exercida pelos auxiliares, mas porque sua presença, direta ou indiretamente, sempre faz com que seja enaltecida a própria figura do detetive: enquanto os agentes de polícia mostram-se propensos na maioria das vezes a ser hostis ao detetive – por *inveja*, *ciúme*, *descrença* etc. – os "acompanhantes" (à moda de Dr. Watson, de Sherlock Holmes) apresentam-se como admiradores do fazer do detetive. Embora sigam a investigação de perto, os pseudodetetives não chegam nunca à verdade sozinhos. Desse modo, os policiais têm seus métodos de investigação desqualificados, mesmo porque não são os utilizados pelo detetive, e os "acompanhantes", apesar de às vezes tenderem a crer nas explicações da polícia, sempre acabam do lado do detetive, glorificando sua imagem e, de certo modo, ajudando a consolidá-la. Os papéis de curioso que assumem são bastante variáveis, não se prendendo a estereótipos como os apontados na construção da curiosidade dos auxiliares.

A terceira classe que recobre o papel temático de investigador é, por fim, formada por aqueles *heróis* que conseguem desvendar os mistérios do crime indo das consequências às causas, por métodos particulares e fortemente característicos. Carpeaux[3] cria uma metáfora muito perspicaz para demonstrar as relações estabelecidas entre a tríade constituinte das narrativas policiais:

> [...] Esses três personagens [vítima, criminoso, e detetive] ficam colocados, como peças de um jogo, em determinada ordem. Ou então, para emprestar uma imagem própria da nossa época dos *sputiniks* e viagens interplanetárias: são peças de um sistema solar. Ocupa o centro, imóvel como o sol, o morto, o assassinado. Em cima desse centro: o céu, isto é, o Estado, a Ordem, a polícia. Embaixo do centro: o inferno, o lugar em que se escondem os criminosos. Em torno do centro giram, como planetas, os suspeitos mas inocentes, entre os quais há um que não é suspeito mas não é inocente: aquele que fez. Mas não escapará. Pois de um lugar inesperado surge o cometa que fura todo esse sistema planetário, caindo em cima do culpado, esmagando-o: é o grande detetive. Eis o sistema solar do romance policial.

A construção da figura do detetive pode ser determinada pelo *papel social* que ele desempenha nas histórias em que aparece. Assim, pode-se dizer que há três grandes modos de ele ser representado: a) o *detetive particular*; b) o *amador*; c) o *policial*.

Do ponto de vista de sua sequência narrativa, o detetive é, também, um sujeito do fazer – a sanção da sequência do criminoso é, na sequência do detetive, uma *performance*, conforme o quadro anteriormente apresentado – e, assim, sobre ele, são desenvolvidas as etapas que compõem o esquema narrativo canônico: aquisição dos valores modais, na *manipulação*

[3] Otto Maria Carpeaux, "Os prazeres do crime", em Revista Senhor, n. 3, pp.32-5, mar. 1959.

e na *competência*; realização da *performance* de descobrir ou de prender o criminoso e, por fim, a *sanção*. A estrutura da manipulação sofrida pelo detetive pode ser visualizada no esquema abaixo:

> $S^{op.}$ (S1 $\cup$ O^m) (S1 $\cap$ O^m), onde
> $S^{op.}$ (sujeito do fazer): agentes policiais, jornais, contratantes etc.
> S1 (sujeito de estado): detetive
> $\cup$ e $\cap$: disjunção e conjunção, respectivamente
> O^m (objeto modal): querer/dever fazer a investigação

O sujeito operador, o destinador, transforma o estado do detetive, o destinatário, ao contar-lhe o crime. Nessa fase ainda não se tem a manipulação propriamente dita, mas um saber genérico sobre o crime que fora cometido e cujo responsável não se sabe quem é. Trata-se, aqui, da simples informação de um acontecimento: o crime, e, desse modo, a transformação sofrida pelo detetive é de cunho cognitivo. Se se considera, porém, que *toda manipulação é um fazer crer e um fazer fazer*, evidencia-se o fato de que essa transformação de cunho cognitivo pode, sozinha, acionar o querer ou o dever fazer do detetive. Em geral, esse saber genérico é acrescido de estratégias persuasivas do destinador que visam a acionar o detetive: um pedido de ajuda, uma ordem, uma aposta, um apelo ao senso de justiça etc. É a partir disso que se desencadeia, no destinatário detetive, a atribuição das modalidades *virtualizantes* (querer ou dever fazer), que fazem parte da manipulação, e as *atualizantes* (poder ou saber fazer), que fazem parte da competência do sujeito.

De acordo com Greimas e Courtés,[4] toda manipulação "é sustentada por uma estrutura contratual e ao mesmo tempo por uma estrutura modal". A partir dessas duas estruturas podem ser reconstituídos os simulacros que determinam as relações intersubjetivas dos sujeitos da manipulação, o destinador e o destinatário. A análise do contrato proposto mostra que, por um lado, para garantir a adesão do destinatário, o destinador elabora seu discurso a partir das imagens que ele constrói sobre o outro e, por outro lado, antes de o destinatário aceitar a manipulação para querer ou dever realizar a *performance* que lhe é proposta no contrato, ele julga a validade desse fazer para si mesmo.

A entrada do detetive no caso, isto é, a aceitação da manipulação que sofreu, desencadeia-se a partir de três situações valorativas e bastante

---

[4] Algirdas Julien Gremias e Joseph Courtés, Dicionário de semiótica, trad. Alceu Dias Lima et al., São Paulo, Cultrix, s. d., p. 270.

recorrentes nas narrativas policiais: *satisfação pessoal*, *reconhecimento* ou *pagamento*, que podem, inclusive, acontecer concomitantemente. Ilustremos a primeira delas, a partir de uma citação de Dupuy:[5]

> [...] o detetive do romance policial interessa-se somente pelos "belos crimes". Sua reputação está acima de notícias policiais banais, do acerto de contas vulgar. O crime é, em primeiro lugar, uma ilusão, uma simulação representada de forma bastante inteligente; camuflado em suicídio, num acidente, ele apresenta-se sempre sob aparências extraordinárias, inexplicáveis [...]. Seu autor, o criminoso, quis realizar o crime perfeito [...]. É preciso haver, no romance policial, um crime espetacular [...]. Por essa razão, o criminoso e a vítima não são sujeitos que vivem à margem da sociedade, mas sim "indivíduos como você e eu" (Hitchcock).

Levando-se em consideração o fato de que os sujeitos criam simulacros que orientam suas relações intersubjetivas, as imagens construídas devem ser analisadas no momento em que se inicia a manipulação do destinatário detetive. Tais imagens são, inclusive, a garantia da eficácia da aceitação da manipulação proposta. Além disso, um sujeito pode criar um simulacro sobre a sua própria imagem, inserida num determinado quadro de valores, e desejar mantê-la por razões diversas. Nesse quadro de valores, encontra-se o *código de honra* assumido pelo sujeito, no qual ele quer se ver reconhecido (e também pelos outros), independentemente de esse código não passar de uma ilusão contratual (como dissemos a respeito da *construção de simulacros*, mais acima).

Honra, de acordo com o *Aurélio*, significa "sentimento de dignidade própria que leva o indivíduo a procurar merecer e manter a consideração geral; pundonor, brio"; *pundonor*, por sua vez, "zelo da própria reputação" e *brio*, por fim, "sentimento da própria dignidade; ânimo, coragem, valentia". Vê-se, então, que o *código de honra* assumido pelo sujeito o coloca num quadro de valores em que sua autoimagem é bastante positiva.

Ao analisar o *desafio*,[6] Greimas considera que ele ocorre a partir de uma relação contratual entre dois sujeitos, o sujeito do fazer que transmite uma "informação", que é assumida pelo sujeito de estado como uma "comunicação constrangedora" – é justamente isso que o obriga a aceitar o desafio proposto e, ao mesmo tempo, recusar a imagem negativa que o sujeito do fazer atribuiu à sua competência.

[5] Josée Dupuy, Le roman policier, Paris, Librarie Larousse, 1974, p. 53.
[6] Algirdas Julien Greimas, Du sens II, Paris, Seuil, 1983, pp. 212-33.

Ora, se uma simples informação sobre um caso não solucionado, ou em vias de investigação, pode, por si só, acionar o fazer do detetive, é porque *ele assume o desejo do grupo social de punir o criminoso como um dever.* Dada a impossibilidade de o caso ser resolvido pelos agentes policiais que se encontram na investigação, o detetive se vê na *obrigação* de ajudar e, assim, manter o simulacro que constrói sobre si mesmo, inserido no código de honra em que ele acredita e no qual se encontram os valores que orientam o seu ser: superioridade em relação à polícia, satisfação do dever cumprido, autorreconhecimento etc. Valores esses com os quais ele quer manter uma relação conjuntiva, mesmo que reconhecida apenas por si mesmo, desde que essa conjunção lhe traga a satisfação pessoal a que almeja. De uma maneira simétrica, o criminoso, por sua vez, arma-se de competências que ele acredita ser fundamentais para a realização "do crime perfeito". Existe, então, uma relação de contrabalanceamento entre as capacidades do detetive e as do criminoso, revelando estratégias de construção discursivas do gênero em questão.

Métodos de investigação

> *Não me considero boa julgadora dos outros* [...]. *Diria apenas que certas pessoas me fazem lembrar outras que já conheci, e que por isso sou capaz de pressupor uma certa semelhança na maneira como agiriam.*
> Miss Marple

Há duas maneiras básicas de o sujeito detetive realizar sua investigação, que podem não ser excludentes, mas predominantes. A primeira se manifesta nas investigações de cunho *empírico*, em que o sujeito detetive precisa ir até o local do crime, verificar e reunir provas, fazer sua própria investigação e tirar suas próprias conclusões do que percebe, interrogar os sujeitos envolvidos etc. para, depois, organizar esse saber adquirido segundo os princípios gerais que são característicos de cada detetive. A segunda maneira de ser realizado o trabalho do detetive diz respeito a uma investigação de base *cognitiva*, em que o sujeito detetive nem precisa se dar ao trabalho de verificar o local do crime e, se o faz, é para comprovar a hipótese que já formulara ao organizar os saberes parciais adquiridos sobre tal crime.

Para ilustrar a construção discursiva desses dois tipos de fazer investigativo, citamos, por exemplo, *Bellini e a esfinge*, de Belloto (1995). Nessa narrativa, Bellini é um dos detetives particulares que trabalham na agência de Dora Lobo. Os detetives vão às ruas, investigam, perguntam, viajam para colher informações etc. e sempre mandam um relatório a Dora Lobo, discorrendo sobre as investigações que estão realizando. É ela, por sua vez, quem organiza os dados do crime e consegue descobrir a verdade que a ele subjaz. Nota-se, então, que os detetives agem para colher as informações e as transmitem a Dora, que tem a função de organizá-las num grande quadro de significação, dando sentido para as partes: opõem-se, aqui, o trabalho *empírico* dos detetives particulares e o trabalho *cognitivo*, que vai dar conta do esclarecimento do crime, realizado por parte da detetive-chefe da agência.

Para caracterizar os princípios gerais de organização dos dados referentes ao crime, propomos que o *fazer cognitivo* seja subdividido em dois tipos, também não excludentes, mas predominantes, baseados no *princípio da similaridade* e no *princípio da contiguidade*, descritos por Jakobson,[7] ao referir-se aos dois polos da linguagem, denominados *metafórico* e *metonímico*. Enquanto o primeiro diz respeito à organização discursiva (e lógica) baseada no princípio da *similaridade*, da semelhança, o segundo leva em conta o princípio da *contiguidade*, da combinação.

No primeiro polo, o da similaridade, o sujeito raciocina exclusivamente pela comparação do caso a ser investigado com outras histórias que ele conhece, e o mundo, para esse sujeito, funciona sob a forma de paradigma, uma vez que é percebido sob o regime do já visto, do já experimentado, do já conhecido etc. Desse modo, o detetive elege um elemento do caso em que se encontra atuando e o compara, pelo princípio da semelhança, a outros casos. Já no segundo polo, o da contiguidade, o sujeito reúne dados sobre o crime em processo de investigação, não com elementos possíveis de comparação com os de outros casos conhecidos, mas como constituintes de um conjunto que possa abarcar todos os indícios levantados. Nesse sentido, o princípio básico que rege o detetive que age desse modo refere-se à combinação e às agregações de constituintes, os dados, numa grande relação de causas e efeitos que, pode-se dizer, formam um texto único.

Auguste Dupin, de Poe, Sherlock Holmes, de Doyle, e Hercule Poirot, de Christie, por exemplo, agem predominantemente segundo o *princípio da contiguidade*, enquanto Miss Marple, também de Christie, sob o *princípio*

---

[7] Roman Jakobson, Linguística e comunicação, 15. ed., trad. Izidoro Bilkstein e José Paulo Paes, São Paulo, Cultrix, 1995, p. 55.

da similaridade. Observa-se nas narrativas que figuram essas personagens a insistência com a qual o narrador retoma constantemente a relevância de determinadas características que são próprias aos detetives: por exemplo, Poirot, "a máquina de construir raciocínios lógicos"; Miss Marple, "a máquina de comparar pessoas e casos com pessoas e casos já vistos". Em *Nêmesis*,[8] a autoavaliação que Miss Marple faz é significativa para o bom entendimento do que vem a ser esse princípio de similaridade, conforme epígrafe deste item.

Vale ressaltar que, segundo os textos analisados, os detetives masculinos agem predominantemente sob o princípio da contiguidade, da dedução baseada na sequência lógica proveniente da organização correta dos dados, enquanto a detetive feminina segue o princípio da similaridade, que, por sua vez, requer um esforço maior da *intuição* do que de lógica propriamente dita. Miss Marple analisa os sujeitos que estão envolvidos no crime em vias de investigação, comparando-os, por intuições, a outros sujeitos que conhece, quer da literatura, quer de seu povoado, St. Mary Mead. Dentro desse processo de construção de conhecimento, há sempre comparações de fatos e de sujeitos externos à sua "pessoa", isto é, ela nunca se coloca nos termos da comparação, mas apenas ao outro. Os detetives masculinos, vez ou outra, também seguem esse princípio, embora sua estruturação seja diferenciada num ponto: a comparação leva em conta um certo *mimetismo* ou uma *autoassimilação* com a figura do criminoso, isto é, o detetive coloca-se no lugar do criminoso, procurando identificar-se com ele, a fim de compreender como ele pensa e age. Recorremos a dois exemplos, um de Miss Marple, em *Convite a um homicídio*,[9] e outro de Auguste Dupin, em *A carta roubada*,[10] respectivamente, para ilustrar a diferença entre o detetive colocar-se ou não nos termos da comparação:

> – [...] Para falar a verdade, ele [um sujeito que havia alterado o valor do cheque de Miss Marple] me fez lembrar de alguém, sim. Fred Tyler, o peixeiro. Sempre acrescentava um '1' na coluna dos *shillings*. Como hoje em dia todo mundo come muito peixe, as contas são sempre muito grandes, e ninguém se dava o trabalho de tomar nota.

---

[8] Agatha Christie, Nêmesis, trad. Milton Persson, Rio de Janeiro, Nova Fronteira, s. d., p. 109.

[9] Idem, Convite a um homicídio, trad. Maria Isabel Garcia, Rio de Janeiro, Nova Fronteira, s. d., pp. 84-5.

[10] Edgar Allan Poe, Histórias de crime e de mistério, trad. Geraldo Galvão, São Paulo, Ática, 1998, p. 114.

> Ele ficava com dez *shillings* de cada vez, não era muito, mas dava para comprar umas gravatas e levar Jessie Spragge (a moça que trabalhava na loja de cortinas) ao cinema [...]. Mas, voltando ao assunto, logo na primeira semana em que estive aqui, apareceu um erro na minha conta. Eu chamei atenção daquele rapaz, e ele pediu desculpas, todo cheio de gentilezas. Dava a impressão de estar muito encabulado, mas eu disse para mim mesma: "Esse rapaz tem um olho esquisito...". Quando eu acho que alguém tem olho esquisito – ela continuou –, é porque é uma pessoa que olha para a gente sempre de frente, sem piscar nem desviar a vista.
>
> "[...]. Quando quero descobrir se alguém é sabido, estúpido, bom ou malvado, ou o que ele está pensando naquele momento, ajusto a expressão do meu rosto, o mais cuidadosamente possível, com a expressão dele, então procuro ver que pensamentos ou que sentimentos se originam no meu coração ou na minha mente, para ajustar ou corresponder à expressão. Essa resposta [...] espelha a base de toda profundidade errônea [...] [é preciso que a identificação ocorra, mas deve-se levar em conta a "avaliação do intelecto" do sujeito com o qual ela é pretendida]."

Pode-se dizer, a partir das constatações realizadas, que o universo cognitivo dos detetives pode ser oposto em termos de *razão* (o saber baseado na cientificidade) *vs. crença* (o saber baseado na intuição do sujeito). Comparando, por exemplo, Sherlock e Miss Marple, verifica-se que o primeiro detetive *crê porque sabe*, enquanto a segunda *sabe porque crê*. Em outras palavras, a razão, para Sherlock, baseia-se no conhecimento institucionalizado pela cultura: o saber científico, por si só, pode dar conta de recuperar e explicar todos os passos do sujeito criminoso. Por outro lado, a crença, para Miss Marple, baseia-se no conhecimento adquirido e incorporado por um determinado sujeito, no âmbito individual: crê-se que os homens, suas ações, suas paixões etc. são sempre os mesmos, e isso proporciona à detetive agir cognitivamente pela comparação, pois o mundo é visto sob o prisma da iteratividade. Resolveriam, cada um a seu modo, com suas crenças e saberes, a charada com a qual se encerra este trabalho, que retoma diretamente *Os crimes da rua Morgue*, de Poe, que, como se procurou mostrar aqui, fez a escola da narrativa policial, a partir da primeira história de "mistério do quarto fechado":

Você entra num apartamento. Harry e Joan jazem no chão, mortos. Há um vidro quebrado ao lado deles. Há um gato no sofá, costas arqueadas, olhando fixamente para eles. Portas e janelas estão fechadas. Não há mais ninguém no apartamento.

Questão: como escapou o criminoso?

Bibliografia

ALBUQUERQUE, Paulo de Medeiros e. *O mundo emocionante do romance policial.* Rio de Janeiro: Francisco Alves, 1979.

BARROS, Diana Luz Pessoa de. *Teoria do discurso*: fundamentos semióticos. São Paulo: Atual, 1988.

BELLOTTO, Tony. *Bellini e a esfinge*. São Paulo: Companhia das Letras, 1995.

BOIELAU, Pierre; NARCEJAC, Thomas. *O romance policial.* Trad. Valter Kehdi. São Paulo: Ática, 1991.

CARPEAUX, Otto Maria. Os prazeres do crime. *Revista Senhor*, n. 3, pp. 32-5, março 1959.

CHRISTIE, Agatha. *Nêmesis*. Trad. Milton Persson. Rio de Janeiro: Nova Fronteira, s.d.

______. *Convite a um homicídio*. Trad. Maria Isabel Garcia. Rio de Janeiro: Nova Fronteira, s.d.

DOYLE, Arthur Conan. *Memórias de Sherlock Holmes*. Trad. Áurea Brito Weissenberg. Rio de Janeiro: Francisco Alves, 1982.

———. *Um estudo em vermelho*. Trad. Heloísa Jahn. São Paulo: Ática, 1994.

DUPUY, Josée. *Le roman policier.* Paris: Librairie Larousse, 1974.

FIORIN, José Luiz. *Elementos de análise do discurso*. São Paulo: Contexto/Edusp, 1989.

———. Algumas considerações sobre o medo e a vergonha. *Cruzeiro Semiótico*, n. 16, pp. 55-64, 1992

———. *As astúcias da enunciação*. São Paulo, Ática, 1996.

———. Objeto artístico e experiência estética. In: LANDOWSKI E.; DORRA, R.; OLIVEIRA, Ana Claudia (eds.). *Semiótica, estesis, estética*. São Paulo/Puebla, Educ/UAP, 1999.

GREIMAS, Algirdas Julien. *Du sens II*. Paris: Seuil, 1983.

______; COURTÉS, Joseph. *Dicionário de semiótica*. Trad. Alceu Dias Lima et al. São Paulo: Cultrix, s.d, v. I.

JAKOBSON, Roman. *Linguística e comunicação*. 15. ed. Trad. Izidoro Blikstein e José Paulo Paes. São Paulo: Cultrix, 1995.

LOCARD, Edmond. *Policiers de roman et policiers de laboratoire*. Paris: Payot, 1924.

MARTINS, M. M.. *Narrativa Policial*: uma abordagem semiótica. São Paulo, 2000. Dissertação (Mestrado) – Faculdade de Filosofia, Letras e Ciências Humanas, Universidade de São Paulo.

POE, Edgar Allan. *Histórias de crime e mistério*. Trad. Geraldo Galvão Ferraz. São Paulo: Ática. 1998.

SAUSSURE, Ferdinand de. *Curso de linguística geral.* 14. ed. Trad. Antônio Chelini et al. São Paulo: Cultrix, s.d.

TODOROV, Tzvetan. *As estruturas narrativas*. Trad. Leyla Perrone-Moisés. 2. ed. São Paulo: Perspectiva, 1970.

Kary Alessandra Motta

Surpresa e êxtase em *Valsinha*

A vida de todos os dias impõe pequenas ações que realizamos de modo sucessivo e contínuo. Esse ritmo regular das ações cria o hábito. Faz do cotidiano uma sequência esperada de acontecimentos. A rotina sem expectativa traduz a sensaboria da vida diária e nos priva do viço, da motivação que anima nossas almas. Pela monotonia, o sem sentido nos alcança e somos levados a uma existência desprovida de prazer, de encanto. O sentimento de falta que decorre dessa situação nos impele à busca de experiências pelas quais a vida possa, de repente, ressurgir como algo novo e revigorante. O novo possibilita a ativação dos nossos sentidos, suplantando a desatenção que o esperado suscita.

São os sentidos que nos possibilitam o contato com o mundo e com os outros homens. Exauridos pela familiaridade das coisas com as quais estão em contato constante, os sentidos têm enfraquecida sua força de vincular o homem ao mundo. Para reviverem sua potência perdida, precisam ser atingidos pelo inesperado, reanimados pela presença de um objeto renovado.

No momento desse encontro com o objeto, sentimos retornar à nossa alma a vida que lhe falta no dia a dia e ficamos em estado de graça. Essa sensibilização do homem por meio do contato com os objetos do mundo, sejam eles artísticos ou naturais, explica o que se nomeia, aqui, como sendo uma *experiência estética*.

Na letra da canção *Valsinha*, Chico Buarque e Vinícius de Moraes trazem à cena a experiência desse momento singular: o sujeito do enunciado (atorializado[1] como *ela*), inserido no cotidiano, é surpreendido pelas alterações no comportamento de seu amante (o objeto, atorializado

[1] Sujeito atorializado é o actante que recebe um investimento semântico mínimo. Sobre isso, ver: Barros, 1988, p.116.

como *ele*). "Ele" rompe as expectativas dela ao chegar diferente de "seu jeito de sempre chegar".[2]

Valsinha
Vinícius de Moraes e Chico Buarque

Um dia ele chegou tão diferente
do seu jeito de sempre chegar.
Olhou-a de um jeito muito mais quente
do que sempre costumava olhar.
E não maldisse a vida tanto
quanto era o seu jeito de sempre falar,
e nem deixou-a só num canto,
pra seu grande espanto,
convidou-a pra rodar...
Então ela se fez bonita
como há muito tempo não queria ousar,
com seu vestido decotado,
cheirando a guardado de tanto esperar.
Depois, os dois deram-se os braços
como há muito tempo não se usava dar.
E cheios de ternura e graça foram para a praça
e começaram a se abraçar...
E ali dançaram tanta dança
que a vizinhança toda despertou.
E foi tanta felicidade
que toda a cidade se iluminou.
E foram tantos beijos loucos,
tantos gritos roucos
como não se ouviam mais,
que o mundo compreendeu
e o dia amanheceu em paz.

---

[2] Do ponto de vista da atividade/passividade, *ele* aparece, a princípio, como sujeito (visa ao objeto) e destinador (manipula o ator *ela*), para posteriormente, quando *ela* assume função ativa, tornar-se objeto. *Ela* surge inicialmente apassivada, posteriormente, ao sofrer a manipulação, reconhece o objeto e passa a agir ativamente, função típica da instância subjetal. Todavia, é importante notar que a função de destinador, função marcante no objeto da vivência estética, é muito mais atuante no ator *ele*, embora *ela* também figure nesse papel. Isso porque a ação do sujeito *ela* decorre da manipulação do ator *ele*. Antes disso, *ela* caracteriza-se apenas como ser expectante e passivo. É *ele* que mobiliza a cena, portanto só a ele pode ser atribuída essa função de forma plena. A ação que une os dois atores não pode ser atribuída a nenhum deles exclusivamente, mas a ambos: *os dois deram-se os braços*. A manipulação, manifestada pelo *convite*, é uma ação atribuída a ele.

Ao repetir, dia a dia, as mesmas ações, "ele" predispõe "ela" ao previsível. À continuidade dessa situação se coloca uma outra, inesperada. Essa nova situação surge como uma descontinuidade nos modos previsíveis do objeto (*ele*), alterando o estado de junção vivido pelo sujeito.[3] Em termos semióticos, dizemos que uma nova isotopia[4] vem romper a antiga. Há, pois, dois percursos isotópicos na letra da canção: um marcado pelo traço previsibilidade e outro pelo traço imprevisibilidade.

previsível/habitual *(sempre)/(familiar)*	**imprevisível/inabitual** *um dia/para seu espanto*
seu jeito de sempre chegar	ele chegou tão diferente
(jeito) que sempre costumava olhar	olhou-a de um jeito muito mais quente
(maldizer a vida): seu jeito de sempre falar	não maldisse a vida tanto
(deixá-la só em um canto)	não deixou-a só em um canto
	convidou-a para rodar

Em princípio o sujeito tem função ativa na narrativa: aquele que sai em busca do objeto. Já o objeto tem função passiva: aquele que é buscado pelo sujeito. No *acontecimento estético* ocorre a flexibilização dessas funções, ou seja, o sujeito e o objeto passam a alternar suas funções, figurando ora como ativos, ora como passivos.

Na situação descrita em *Valsinha*, o objeto, que, como dissemos, geralmente é passivo, ao instaurar uma saliência na percepção contínua do mundo do sujeito (*Um dia ele chegou tão diferente/ do seu jeito de sempre chegar*), adquire função ativa, passando a manipular o sujeito: o objeto atrai o sujeito por sua forma inusitada. A essa ativação damos o nome de *função pregnante do objeto*.

Por meio dessa 'manipulação do objeto', o estado de conjunção do sujeito com os valores do cotidiano é alterado:

---

[3] Atentando à situação descrita na letra da canção, podemos perceber que o ator "ele", ao assumir a função de *objeto da vivência estética*, passa a exercer o papel de destinador-manipulador de "ela", ou seja, daquele cuja ação tem por objetivo *fazer* o sujeito alterar seu *estado de junção* – situação narrativa de conjunção (união) ou disjunção (separação) do sujeito com o objeto. Isso nos permite constatar que, no acontecimento extraordinário, o *objeto da vivência estética* assume pelo menos duas funções: a de objeto e a de destinador. Por esse ponto de vista, podemos dizer que, em *Valsinha*, assistimos ao estabelecimento de um novo contrato entre o destinador e o destinatário-sujeito.

[4] Entende-se isotopia como a reiteração de temas e figuras no discurso, possibilitando uma (ou mais) interpretação para o texto.

Então ela se fez bonita
como há muito tempo não queria ousar.

Ele (o sujeito) passa a viver um estado de surpresa, que irá instaurar a *experiência estética*, momento de (re)encontro com o objeto. Essa mudança de estado sofrida pelo sujeito se dá através do convite para dançar; em profundidade, convite para abandonar o estado de solidão (estado disjuntivo) e entrar no estado de comunhão (estado conjuntivo).

e nem deixou-a só num canto,
pra seu grande espanto, convidou-a pra rodar...

Por meio da dança – depreendida pela figura *rodar* – o sujeito passa a um outro plano, onde estão em cena os valores da ruptura. A dança 'despe o mundo' do pragmatismo do dia a dia.

Valéry, em *Poesia e pensamento abstrato*, mostra que alguns objetos de nossa vida, por suas características peculiares, nos fazem romper com valores do cotidiano, enquanto outros reiteram a força da rotina. No artigo é estabelecida uma oposição entre o andar e o dançar. O primeiro encontra-se entre as atividades ligadas ao pragmático e o segundo, entre as atividades sensíveis. Para Valéry, no andar os movimentos do corpo são um meio para atingir um fim (chegar a algum lugar, obter um objeto); já na dança, o fim é o próprio movimento. Ela reúne, em si, o meio e o fim e, portanto, não pode estar no mesmo paradigma dos fazeres convencionais utilitários em que meio e fim estão separados.[5]

Em *Valsinha*, o sujeito, dançando, rompe com o mundo dos fazeres usuais, entrando no campo de um novo fazer: o fazer transformador que o coloca em conjunção com os valores da descontinuidade.

Além da instauração desse 'novo sujeito', a dança altera a configuração do espaço. Se, como vimos, com o movimento pragmático do andar buscamos vencer o espaço que leva a um fim; na dança a finalidade não é suprimir o espaço, mas frequentá-lo. Por intermédio da dança,

---

[5] Neste mesmo livro, ver: Análise do fragmento *Eu te amo* do espetáculo *De repente, não mais que de repente*, do Balé Cidade de São Paulo, de Nilton Hernandes e Mariana de Rosa Trotta, p. 109. Cf. Paul Valéry, "Poesia e pensamento abstrato", em Variedades, São Paulo, Iluminuras, 1999, pp. 193-210.

suspende-se a relação do ser com o espaço utilitário e surge o espaço da vivência estética.

Até aqui vimos 'ele' na posição de objeto subjetivado, que invade o campo sensorial do sujeito para levá-lo a um outro tempo e a um outro espaço, onde se dará o encontro, a estese. Agora é o sujeito que se permite ser atingido pelo olhar do objeto.

> *Então ela se fez bonita como há muito tempo não queria ousar,*
> *com seu vestido decotado, cheirando a guardado de tanto esperar.*

Com esse 'avanço' do sujeito (*se fez bonita, com seu vestido decotado)* e sua condição expectante (revelada pelo cheiro de guardado do vestido), deixa-nos ver seu desejo de conjunção.

As alterações nos hábitos do actante 'ele' e seu avanço em direção ao actante 'ela' consistem em uma aceleração do objeto em direção ao sujeito. Isso rompe a continuidade narrativa e gera o que Greimas definiu em seu livro *Da imperfeição* como *fratura.* A fratura põe em cena um sujeito surpreso, mas que quer a desaceleração para poder fruir o objeto. Esse querer se manifesta, no texto, através da espera que antecede o encontro, revelando que, na isotopia do cotidiano, o sujeito vive a nostalgia do momento de perfeição passada:

ela se fez bonita como <u>há muito tempo não queria ousar</u>
(já 'ousou' fazer-se bela)
depois os dois deram-se os braços como <u>há muito tempo não se usava dar</u>
(já se 'usou' dar os braços)

Por esses trechos pressupomos a nostalgia vivida e a reelaboração cognitiva do acontecimento extraordinário: *com seu vestido cheirando a guardado de tanto esperar.*[6]

---

[6] A presença de traço humano em ser inanimado (o vestido) exige a reelaboração da leitura, pois só os homens podem ter expectância, as coisas não. Logo, o termo *vestido* não deverá ser lido como coisa, mas como representante do sujeito *ela.* Ainda, essa figura (do vestido) pode, metaforicamente, representar um momento de união passada (isso se entendermos o vestido em questão como roupa de festa, provavelmente marcado pela dança – a descrição do vestido pode autorizar essa leitura: vestido decotado não costuma ser o vestido do uso diário – e não o é, pois estava guardado).

Modalizado pela espera, o sujeito torna-se predisposto ao encontro e, através da manipulação do objeto subjetivado, sofre uma mudança em seu ser. Essa mudança é exteriorizada pelo fazer – "então ela se fez bonita" (atrativa) – e gera no sujeito a paixão da felicidade. Estamos diante de uma estética da graça, em que o objeto fascina e seduz o sujeito pela elegância de seus gestos e pelo tato agradável. A fratura dá início à flexibilização das funções sujeito/objeto, quer dizer, ambos os actantes assumem ambas as funções: um atrai o outro (função de objeto) e um é atraído pelo outro (função de sujeito). A conjunção se intensifica e mobiliza tudo a sua volta: tempo, espaço e atores.

Depois os dois deram-se os braços
como há muito tempo não se usava dar.
E cheios de ternura e graça foram para a praça
e começaram a se abraçar...
E ali dançaram tanta dança que a vizinhança toda despertou.
E foi tanta felicidade que toda cidade se iluminou.

A cidade abandona os hábitos funcionais do dia a dia para participar da descontinuidade (pausa) que a envolve, com suas luzes e seu povo. Tudo se encontra transformado por esse instante de graça, em que o parecer dá lugar ao ser e o inefável acontece. As relações usuais de tempo são alteradas (a vizinhança desperta na hora programada para o sono) e o espaço da praça, enquanto espaço da vivência estética, estende-se a toda cidade: o acontecimento ganha extensão. A plenitude desse momento vai afetando todos os sentidos: o tátil, o visual, o sonoro, o gustativo.

E foram tantos beijos loucos,
tantos gritos roucos como não se ouviam mais,
que o mundo compreendeu
e o dia amanheceu em paz.

Há o 'apagamento' gradual dos actantes, figurativizados como "ela" e "ele", para surgir apenas o ato: *os dois deram-se os braços / ali (eles) dançaram / foram tantos beijos*. Nesse momento, já não se pode saber se a conjunção restringe-se a esses atores ou se tomou todo o mundo, num arrebatamento completo, numa utopia de perfeição que desemboca na figura da paz no mundo.

A paz – definida pelos dicionários como ausência de conflitos de diversas naturezas (íntimo, entre pessoas, sonoro) e, ainda, pelos termos positivos, como sossego, repouso, tranquilidade de alma, harmonia, bom entendimento, concórdia etc. – já não é uma paixão de ordem intensa, como a imensa felicidade do momento do encontro (*e foi tanta felicidade*); nem representa os sentimentos anteriores ao acontecimento extraordinário, vividos como solidão (*só em um canto)* e como desejo de romper a solidão através da conjunção – querer manifestado pela espera (*seu vestido cheirando a guardado de tanto esperar)*. Ela é o que ficou dessa entrevisão da eternidade. O tempo volta à sua continuidade habitual (*o dia amanheceu*), mas a experiência estética não se dilui completamente: o fato extraordinário ganha extensão por meio da presença da paz e da compreensão[7] e passa a conviver com os acontecimentos do dia a dia. Nesse novo amanhecer, a solidão do primeiro momento não restitui seu lugar.

Assim sendo, esse novo dia pressupõe uma estrutura participativa, em que, como aponta Tatit, os fatos rotineiros, com suas alegrias e tristezas, com suas harmonias e desarmonias, com seus sentimentos de solidão e plenitude, coexistem com um sentimento mais profundo de paz e compreensão: o evento estende-se às descontinuidades do dia a dia, envolvendo-as.[8]

Essa "expansão" do evento estético surge em *Valsinha* como consequência da intensidade dos afetos e dos gestos:

E ali dançaram <u>tanta</u> dança que a vizinhança toda despertou.
E foi <u>tanta</u> felicidade que toda a cidade se iluminou.
E foram <u>tantos</u> beijos loucos,
<u>tantos</u> gritos roucos como não se ouviam mais,
que o mundo compreendeu
e o dia amanheceu em paz.

Tanto o mundo como o amanhecer têm caráter extenso, pois o mundo é tudo e o amanhecer ocorre para todo esse mundo. Assim também, os

---

[7] O verbo 'compreender' em sua acepção de 'perceber', 'atinar', 'entender' comporta uma certa irreversibilidade em sua ação, ou seja, como deixar de compreender aquilo que já fora compreendido? Nesse sentido, o *evento estético* trouxe ao mundo uma compreensão geradora de paz: *o mundo compreendeu/ e o dia amanheceu em paz.*

[8] Luiz Tatit, 1999, pp. 195-209.

sentimentos de 'paz' e 'compreensão' são sentimentos que todos passam a compartilhar como consequência do momento vivido.

Até aqui analisamos a letra da canção como objeto de significação. Pensando-a agora como objeto de comunicação,[9] percebemos que ela manifesta a *nostalgia* sentida pelo enunciador, pois a história apresenta-se como lembrança, relatada num tempo do então (passado) e vive como saudade na mente desse que agora se coloca através do enunciado. Pelo mecanismo da debreagem enunciva (projeção no enunciado de um ele-lá-então), o enunciador projeta no discurso o tempo e o espaço do acontecimento estético e se coloca como um sujeito da nostalgia quando lembra, com um tom de saudade, a visão da perfeição a que o mundo assistiu.

Em outras palavras, o discurso instaura a cena relatada como presenciada e vivida tanto pelo enunciador como pelo enunciatário (já que são partes do mundo) e faz esses atores viverem tal episódio como uma paisagem interior, um pensamento.

Para Lopes, as "paisagens interiores" são fazeres em potência, pois desencadeiam uma emoção que leva o sujeito a querer fazer.[10] No caso dessa canção, ela, na qualidade de cena evocada pelo enunciador, manipula o destinatário-sujeito a querer viver a plenitude do encontro com o objeto e, dessa forma, romper com o cotidiano, permanecendo em estado de paz.

Analisar essa canção foi o meio que encontramos de descrever, aqui, a experiência estética e depreender seus elementos principais. No livro *Da imperfeição,* Greimas mostra, pelo exame de alguns textos literários, que o evento extraordinário passa tanto pela estética do sujeito (sujeito ativo), como pela estética do objeto (objeto pregnante) e a conjunção (melhor diria, fusão) do sujeito com o objeto pressupõe, necessariamente, uma fratura, entendida como descontinuidade no estado de evolução do sujeito, que caracteriza o cotidiano. Seguindo esse momento de estase, ocorre o retorno do sujeito ao seu dia a dia e a reminiscência do momento de plenitude vivida – o que torna o sujeito expectante e nostálgico.

---

[9] Para melhor compreender a distinção entre esses níveis de análise, ver Barros, 2003, p. 188.

[10] Lopes, 1989/1990, p. 156.

Em *Valsinha* pudemos seguir esses mesmos passos e, pela resistência que o texto sempre impõe, compreender alguns possíveis alargamentos na descrição desses eventos, tais como sua duração, em profundidade, no dia que segue.[11]

Bibliografia

Barros, Diana Luz Pessoa de. *Teoria do discurso*: fundamentos semióticos. São Paulo: Atual, 1988.

______. Estudos do discurso. *Introdução à linguística II*: princípios de análise. São Paulo: Contexto, 2003.

Greimas, Algirdas Julien. *Da imperfeição*. São Paulo: Hacker, 2002.

Lopes, Edward. Paixões no espelho: sujeito e objeto como investimentos passionais primordiais. *Cruzeiro Semiótico*, 11-12. Porto, Associação Portuguesa de Semiótica, 1989/1990.

Valéry, Paul. Poesia e pensamento abstrato. *Variedades*. São Paulo: Iluminuras, 1999.

Tatit, Luiz. A duração estética. *Semiótica, estesis, estética*. São Paulo: Educ, 1999.

[11] Sobre essa possibilidade de duração do fato estético, ver o texto de Luiz Tatit, "A duração estética", citado aqui neste trabalho.

Ivã Carlos Lopes

Extensidade, intensidade e valorações em alguns poemas de Antonio Cicero

Convidamos o leitor, neste momento, a um rápido passeio por entre poemas de Antonio Cicero, colhidos aqui e ali em suas obras *Guardar* (1996) e *A cidade e os livros* (2002). Filósofo por formação, Cicero é sobretudo conhecido por numerosas letras de canções escritas em parceria, antes de mais nada com sua irmã Marina Lima, mas igualmente com diversos outros compositores de renome, entre os quais Lulu Santos, Adriana Calcanhoto e João Bosco. Longe das badalações do *show-business*, entretanto, o poeta Cicero vai sem pressa construindo suas breves peças de sabor muitas vezes clássico, com a minúcia de um exigente artesão, para desfrute do seu público leitor. Não vamos propor aqui uma análise literária, digna desse nome, mas um estudo limitado a uns poucos aspectos dos poemas em pauta. Gostaríamos apenas que nossos comentários transmitissem ao leitor o desejo de ir por si próprio conhecer – e, a partir daí, frequentar – os escritos desse poeta, que chegou para ficar.

Entre as muitas intuições topológicas que fundamentam a semiótica contemporânea encontra-se a organização perspectiva do discurso, pela qual se produzem efeitos de maior ou menor aproximação ou afastamento do centro enunciador. São parâmetros que interagem com a variação das intensidades dando origem, assim, a efeitos de sentido específicos e tipicamente ligados a certas configurações mais abstratas, que ilustraremos dentro de instantes; preliminarmente, contudo, convém definir o quadro geral em que vigoram esses parâmetros.

Jacques Fontanille sugere, em seu livro *Sémiotique du discours*, que o gesto inaugural na produção de um discurso qualquer é uma *tomada de posição* por parte do enunciador que, no mesmo ato, instaura ao seu redor um campo discursivo, delimitando a extensão do que "cabe" nesse discurso específico que ele profere. Esse campo discursivo é dotado de algumas características:

(i) Um centro dêitico ou, se preferirmos, centro da enunciação. O "eu" enunciador, ao proferir seu discurso, instala no mesmo gesto três coordenadas que se entrelaçam, uma coordenada de pessoa (eu), uma de tempo (agora) e uma de espaço (aqui). Caso haja, no interior do seu discurso, alguma personagem que fale em primeira pessoa, esta será por sua vez o centro de um campo do mesmo tipo, mas é preciso ressaltar que, a partir do momento em que distinguimos enunciação (o ato de enunciar) de enunciado (o produto daquele ato), tudo o que não for a enunciação em si mesma será inevitavelmente do domínio de um não eu (= ele), de um não agora (= então) e de um não aqui (= lá). Mesmo assim, pode haver analogias entre o modo de funcionamento de uns e outros.

(ii) Os horizontes desse campo. Cada discurso opta pelo recobrimento de uma extensão maior ou menor. Em princípio, quanto mais vasto o domínio, maior a variedade de unidades admissíveis dentro dele.

(iii) Correlações entre extensidades e intensidades, dentro do campo delimitado desse modo. Definiremos, logo mais, esses dois conceitos. Prevê-se teoricamente que, à medida que nos afastamos do centro, observamos uma dilatação na ordem da extensidade (alargamento do campo) e, ao mesmo tempo, uma diminuição na ordem da intensidade, pois é normal imaginar que aquilo que mal percebemos não chega a nos afetar com a mesma força daquilo que se encontra bem junto de nós. Simetricamente, à proporção que nos reaproximamos do centro dêitico, restringe-se a amplitude do campo e intensifica-se a força, para o sujeito, dos conteúdos envolvidos.

Temos, com isso, uma configuração topológica das mais simples, mas que já pode nos ajudar a perceber e organizar uma série de efeitos de sentido gerados nos textos escolhidos. Nossa questão inicial é tentar saber se, com um dispositivo tão rudimentar, podemos encontrar soluções relevantes para a construção dos efeitos de sentido; ante essa tarefa, nada melhor do que convocarmos um poeta, que é alguém que existe, como diz Manoel de Barros, para "arejar a linguagem", assim como as minhocas existem para, com o seu trabalho incessante, arejar a terra.

Primeiras noções de "extensidade" e "intensidade"

Em razão da grande generalidade da sua concepção, as questões de intensidade/extensidade deveriam, em tese, ser verificáveis em qualquer escala discursiva. No âmbito lexical, por exemplo, Fontanille e Zilberberg[1] ilustram o rendimento desses parâmetros postos em correlação, ao falar nas diferenças de "profundidade" das definições de *cão* e *gato* em dois dicionários da língua francesa. Assinalam os autores, por exemplo, que a definição de *cão*, naquela língua, sofreu flutuações consideráveis com o passar do tempo. No dicionário *Littré* (século XIX), o cão é um "quadrúpede doméstico, o mais apegado ao homem, pois cuida de sua casa e de seu rebanho e ajuda-o na caça"; cem anos mais tarde, o *Micro-Robert* vai defini-lo como um "mamífero doméstico de que se contam numerosas raças treinadas para cumprir certas funções junto ao homem". Ora, a classe dos quadrúpedes está contida, ao lado de outras, na classe dos mamíferos: "o *quadrúpede* 'aproxima', porque esse classema leva em conta a aparência visível do cão, enquanto o *mamífero* 'distancia', pois que o homem e a baleia são também mamíferos; de acordo com a profundidade classemática, o 'quadrúpede' teria, portanto, pouca profundidade e o 'mamífero', uma profundidade maior".[2]

Percebemos, então, que à medida que passava o tempo ia-se aprofundando a perspectiva, o efeito de distância, com que a língua francesa definia o cão. Tais modulações na distância são acompanhadas, demonstram os semioticistas, de flutuações no gradiente da afetividade investida. Quanto mais "funções" o cão cumpre para o homem (cuidar de sua casa, de seu rebanho, ajudá-lo na caça), mais está realçada, nas definições de dicionário, a dimensão afetiva dos vínculos entre o cão e o homem. Isso contrasta com as definições do gato que, ao contrário do cão, não necessita realizar trabalhos úteis para receber o afeto de seu dono. Assim é que o poeta Jean Cocteau declarava gostar mais dos gatos que dos cães – porque nunca se viu um gato policial. Com efeito, se gostamos do gato, é em função do que ele *é* e não em função do que ele faz para nós, dado que esse animal não "serve" realmente para grande coisa.

---

[1] Jacques Fontanille e Claude Zilberg, Tensão e significação, trad. Ivã Carlos Lopes, Luiz Tatit e Waldir Beividas, São Paulo, Discurso/Humanitas, 2001.

[2] Idem, p. 18.

Esse é o primeiro critério para tomarmos decisões concernentes à escala e à dimensionalidade dos objetos a serem submetidos a análise. O contínuo proximidade-distância instaurado pela profundidade é que nos irá propor, logo de saída, as correlações intensidade/extensidade cabíveis em cada caso; do mesmo modo, é dele que dependem as decisões de escala da descrição: o mesmo objeto de estudo que, abordado "à distância", aparecerá talvez como inteiriço, quando examinado mais de perto poderá mostrar-se multifacetado e revelar-nos apenas parte do que é.[3] Desnecessário dizer que estamos evocando, aqui, as maneiras como este ou aquele discurso particular vai pôr em cena aquilo de que trata, e não as "coisas em si", sobre as quais, acolhendo os bons conselhos de Greimas, preferimos deixar em suspenso qualquer decisão ontológica, qualquer decreto das "essências últimas".

Modulações tensivas em Antonio Cicero

O poema que vai nos servir de ponto de partida provém da coletânea *Guardar*:

Lograder

Você habita o próprio centro
de um coração que já foi meu.
Por dentro torço por que dentro
em pouco lá só more eu.

Livre de todos os negócios
e vícios que advêm de amar
lá seja o centro de alguns ócios
que escolherei por cultivar.

Para que os sócios vis do amor,
rancor, dor, ódio, solidão,
não mais consumam meu vigor,

[3] Problemática crucial numa semiótica atenta à enunciação e ao contínuo, a função *profundidade* tem sido elaborada por Claude Zilberberg desde há alguns anos, e em especial a partir do seu belo ensaio "Présence de Wölfflin", em Nouveaux Actes Sémiotiques, n. 23-24, 1992.

amado e amor banir-se-ão
do centro rumo a um logrador
subúrbio desse coração.

Antonio Cicero, *Guardar*

Segundo o dicionário *Aurélio*, um logrador é:
1- Adj. e s. m.
1. Que ou aquele que logra; trapaceiro, intrujão.
2 -[Alter. de logradouro.]
S. m. Bras., N.E.
1. Seção da fazenda de criação em lugar afastado, onde estão situados curral, aguada, etc., e aonde vai o vaqueiro tratar o gado e principalmente dos animais feridos, que ali se restabelecem.

Nesse soneto, Antonio Cicero põe em cena um "eu" – que é importante não confundirmos com o "autor", pois todo "eu" que apareça dentro de um texto encontra-se no texto mesmo, e não na enunciação que produziu aquele texto – cujo "coração" é o palco dos acontecimentos. O espaço simulado por essa figura do coração tem uma organização radial, ou seja, é dotado de um centro e de subúrbios, suas bordas. No centro, figura o "amado". Logo nos primeiros versos, ficamos sabendo que há uma dupla projeção temporal, em direção a um antes ("um coração que *já foi* meu") e a um depois ("dentro em pouco"); a primeira estrofe sintetiza, assim, presente, passado e futuro. Os versos 3 e 4 trazem o desejo de uma mudança iminente no estado de coisas inicial, dado como insustentável; os dois versos iniciais do poema revelam que tal estado de coisas foi precedido por uma situação passada na qual o coração destacado, objeto de uma "disputa territorial", tinha em seu centro apenas o próprio "eu" de quem narra os eventos. Nesse centro do coração, o "eu" tenciona recobrar o território perdido para esse "inimigo" peculiar que é seu amado. A "limpeza" consistirá em afastar do centro as paixões que ele chama de "sócios vis do amor", a saber, o rancor, a dor, o ódio e a solidão. Ao mesmo tempo, planeja-se banir o amado e o próprio amor para algum lugar situado na periferia do coração.

Os resultados dessas trocas de posições aí encenadas podem ser esclarecidos com ajuda das propostas de Fontanille e Zilberberg (2001).

Interpretando o título conforme a primeira definição do dicionário, pensaremos no "eu" como alguém que engana o outro, mas não poderemos excluir, por outro lado, uma leitura alternativa em que *logrador* passaria a designar "aquele que logra a dor", em duas acepções do verbo *lograr*: "enganar com astúcia" (orientação disjuntiva) e "conseguir, alcançar" (orientação conjuntiva). Se o logrador é, já na segunda das acepções registradas pelo *Aurélio*, um lugar afastado, isolado do resto da propriedade rural, esse traço de afastamento do centro reencontra-se no último terceto: "amado e amor banir-se-ão / do centro rumo a um logrador / subúrbio desse coração".

Podemos avançar um pouco na análise. Nos últimos anos, vem ganhando força a tese de que existem, em profundidade, relações abstratas que sustentam o conjunto do edifício semiótico. Estas distribuem-se em zonas de interseção de duas ordens coordenadas, a da extensidade (formas) e a da intensidade (forças). A extensidade mostra-se na tensão contínua entre o uno e o múltiplo e nas relações parte-todo, dentro do mundo dos objetos. Quanto à intensidade, o que varia é a medida, seja da tonicidade – numa linha que vai do átono ao tônico –, seja do andamento – num contínuo que vai do mais lento ao mais rápido. Intensidade e extensidade não se concebem uma sem a outra; toda variação aqui repercute necessariamente lá. Uma das lições importantes dos estudos da linguagem posteriores a Saussure é a orientação do olhar analítico, perante um *corpus* a ser descrito, não para os termos ou elementos em si próprios, e sim para as relações que estes mantêm uns com os outros, considerando-se que não são as "coisas" que fazem sentido, e sim as relações entre elas. Vejamos, buscando subsídios nos escritos de Antonio Cicero, como se apresentam as correlações entre os critérios das duas ordens que acabamos de mencionar.

A extensidade e a intensidade podem, em primeiro lugar, sofrer variações em razão contrária uma da outra, de tal maneira que a um aumento na extensidade corresponda uma atenuação de intensidade, e vice-versa. É o tipo de correlação denominada correlação *inversa*. De acordo com esse dispositivo, se a intensidade for interpretada como valoração positiva e a extensidade, como o número de elementos admitidos no conjunto contemplado, sua interdependência aparecerá assim:

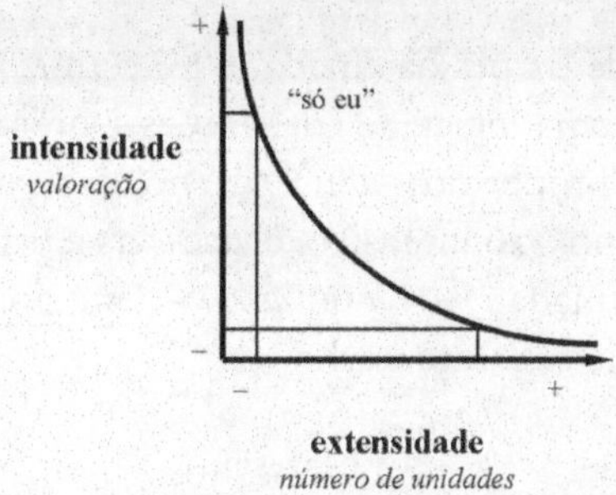

Tal qual uma régua graduada, a extensidade se distribui, no caso, como vemos abaixo:

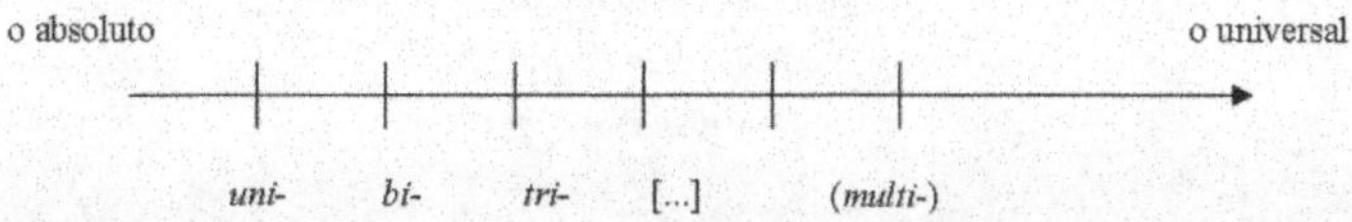

Compreendendo, então, o eixo horizontal da extensidade como a distribuição entre (à esquerda, próximo à origem) o escasso e (à direita, afastando-se da origem) o numeroso, esse diagrama nos ajuda a desvendar, por um lado, um texto como:

Simbiose

Sou seu poeta só
Só em você descubro a poesia
Que era minha já
Mas eu não via.

Só eu sou seu poeta
Só eu revelo a poesia sua
e à noite indiscreta
você de lua.

Antonio Cicero, op. cit.

A exclusividade, que no exemplo está valendo para a posse nos dois sentidos, do sujeito para seu objeto ("Só eu sou seu poeta") e do objeto para o sujeito ("Só em você descubro a poesia"), tem sido traduzida como resultante de uma lógica da triagem, ou seja, de um modo de proceder *seletivo*; nesse raciocínio, o "poeta" aí encenado "passou na prova" da grande seletividade da pessoa amada, e foi o único a consegui-lo ou a lográ-lo. Uma mesma lógica de correlações, porém com os sinais evoluindo na mesma proporção – a um *mais* no eixo extensivo corresponde também um *mais* no eixo intensivo, e vice-versa, perfazendo um tipo de correlação denominada *conversa* ou *direta* –, está por trás da valorização que observamos no seguinte trecho:

Maresia

[...]
Ah, se eu fosse marinheiro
Seria doce meu lar
Não só o Rio de Janeiro
A imensidão e o mar

Leste oeste norte sul
Onde um homem se situa
Quando o sol sobre o azul
Ou quando no mar a lua

Não buscaria conforto
Nem juntaria dinheiro
Um amor em cada porto
Ah, se eu fosse marinheiro.

Antonio Cicero, op. cit.

Aqui, é o circunscrito que se desvaloriza, ao passo que as preferências são depositadas na amplidão, reinterpretando-se a extensidade como variação entre o restrito e o amplo: a "imensidão" e o "mar", todos os quatro pontos cardeais, o dia (sol) tanto quanto a noite (lua), enfim a dispersão dos amores, "um em cada porto". Trata-se, portanto, de um panorama em que vigora não um procedimento de triagens, e sim, ao contrário, uma lógica da *mistura*, que é sua complementar e que abre o conjunto das unidades admissíveis dentro do campo discursivo, acolhendo a multiplicidade e a heterogeneidade. O que se privilegia na ordem da extensidade é, na ocorrência, a região mais afastada da origem dos eixos:

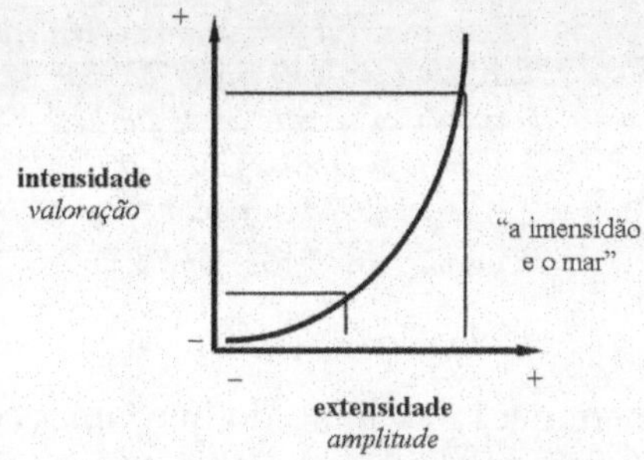

Voltando agora ao texto de "Logrador", identificamos entre as duas ordens da intensidade e da extensidade um tipo de interdependência tal que, quanto mais próximo do centro daquele coração outrora possuído pelo "eu" (extensidade), maior é a intensidade da presença da pessoa amada e, inversamente, quanto mais distante desse centro – já no "subúrbio" –, menor será a intensidade dos sentimentos daquele sujeito que, no texto, está dizendo "eu". É a mesma lógica tensiva do adágio "Longe dos olhos (vasta extensidade espacial), longe do coração (baixa intensidade afetiva)". Ao distanciamento no espaço faz-se corresponder uma atenuação passional, o sujeito "experimentador" projetando banir, de seu coração, o rancor, a dor, o ódio, a solidão, para estancar o desgaste de seu "vigor" (diminuição na intensidade). Nesse sentido, não é qualquer saturação ou plenitude que almeja esse sujeito em primeira pessoa, mas, ao contrário, um esvaziamento ou, mais precisamente: o "eu" anuncia sua iminente guerra de reconquista do território perdido. O que há de muito peculiar é que, para fazê-lo, ele não terá de empreender qualquer expedição, e sim uma incursão, uma viagem para dentro. Não faltam, na poesia de Antonio Cicero, momentos em que ele joga com esses valores, cruzando-os, redefinindo-os, emprestando-lhes configurações inesperadas. Basta olharmos para o segundo poema de sua obra *A cidade e os livros*:

O país das maravilhas

Não se entra no país das maravilhas,
pois ele fica do lado de fora,
não do lado de dentro. Se há saídas
que dão nele, estão certamente à orla
iridescente do meu pensamento,
jamais no centro vago do meu eu.
E se me entrego às imagens do espelho
ou da água, tendo no fundo o céu,
não pensem que me apaixonei por mim.

Não: bom é ver-se no espaço diáfano
do mundo, coisa entre coisas que há
no lume do espelho, fora de si:
peixe entre peixes, pássaro entre pássaros,
um dia passo inteiro para lá.

Antonio Cicero, *A cidade e os livros*

Eis um texto em que, a exemplo do que vimos com "Maresia", se concede clara primazia aos valores elevados, na extensidade: será a zona semântica do numeroso – "coisa entre coisas que há", "peixe entre peixes, pássaro entre pássaros"– ou, por outra, a "orla iridescente do pensamento", contraposta ao "centro vago do eu", preterido em prol daquela, que contém as saídas para o "país das maravilhas" e que, até pelo qualificativo *iridescente* – ela reflete as cores do arco-íris –, representa uma multiplicidade. À diferença do que sucedia em "Lograḍor", e agora com a simulada desqualificação da autocontemplação narcísica, nesse soneto o objeto de busca já é um lugar periférico, que vale como espaço desejado e não mais como espaço de desterro.

Nossa breve sondagem pelas terras ciceronianas (do Cicero de hoje, não do de outrora) deixou-nos entrever a possibilidade de avaliar parâmetros ligados ao domínio da perspectiva, parâmetros cujo modo de funcionamento é contínuo, e com os quais acreditamos poder ser enriquecida a apreciação das significações potenciais dos textos focalizados. Esperamos ter mostrado, com esses rápidos exemplos, de que maneira as modulações dos critérios mencionados – extensidade e intensidade – produzem, por sua conta, mudanças no quadro dos valores (axiológicos) deste ou daquele texto, o que irá repercutir na coloração ideológica do campo discursivo em apreço.

Bibliografia

Cicero, Antonio. *Guardar*. 2. ed. Rio de Janeiro: Record, 1997.

______. *A cidade e os livros*. Rio de Janeiro: Record, 2002.

Fontanille, Jacques. *Sémiotique du discours*. Limoges: PULIM, 1998.

______; Zilberberg, Claude. *Tensão e significação*. Trad. Ivã Carlos Lopes, Luiz Tatit e Waldir Beividas. São Paulo: Discurso/Humanitas, 2001.

Zilberberg, Claude. Présence de Wölfflin. *Nouveaux Actes Sémiotiques*, n. 23-24, 1992.

Marcos Lopes
Serguei Tchugunnikov

Gólem: síntese dos elementos inferiores

O monstro é velho conhecido da tradição de povos de todos os lugares e tempos. Ele aparece com frequência nas tradições orais, na literatura, nas artes plásticas e dramáticas, nas religiões e nos rituais. No entanto, em razão da disparidade de suas manifestações concretas e dos conteúdos a ele associados, toda nossa familiaridade com ele não bastaria para caracterizá-lo. Longe de querer estabelecer, portanto, uma tipologia dos monstros famosos, pretendemos neste artigo apresentar alguns dos fundamentos narrativos e figurativos que servem comumente para indicar os monstros como tais. O texto traz também uma análise mais detalhada de Gólem, o monstro cabalístico.

Como reconhecer um monstro

O que é um monstro? Conhecemos muitos deles, todos diferentes entre si, mas o que os reúne, o que os caracteriza? Os formalistas russos definiam "monstro" como um cruzamento de duas ou mais séries heterogêneas como, digamos, a série "humana" e a série "animal". Se adaptássemos essa definição ao vocabulário greimasiano, falaríamos em isotopias figurativas, no lugar das "séries heterogêneas". O monstro seria, então, gerado pelo encontro de duas ou mais ou mais isotopias figurativas distintas. Vejamos alguns exemplos disso.

Ambroise Paré foi primeiro-cirurgião do rei Charles IX. Em 1573, publicou um livro sobre monstros terrestres e marinhos. São as causas que ele atribui à aparição dos monstros que nos interessam aqui. Uma dessas causas é a "mescla ou mistura das sementes". Ele escreve:

> Existem monstros que nascem metade figura de bestas, metade figura humana [...], que são produtos dos sodomitas e dos ateus, que ferem a natureza e se juntam aos animais, com isso engendrando diversos monstros pavorosos de se ver e de se narrar. [...] grande é o horror que se abate sobre o homem e a mulher que andam com as bestas sem raciocínio e com elas copulam, porque dessa péssima união nascem os meio-homens e meio-bichos (Paré, 1573:149).

Os exemplos não faltam no livro de Paré. Eis aqui um deles:

> Um pastor chamado Cratain, em Cybare, submeteu uma de suas cabras ao seu desejo brutal, fazendo em consequência com que ela concebesse um cabritinho cujos traços da cabeça eram humanos, e parecidos com os do pastor, mas o resto do corpo vinha-lhe da cabra, sua mãe (Paré, 1573:152).

Além do cruzamento de séries heterogêneas, há outras maneiras de se expressar a monstruosidade: como "forma incompleta" (por exemplo, os cíclopes) ou como "forma excessiva" (por exemplo, os seres gigantescos ou, ainda, aqueles dotados de muitos membros, como o cão Cérbero[1]). Essa última, aliás, não escapou aos olhos atentos de Vladimir Propp.[2] Ele atribui a ela uma função importante na constituição das personagens:

> Quando ele [o dragão do conto maravilhoso] tem quatro, seis, oito asas, deve-se ver nisso uma imagem da rapidez de seu voo. Igualmente, a caracterização policéfala do dragão, multiplicação da goela, é uma imagem hipertrofiada da possibilidade de engolir (Propp, 1946: 326-7).

---

[1] Na mitologia grega, cão policéfalo – em geral, com três cabeças – que guardava a entrada da mansão de Hades, para onde iam as almas dos mortos.

[2] Vladimir Jakovlievitch Propp (1895-1970), folclorista e germanista russo, é autor de obras cujo objetivo central era localizar, na imensa diversidade das manifestações populares – contos, festas, canções – suas regularidades motivacionais. Assim, para ele, as histórias populares, fortemente calcadas em tradições orais, eram herdeiras de antigos rituais de iniciação, praticados até hoje em certas sociedades tribais. Sua grande obra é *Raízes históricas do conto maravilhoso*, de 1946, mas foi com seu livro de 1928, intitulado *Morfologia do conto maravilhoso*, que ele se tornou conhecido no Ocidente. *A Morfologia* de Propp constituiu-se na principal fonte de inspiração da teoria greimasiana da narrativa.

Em resumo, em todos esses casos, o monstro aparece como a conjunção de duas formas, uma "forma própria" e uma "forma imprópria", que se realizam simultaneamente em uma só.

Essas características dos monstros foram fixadas lexicalmente e são exploradas pelo uso da linguagem cotidiana. Alguns monstros são citados especificamente, como a Quimera (monstro que reúne três séries heterogêneas: leão, cabra e dragão – esse último heterogêneo em si mesmo), e aí não temos problemas em reconhecer o fundo analógico evocado (a "quimera" representa sempre uma ideia fabulosíssima, às vezes sem sentido). Mas a palavra "monstro" também pode ser empregada diretamente e, nesse caso, o sentido vem de realizações figurativas, e às vezes narrativas, comumente reconhecidas nos monstros. O termo reveste diversas acepções, de acordo com as estruturas abstratas visadas pelo enunciado – e, obviamente, pelos monstros de maneira geral. Pode representar a *desproporção* de medidas, o *exagero* ("comício monstro", "espetáculo monstro"[3]), ou, de maneira mais geral, o desvio estético ou de caráter ("ela é um monstro"). Nesses casos, é fácil perceber o papel da comparação de formas como indicávamos acima.

No caso das representações calcadas em aspectos semionarrativos, podemos notar dois casos frequentes. "Monstro" pode ser um indicador de crueldade ou mesmo de ingratidão. Esses usos nos fazem entrever uma micronarrativa conflitiva, com o combate de um herói contra seu oponente. Mais que isso, vemos também o investimento ideológico que cerca a figura do monstro-oponente, que não é só combatente, mas é também cruel, e essa crueldade é um traço de injustiça ou, mais abstratamente, de valorização negativa do oponente; esse componente é ainda mais claro no caso da ingratidão. A expressão "monstro sagrado", por sua vez, parece conotar o aspecto intangível, incontestável, daquele de quem se fala: trata-se de alguém tão competente que suas competências já adquiridas não devem nunca ser (re)colocadas à prova.

Para que serve um monstro?

Greimas observa que "a presença do oponente já manifesta metonimicamente um antiprograma implícito e evidencia a estrutura *polêmica*

[3] Exemplos do dicionário *Aurélio*.

da narrativa" (Greimas, 1975: 24). Esse parece ser o caso de todas as histórias onde existe um monstro. Sua simples presença traz consigo um desafio.

Esse desafio, no entanto, não se apresenta ao alcance de qualquer uma das personagens em jogo. A fim de melhor demonstrar o fato, a narrativa apresenta frequentemente adversários que terminam facilmente vencidos pelo monstro. O que pode haver de especial no herói, naquele que vai vencer o monstro?

Muitas vezes, essa resposta não é revelada pelo herói, mas pelo próprio monstro. O corpo do monstro exibe comumente os principais elementos da sua competência: se ele tem asas, pode voar, se é grande e pesado como uma montanha, é forte na mesma medida, etc. Podemos prever, inclusive, o tipo de combate a ser travado com base nesses elementos. Cada elemento da competência do monstro é um elemento a ser compensado pela competência do herói. Assim, os poderes do monstro servem à designação do herói "exigido" pela narrativa: ele pode ter de ser inteligente, forte, corajoso, astucioso etc., de acordo com as necessidades da situação, figuradas nos poderes do monstro. Édipo não precisou de força para vencer a Esfinge, mas de perspicácia e inteligência; nos trabalhos de Hércules, a força não pode ser ignorada, mas não costuma ser a única qualidade em jogo.

Diríamos que existe, portanto, uma certa *simetria* entre o herói e o monstro: além desses aspectos da competência de cada um, os dois são sobre-humanos – entre os gregos, inclusive, tanto um quanto outro são de linhagem divina – e frequentemente ambos levam consigo, desde o início da narrativa, algum tipo de *marca* .[4] As análises de textos míticos empreendidas pela escola semiótica de Tartu destacam, inclusive, os laços semânticos frequentemente existentes entre o nome do herói e o de "seu" monstro, isto é, aquele que ele vence. Essa simetria, no entanto, não é completa, já pelo simples fato de que há um vencedor e um vencido no combate final. Ao contrário do destino clássico do herói no conto popular, que o mostra reinando em meio à calma, tendo devolvido a normalidade aos seus, o monstro nunca morre de morte natural, e raramente ele chega a envelhecer. Ele é normalmente assassinado no auge

[4] Além daquela que, de acordo com a morfologia do conto de Propp, o herói recebe com o decorrer da intriga.

de seus poderes, talvez porque o contrário significasse um teste menor à competência do herói. E, apesar de seus feitos extraordinários durante a vida, depois de sua morte o monstro nunca é celebrado ou divinizado como o herói. Portanto, a vantagem do herói não se manifesta somente no registro da *performance* que o consagra: é também uma vantagem ideológica. Quais seriam os seus fundamentos?

O lugar dos monstros

Em geral, o espaço do monstro é diferente daquele do homem comum: ele está nos céus, no inferno, nas profundezas subaquáticas, nas florestas. Na tradição popular russa, ele mora no "outro reino",[5] se é um dragão, ou na floresta, no caso de Baba Yaga.[6] Esses elementos contribuem, ao lado da "forma imprópria" de que já falamos, para reforçar a ideia de *estranheza* do monstro. Mas não é só: como escreveu Propp, "a composição do conto é fundamentada no deslocamento do herói no espaço" (Propp, 1946: 56). Com efeito, é durante esse deslocamento que o herói adquire grande parte da competência necessária para vencer o monstro, seja na forma de conhecimentos, de poderes ou de objetos conquistados – que são, no fundo, poderes figurativizados. Além disso, outro fator ideológico aparece aí, na divisão dos espaços. O espaço do monstro é o "outro espaço", distante, misterioso, desconhecido; o espaço do herói é o "nosso espaço", palpável, familiar, presente. O conto russo costuma reforçar esse aspecto investindo traços de familiaridade na própria figura do herói: um homem simples, de família popular, chamado Ivã (equivalente ao nosso "João"). Se em geral o herói ocupa o "centro" da história, o monstro é, literalmente, *excêntrico*.

---

[5] É comum a fórmula: "o três-vezes-décimo reino", que marca não só a alteridade, mas a grande distância entre os espaços, coisa que, no fundo, reforça ainda mais a alteridade.

[6] Baba Yaga, nos contos populares russos, é a feiticeira da floresta. É sempre uma velha (*Baba* quer dizer "vovó") feia, que mora numa cabana mágica, e que usa uma vassoura voadora como meio de transporte. De acordo com a história de que participa, ela é capaz de se comunicar com os animais, as plantas, os rios e os objetos domésticos. Baba Yaga não aprecia a vida comunitária e vive isolada e geralmente sozinha, embora seja às vezes retratada como mãe de filhas monstruosas e sanguinárias. Recebe visitas ocasionais, sempre sem convidar, de príncipes aventureiros e crianças perdidas na floresta, que ela trata sem cerimônia, fazendo de tudo para levá-los ao grande forno de sua cabana, que está sempre aceso. Propp observa que invariavelmente ela acaba por fornecer ao herói, mesmo que seja contra sua vontade, aquilo de que ele necessita para vencer seu oponente – uma informação ou um objeto mágico.

Esse caráter excêntrico do monstro é patente em outra personagem célebre, o Minotauro. Pensemos no espaço associado a ele. Nos tempos do Minotauro, pouca gente tinha o luxo de morar numa casa concebida por um arquiteto. E por que razão oferecê-la ao monstro? Digamos que o Minotauro *precisava* de seu palácio: não podia sair de lá, assim como ninguém podia, o que era fundamental para o seu "trabalho". Em outras palavras, a figura do monstro devorador de jovens atenienses só se completa pela figura de seu singular palácio-labirinto construído em uma ilha distante do continente. São imagens indissociáveis. Jorge Luis Borges e Margarita Guerrero escrevem:

> A ideia de uma casa feita para que as pessoas se percam dentro dela é talvez ainda mais estranha do que a de um homem com cabeça de touro, mas as duas se completam e a imagem do labirinto combina bem com a imagem do Minotauro. É muito interessante que no meio de uma casa monstruosa more um habitante monstruoso (Borges & Guerrero, 1957:118).

Muitos monstros, assim como o Minotauro, não podem ser separados do espaço onde vivem. Na tradição popular russa, temos Baba Yaga e, no Brasil, o Curupira, para citar só dois exemplos. Eles não podem deixar a floresta. Formam com seu espaço uma unidade estável, de tal maneira que não se pode conceber um sem o outro.[7] Falamos nesse caso da reunião de um antropônimo com um topônimo. Mesmo no caso dos monstros capazes de agir fora de seu território, como os dragões raptores de princesas, o principal combate, que constitui o clímax do conto, costuma acontecer no espaço do monstro, o que força o deslocamento do herói.

O conjunto desses fatores – a forma imprópria, os dons sobre-humanos e o "outro espaço" – faz do monstro uma ameaça à confortável

[7] As crianças que têm medo de entrar em uma floresta porque foram informadas de que lá mora uma bruxa não entram na floresta *por causa* da bruxa. Se a informação for eficaz e a criança inteligente, entenderá rapidamente que basta evitar as florestas, porque elas incluem as bruxas; assim, o mundo civilizado torna-se amigável e seguro, uma vez que as bruxas não deveriam aparecer nunca em outro lugar. O problema é que alguns pais, por falta de florestas vizinhas ou de sensibilidade, trazem às crianças imagens de bruxas modernas, que não precisam de cabanas nem de florestas e podem aparecer virtualmente em qualquer lugar.

condição das coisas conhecidas. Mas não devemos pensar que o desconhecido venha sempre de sua própria vontade pertubar a estabilidade e a quietude dos homens de bem. Algumas vezes o instigador e a vítima se confundem, e o herói e o monstro passam a dividir o mesmo espaço, sem separação. É o que vamos ver agora.

Gólem: faça você mesmo

A Bíblia nos acostumou a uma rápida descrição do processo de criação do primeiro homem, Adão. Entretanto, no Talmud[8] encontramos uma maior riqueza de detalhes desse episódio. A geração humana é dividida em vinte e quatro horas, sendo que nas doze primeiras Adão não possui ainda uma alma. E esse é o ponto que nos interessa: a palavra "Gólem" é empregada para descrever o estado disforme do boneco de barro que viria a ser Adão durante suas doze primeiras horas de vida.[9] Deus foi o primeiro, portanto, a criar um Gólem. Depois disso, como veremos, muitos vêm tentando imitá-lo.

De acordo com G. Scholem, não se pode falar em uma só versão do que seria a criação de um Gólem. A cabala[10] judaica relata procedimentos para a geração de gólens desde os séculos XII e XIII de nossa era. Mas há ainda uma segunda tradição, mais recente, a partir do século XV, que se tornou mais popular. O que elas têm em comum é a ideia de se fazer um boneco de uma mistura de terra virgem (isto é, não lavrada) e água, e praticar sobre ele certas fórmulas encantatórias. O boneco é então animado de vida, mas quase nunca de fala, e a continuidade dessa vida está, assim como seu começo, sob os desígnios de seu criador. A morte do Gólem, num paralelo com seu nascimento, tem de ser

[8] O Talmud é um dos livros fundamentais do judaísmo. Trata-se de um conjunto de tradições orais que complementam a Torá (as leis escritas por Moisés e, por extensão, o Pentateuco – os cinco primeiros livros da Bíblia: Gênese, Êxodo, Levítico, Números e Deuterônomo), contendo leis civis, códigos morais e de conduta. O Talmud se divide, por sua vez, em várias partes, das quais destacaremos o Talmud de Jerusalém (século III) e o Talmud da Babilônia (séculos IV e V), ao qual voltaremos em breve.

[9] Nossas informações sobre o Gólem são baseadas principalmente em Scholem, 1960.

[10] A cabala é uma tradição mística e religiosa que traz elementos filosóficos (aristotélicos e pitagóricos, principalmente) ao estudo de antigas tradições judaicas. Seus procedimentos incluem o estudo contemplativo das *letras* da Torá, a fim de desvendar os mistérios da criação através dos atributos e dos nomes impronunciáveis de Deus.

mágica também. Ele não pode ser assassinado como qualquer outro ser vivo: existem fórmulas precisas para dar cabo dele. Algumas vezes essas fórmulas são simples inversões do procedimento de criação.

Para aqueles que viveram sob a tradição cabalística mais antiga, entre os séculos XII e XIII, o Gólem era criado simplesmente como um exercício ao mesmo tempo místico e intelectual (nesse sentido, a palavra *talmud* pode ser traduzida como "entendimento"). Alguns dos antigos cabalistas acreditavam que a razão só era completa se pudesse ser *provada* – isto é, provada para além do jogo de argumentações. A ideia da criação era, nesse sentido, a mais provocativa de todas, pois aquele que é capaz de criar um objeto parece conhecê-lo da forma mais completa – ou, em todo caso, ninguém poderia dizer toda a verdade sobre uma determinada coisa enquanto não fosse capaz de criá-la por seus próprios meios. Assim, alguns cabalistas ridicularizavam a pretensão de outros, dizendo que eram inaptos a compreender o que quer que fosse da grande obra de Deus, "provando" isso com o fato de que os pretensiosos não seriam capazes de criar "nem mesmo um grão de cevada", quanto mais um ser vivo (Scholem, 1960).

A ideia do Gólem surge então no cenário desse debate. É curioso notar que, se nas histórias de monstros encontramos sempre uma estrutura polêmica, conflitante, a disputa aqui – na forma de uma medida de competências – não se dá entre um herói e o monstro, mas entre os próprios cabalistas. O monstro não é aqui um oponente.

A feitura do Gólem era, àquela altura, qualquer coisa muito complicada. Exigia a participação de dois cabalistas, às vezes três, seguindo rigorosamente rituais minuciosos e extensos. Infelizmente, não temos muita notícia dos gólens gerados naqueles tempos. Tudo o que sabemos é que, assim como foram concebidos no calor dos debates sobre aquilo que o homem podia ou não fazer, foram extintos por causa igual: os estudiosos passaram a temer que a proliferação dessas criaturas acabasse por motivar, um dia, cultos àqueles que as tinham criado e que, dessa forma, uma das práticas proibidas pelos Dez Mandamentos fosse instituída: o politeísmo.

Com isso, a terra pôde descansar por mais dois séculos. Porém, com a tradição mais recente, a partir do século XV, o Gólem ganharia *utilidade* para além da prova de conhecimentos místicos dos antigos. Ele se tornou capaz de *obedecer* e, assim, de realizar todo tipo de serviço doméstico. Isso era especialmente conveniente aos sábados, dia em que os judeus não devem trabalhar. As descrições relativas aos aspectos materiais da feitura do Gólem tornaram-se aparentemente mais ricas, talvez porque sua contraparte mágica tornara-se mais simples. Em sua nova versão, o boneco devia ser feito de terra virgem e água de fonte corrente, e ser modelado no aspecto de um menino de dez anos. No lugar dos extensos rituais dos séculos anteriores, a fórmula mágica mais comum capaz de animá-lo passou a ser a inscrição do tetragrama *emet* em sua testa. Essa palavra se traduz por "verdade", ou seja, pela representação da presença do Deus único que a garante. Entretanto, esse Gólem servil poderia se rebelar. Sua força física é sempre notável, e em muitos relatos a criatura aparece ficando cada vez mais forte com o passar do tempo. No fundo, o simples fato de ele se tornar cada vez mais forte bastava para atemorizar seus criadores. A fim de evitar o pior, deve-se apagar a primeira letra do tetragrama *emet*, o que resulta no trigrama *met*, "morto". O Gólem então deixa a vida e se desfaz.

Em geral o nascimento de um monstro, assim como o de um herói, é um momento mágico. Muitas vezes ele não "nasce" no sentido comum da palavra, mas é produzido por um ritual, como no caso do Gólem. Propp considera que nas sociedades "primitivas" o nascimento de qualquer pessoa era tomado como um acontecimento mágico. Com a evolução das sociedades, o nascimento mágico teria sido gradativamente reservado aos heróis nacionais, aos reis e aos semideuses; os demais, homens e mulheres de carne e osso – e não de palavra e barro, diríamos –, passaram a nascer da forma banal que conhecemos (Propp, 1941).

O caráter inicial disforme da massa de barro que dá origem ao Gólem, diferentemente daquilo que acontece com Adão, não se altera: a criatura *permanece* disforme. Podemos lançar três olhares sobre esse caráter disforme.

Primeiro, diríamos que o Gólem é disforme porque tem muitos traços humanos, o que inclui o movimento, mas é feito de barro e tem o aspecto do barro – reencontramos aqui uma primeira forma imprópria. Não é a única. A terra e a água, seus componentes materiais, eram dois dos quatro elementos de Empédocles.[11] São os elementos *inferiores*, pois

---

[11] Empédocles (490 a.C. – 435 a.C.), filósofo, poeta e mágico grego, concebeu um sistema no qual quatro elementos primordiais – a terra, a água, o fogo e o ar – eram os componentes de toda matéria existente. Essa concepção de Empédocles formaria ainda a base dos sistemas naturais dos alquimistas e dos escolásticos, séculos depois.

a tendência vertical de seu movimento é sempre para baixo, no sentido do assentamento, por oposição ao ar e ao fogo, que tendem à elevação e à dispersão. São também elementos *úmidos* e *frios*, enquanto os outros são secos e quentes.[12]

É interessante comparar a partir dessa perspectiva o Gólem ao *homúnculo* de Paracelso.[13] Esse outro "homem artificial" era criado de acordo com uma receita completamente diferente: seus componentes não eram a terra e a água, mas sangue, esperma e excrementos de cavalo. O sangue e o esperma eram considerados "veículos da substância da alma". Uma vez combinados esses elementos, era preciso aguardar quarenta dias para que o homúnculo começasse a se desenvolver da putrefação da mistura (Paracelsus, 1573). A criação do Gólem e a do homúnculo são, portanto, procedimentos baseados em propriedades opostas dos elementos. O primeiro usa elementos frios, de origem mineral, e forma com eles um corpo sólido, a ser animado por uma "quase-alma", a palavra de Deus (voltaremos a falar dessa "quase-alma" a seguir). O segundo tem como ponto de partida a própria alma, em seus "veículos", elementos de origem animal, dotados de calor corpóreo, cujos vapores (produtos da reação) formam um novo corpo.

Todos esses aspectos, que ressaltam a parcialidade qualitativa e, por causa disso mesmo, a falta das qualidades opostas nos elementos da massa-síntese terra e água, revelam a incapacidade dos elementos inferiores em produzir um organismo completo, uma "forma própria". O Gólem primordial, aquele que se tornou Adão, foi animado pelo sopro de Deus; o Gólem produzido pelos cabalistas não pode almejar a tanto. Alguns chegaram a propor que a "alma" que animava os movimentos do Gólem era uma alma de tipo "inferior", *nefesch*, e que a criatura não

---

[12] Numa tomada de perspectiva vertical, nesse sistema a água está abaixo da terra (pois ela pode penetrar na terra) e acima do fogo está o ar, "que se eleva sem medida" (Empédocles, *Fragmento 17*).

[13] Alquimista suíço nascido em 1493 e morto em 1541. Acreditava numa analogia entre o organismo humano e o mundo físico à sua volta. Acrescentou à teoria dos elementos de Empédocles a noção dinâmica de um Quinto Elemento (*Quinta Essentia*), que é aquele que, numa dada composição, impõe-se sobre os demais, fazendo com que suas propriedades predominem na matéria composta.

possuía a alma espiritual característica dos homens, chamada *ruach*. E essa é só mais uma entre as imperfeições do Gólem.[14]

O segundo olhar sobre o caráter disforme do Gólem coloca-o como participante de uma *série*. Ele serve para completar a série que vai dos seres inanimados aos animais, dos irracionais aos racionais, e, é claro, dos seres sem espírito aos espirituais. Ao se colocar aquém do homem e de Deus, o Gólem permite a compreensão da condição humana, situada exatamente no centro da série analógica ascendente: Gólem, homem, Deus. Essa série evolui a partir dos elementos inferiores em direção aos elementos superiores, passando pelo termo complexo entre eles, o homem, que reúne uns quanto outros. A extrema imperfeição do Gólem e a extrema perfeição de Deus trazem imperfeições e perfeições relativas (medianas) ao homem. Trata-se também de uma série sustentada pela distribuição da competência (o Gólem pode pouco comparado ao homem, que pode pouco comparado a Deus, que pode tudo), mas não unicamente. A efemeridade da condição de cada um parece ser o fator central apontado pela série: o Gólem é criado e destruído pelo homem, e por isso a duração de sua vida está contida na duração da vida do homem; este último é criado e destruído por Deus, ser eterno, o que quer dizer que sua duração contém todas as outras. A partir daí, a efemeridade pode ser tomada como um fator derivado da competência: quem pode mais controla a duração da vida de quem pode menos.

Terceiro olhar sobre a disformidade, lembremo-nos de que a condição do Gólem não é alheia à humana; ao contrário, ela é *participante* da condição humana, e duplamente participante: são os estágios iniciais de Adão, e também os finais ("És pó, e ao pó tornarás"). A terra está associada ao homem *em repouso*, seja porque ainda não recebeu vida, seja porque deixou a vida. Vista sob esse ângulo, a permanência da condição telúrica do Gólem representa um homem morto, ou ainda um "quase-homem", enfim, um homem sem alma, mas em ação e movimento. E, se de acordo com as tradições místicas judaico-cristãs, todos passamos e vamos passar mais uma vez pela terra, essa situação é distanciada, entre

[14] O motivo do filho imperfeito como sanção de competência insuficiente é encontrado também na mitologia grega. Hera, com ciúmes de Zeus, que havia concebido Atena sem sua participação, concebe Hefestos, mas o resultado é esteticamente desastroso, e ela, por vergonha e por repúdio, acaba por jogá-lo do Olimpo dentro de um vulcão – coisa que, ao invés de remediar, acaba por acentuar os desvios estéticos que se pretendia esconder.

os humanos, pela interposição de um corpo "completo" entre as duas passagens, ao passo que o Gólem está constantemente a nos lembrar nossa origem e nosso destino: o *tempo* humano, tempo da carne e da alma, no Gólem, está ausente.

É frequente encontrarmos, na composição dos monstros, a condensação de elementos normalmente apartados temporalmente, o que é uma das formas possíveis da heterogeneidade que os caracteriza. Na figura do Capricórnio, como outro exemplo, associada ao signo zodiacal de mesmo nome, temos uma criatura composta em sua metade posterior por um grande peixe, e na anterior por uma cabra. Através dessa composição, o Capricórnio representa a transformação instantânea, imediata, entre dois estágios: ele traz a história evolutiva dos animais sem divisão cronológica e sem intermediações, dos animais aquáticos aos grandes mamíferos terrestres. Há também nessa figura duas orientações. A primeira é a do próprio processo evolutivo: da água à terra.[15] Por detrás dessa orientação existe uma outra: trata-se de um deslocamento vertical do ponto mais baixo (as profundezas aquáticas, abaixo do "nível da terra") para o mais alto (a cabra é o animal terrestre que sobe mais alto nas montanhas, nos "limites da terra"). Assim, para além das figuras implicadas, o peixe e a cabra, no Capricórnio temos dois movimentos "crescentes", "positivos", que contribuem para dar o sentido evolutivo trazido pela figura: de trás para frente e de baixo para cima.

Vimos que a relação conflitiva está sempre presente nas narrativas das quais os monstros participam. O Gólem não nega a regra. Isso não era evidente de acordo com a tradição dos séculos XII e XIII, mas nesse caso a duração do monstro era curta demais para permitir qualquer conflito. A criatura era em geral desfeita logo após seu "nascimento". Com a tradição mais recente, a partir do século XV, o Gólem passou a ser usado como adjuvante em determinadas tarefas, sobretudo domésticas, na função

[15] Ao contrário do que pode parecer, a ideia evolutiva não pertence com exclusividade às ciências naturais modernas, sob a influência de Darwin: na Bíblia, os peixes foram criados no quinto dia, e os animais terrestres – inclusive o homem – no sexto. Parece, aliás, que todos os grandes sistemas cosmogônicos míticos tratam a criação de maneira evolutiva. A diferença entre os sistemas míticos e científicos não está na ideia evolutiva, mas nos tipos e nas causas da evolução – sem falar, é claro, dos discursos por detrás dos argumentos.

de criado. Ele vivia no espaço de seu criador, que o via cada dia maior e mais forte. Esses dois fatos (o compartilhamento do espaço e a força e o tamanho crescentes) bastavam para que o Gólem fosse logo visto como um perigo em potencial. Em outras palavras, seu estatuto passava *de adjuvante a oponente*, sem que ele tivesse feito coisa alguma para tanto. É curioso notar que, sem essa passagem pela condição de adjuvante, o antigo Gólem *não* se tornava oponente. Essa condição de adjuvante parece então *qualificar* o Gólem para um confronto somente possível, mas não realizado. Por que então o medo?

Um elemento de resposta pode estar na constatação do fato de que as criaturas que inicialmente compartilham do espaço de seu criador muitas vezes acabam sendo expulsas por ele. As histórias desse gênero são numerosas. O exemplo mais célebre é talvez, para continuarmos em torno da criação do homem, o de Adão e Eva. A razão da expulsão deles é a transgressão do contrato inicial e a quebra da condição fiduciária original – não se podia mais confiar neles.

Outro exemplo de expulsão do paraíso trará novos elementos sobre o tema. Na Bíblia há uma contradição sobre a criação da mulher, nesses termos: em Gen 1:27 o homem e a mulher são criados ao mesmo tempo, a partir de bonecos de barro, ao passo que em Gen 2:21 Eva é feita de uma costela de Adão. Já a Hagadá[16] oferece a versão (não contraditória, notemos) seguinte: uma mulher foi feita, assim como Adão, da terra e da água. Seu nome é Lilith. Ela queria de seu criador os mesmos direitos de Adão, argumentando que os dois eram iguais, já que tinham sido feitos da mesma matéria. Não houve consenso sobre o assunto e Lilith, intransigente e amargurada, pronunciou o nome de Deus – o que é proibido pela lei judaica – e fugiu, deixando o lugar que seria depois ocupado por Eva.

No caso de Lilith, o contrato ainda não havia sido estabelecido; ela discute, justamente, a aceitação daquilo que se lhe propõe. Seu

---

[16] A Hagadá é uma das partes do Talmud da Babilônia. Possui um caráter "não legislativo" e "não regulamentar", que contrasta com as leis escritas (como os Dez Mandamentos) e com as leis civis e morais de outras partes do Talmud. Trata-se de um conjunto de narrativas históricas, proféticas e esotéricas, além de contos, lendas e máximas.

argumento é astucioso, pois não se baseia na declaração de seu desejo, mas em seus "direitos". Esses direitos, por sua vez, são fundados numa demanda de reconhecimento de poder, não de necessidades: Lilith e Adão, feitos da mesma matéria e da mesma forma, teriam as mesmas potencialidades. A operação que consiste em focalizar o *poder* ao invés do *querer* é importantíssima na polêmica das reivindicações. Uma vez colocado em jogo, o poder daquele que exige é confrontado com o poder daquele a quem a demanda é dirigida, e uma das partes tem de ceder. Já no episódio da sedução de Eva pela serpente, essa última a *faz querer* o fruto proibido sem disputas e sem conflitos.

De volta à questão da expulsão, ou melhor, da aniquilação do Gólem por seu criador, somos inicialmente surpreendidos por aquilo que parece um gesto unilateral e despropositado do homem. A criatura telúrica, muda e obediente, nada fez senão crescer, ajudar e permanecer no espaço onde nasceu, e eis que aquele que a criou se põe a julgá-la e prepara-se para devolvê-la à terra. No fundo, o que acontece aqui parece ser um deslocamento da competência reconhecida na direção de um suposto desejo, que essa competência teria tornado realizável: uma vez que a criatura *pode* dominar seu criador, o que a impede de fazê-lo? Pois se vier a querer, ela o fará sem problemas; e, se não se pode impedi-la de fazer, só resta "impedi-la de querer" – quer dizer, só resta destruí-la. Essa decisão é, inclusive, facilitada por outros aspectos da competência, mas do lado do criador, dessa vez: primeiro, não é difícil pô-la em prática (basta apagar uma letra); segundo, os livros sagrados não consideram a destruição do Gólem um assassinato, como seria se ele fosse um ser vivo como os outros e, finalmente, é cômodo pensar que, em caso de arrependimento ou saudades, sempre se pode criar outro Gólem da mesma maneira. Mais uma vez, esses aspectos da competência atuam sobre a manipulação, e mostram a que ponto pode ser difícil separá-los na análise semiótica dos textos. E assim nosso Gólem volta à terra, provavelmente atônito diante da ingratidão de seus criadores, que confundem tão facilmente querer e poder.

Bibliografia

BORGES, Jorge Luis; GUERRERO, Margarita [1957]. *Manuel de zoologie fantastique.* Paris: Union Générale d'Éditions, 1970.

EMPÉDOCLES. *The extant fragments.* London: Bristol Classical Press, 1995.

GREIMAS, Algirdas Julien [1975]. Entretien avec A. J. Greimas sur les structures élémentaires de la signification. In: NEF, Frédéric. *Structures élémentaires de la signification.* Bruxelles: Complexe, 1976.

PARACELSUS [1573]. *De natura rerum.* Libri septem. P. Pernam, 1573.

PARÉ, Ambroise [1573]. *Des monstres et prodiges.* Collection Fleuron. Paris-Genève: Slatkine, 1996.

PROPP, Vladimir Jakovlievitch [1941]. *O motivo do nascimento maravilhoso.* Trad. autores deste texto, em vias de publicação no Brasil.

______. [1946]. *Les racines historiques du conte merveilleux.* Paris: Gallimard, 1983.

SCHOLEM, Gershom [1960]. *A cabala e seu simbolismo.* São Paulo: Perspectiva, 1978.

Nilton Hernandes

Duelo: a publicidade da tartaruga da Brahma na Copa do Mundo

A tartaruga da cerveja Brahma, criada pela agência brasileira F/Nazca e produzida pela Vetorzero, faz parte de uma tendência mundial: a de utilizar "seres virtuais" na publicidade.[1] Este trabalho analisa umas das peças "estreladas" pelo bicho, chamada *Duelo*, veiculada durante a Copa do Mundo/2002. No anúncio, a tartaruga, vestida com a camiseta da seleção brasileira, entra em um restaurante oriental e desafia um cozinheiro. Ela faz malabarismos com uma lata de cerveja Brahma. O cozinheiro aceita o jogo, mas utiliza suas facas de cozinha. O grau de dificuldade vai aumentando. Por fim, a tartaruga joga a lata de cerveja para o alto e consegue apará-la na nuca. O cozinheiro, no calor da disputa, faz a mesma coisa com a faca. Mas ao perceber o erro, é tarde demais: acaba atingido.

Estudamos, com as ferramentas da semiótica francesa, como o anúncio cumpre sua missão de vender cerveja, os valores agregados à marca a partir do mundial de futebol, o uso da computação gráfica no processo de persuasão do consumidor. Analisamos também como ângulos de câmera e edição produzem sentidos.

Algumas reflexões sobre o sincretismo de linguagens

Textos publicitários são *sincréticos*, ou seja, unem várias linguagens (ou diferentes formas de expressão, como verbais, musicais, gestuais

[1] Um dos principais programas de geração da tartaruga foi o Maya, da empresa Alias/wavefront. O software facilitou outras criações do mundo publicitário brasileiro entre 2001 e 2002, como os siris da mesma Brahma que infernizam um banhista, o ET do portal Terra, e o ratinho *Chip*, do Bradesco.

etc.) para produzir um único "todo de sentido".[2] Não vamos falar em nenhum momento de "visual" em relação ao "verbal". Há décadas, diversos pesquisadores, jornalistas, publicitários e teóricos travam uma guerra que julgamos inútil na tentativa de provar o que é mais importante: o "verbal" ou o "visual". Se um ou outro é mais perigoso, persuasivo, sedutor e, principalmente, "moderno". Insistimos que, em mídia, é quase impossível encontrar um cartaz, ou comercial de TV, um outdoor que utilize uma única linguagem. Até em um simples *spot* de rádio, no qual alguém só fala, trabalha-se com a entoação de voz. Outro termo bastante impreciso, e que será evitado, é *imagem.*

Vale salientar que a semiótica se apresenta como uma teoria da *relação.* E é a relação entre unidades que determina o valor de cada uma no interior do texto. Interessa estudar como as linguagens foram hierarquizadas e trabalhadas dentro de certas técnicas para produzir certos *efeitos de sentido.* A ideia de efeito implica verificar que os sentidos foram *construídos*, ou seja, pensados para que causassem certas impressões e redundassem em determinados atos, como comprar cerveja Brahma. Outro ponto importante é que a semiótica "desconstrói" o texto para entendê-lo, faz o caminho contrário ao de criação. Para isso, divide um texto em diversos níveis e planos. As divisões são puramente metodológicas. Nenhum publicitário, por exemplo, segue as etapas estabelecidas pela teoria para criar uma peça.

Para analisar *Duelo*, faremos a primeira divisão teórica do texto: separar o *plano do conteúdo*, lugar dos conceitos ou "onde o texto diz o que diz", do *plano de expressão*, lugar de trabalho das diferentes linguagens que vão, no mínimo, carregar os sentidos do plano de conteúdo. No uso cotidiano da linguagem, o plano de expressão é imediatamente descartado ao cumprir sua função no ato de comunicar. Não lembramos, por exemplo, os sons das palavras e as entonações de alguém que nos comunica algo. Só guardamos o conteúdo. Já em uma publicidade, encontramos geralmente um tipo de texto sincrético cujo plano de expressão é riquíssimo. Seu uso privilegia não o aspecto utilitário,

---

[2] "O sincretismo semiótico define-se como sendo o resultado da combinação do plano da expressão, de elementos de várias semióticas diferentes, mas que recobrem uma totalidade de significação".(C.f. Diana Luz Pessoa de Barros, "Texto e Imagem", em Linguagens, n. 1, Porto Alegre, 1986, p.36.). Isso significa dizer que, na publicidade, tomadas de câmera, sons, músicas, iluminação, cenários, figurinos entre muitos outros elementos possíveis, constroem um todo de significação.

“DUELO” EM TOMADAS

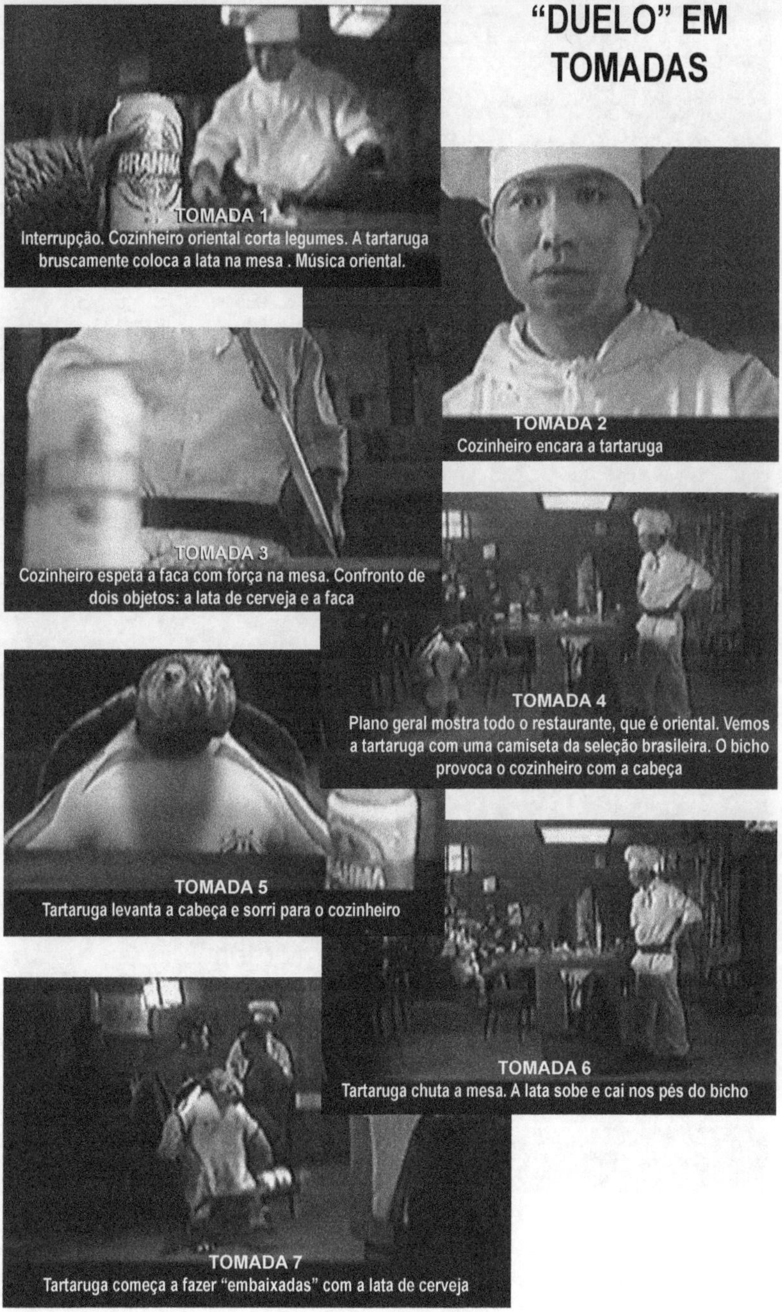

TOMADA 1
Interrupção. Cozinheiro oriental corta legumes. A tartaruga bruscamente coloca a lata na mesa . Música oriental.

TOMADA 2
Cozinheiro encara a tartaruga

TOMADA 3
Cozinheiro espeta a faca com força na mesa. Confronto de dois objetos: a lata de cerveja e a faca

TOMADA 4
Plano geral mostra todo o restaurante, que é oriental. Vemos a tartaruga com uma camiseta da seleção brasileira. O bicho provoca o cozinheiro com a cabeça

TOMADA 5
Tartaruga levanta a cabeça e sorri para o cozinheiro

TOMADA 6
Tartaruga chuta a mesa. A lata sobe e cai nos pés do bicho

TOMADA 7
Tartaruga começa a fazer “embaixadas” com a lata de cerveja

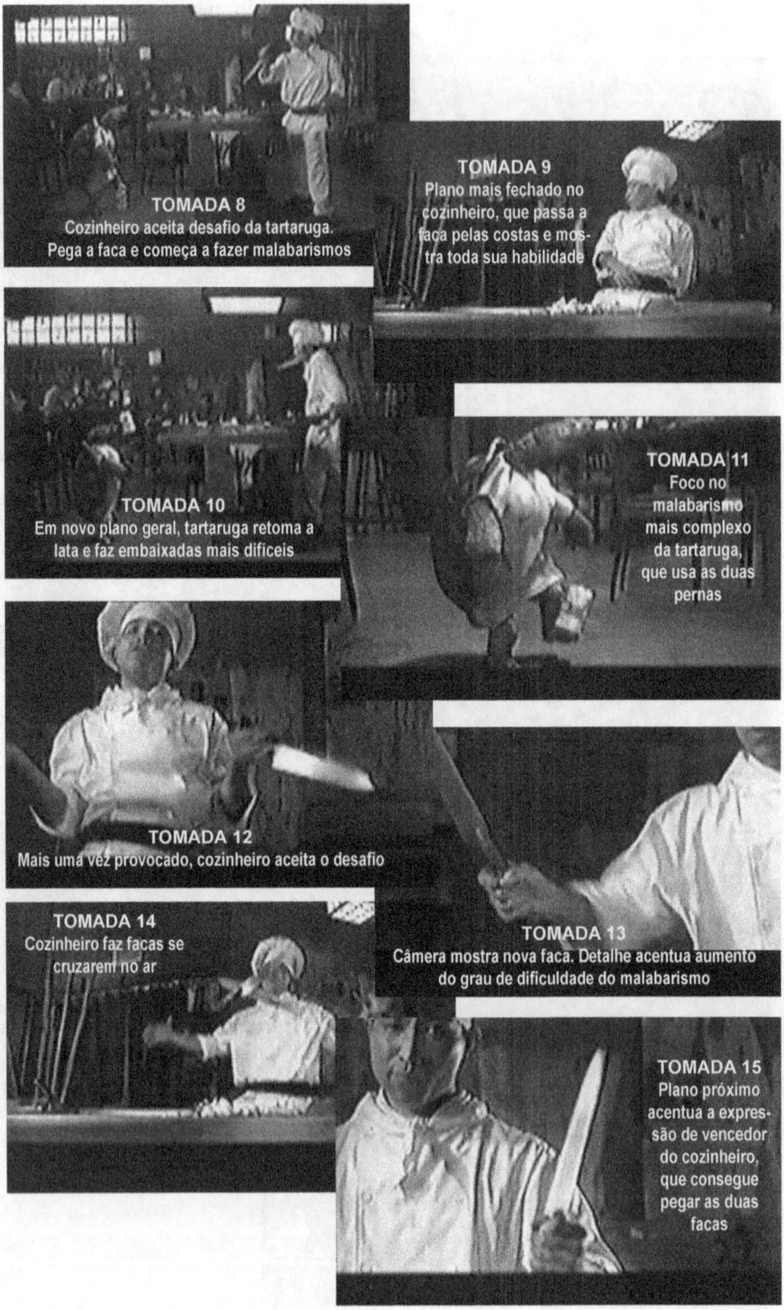

TOMADA 8
Cozinheiro aceita desafio da tartaruga. Pega a faca e começa a fazer malabarismos

TOMADA 9
Plano mais fechado no cozinheiro, que passa a faca pelas costas e mostra toda sua habilidade

TOMADA 10
Em novo plano geral, tartaruga retoma a lata e faz embaixadas mais difíceis

TOMADA 11
Foco no malabarismo mais complexo da tartaruga, que usa as duas pernas

TOMADA 12
Mais uma vez provocado, cozinheiro aceita o desafio

TOMADA 13
Câmera mostra nova faca. Detalhe acentua aumento do grau de dificuldade do malabarismo

TOMADA 14
Cozinheiro faz facas se cruzarem no ar

TOMADA 15
Plano próximo acentua a expressão de vencedor do cozinheiro, que consegue pegar as duas facas

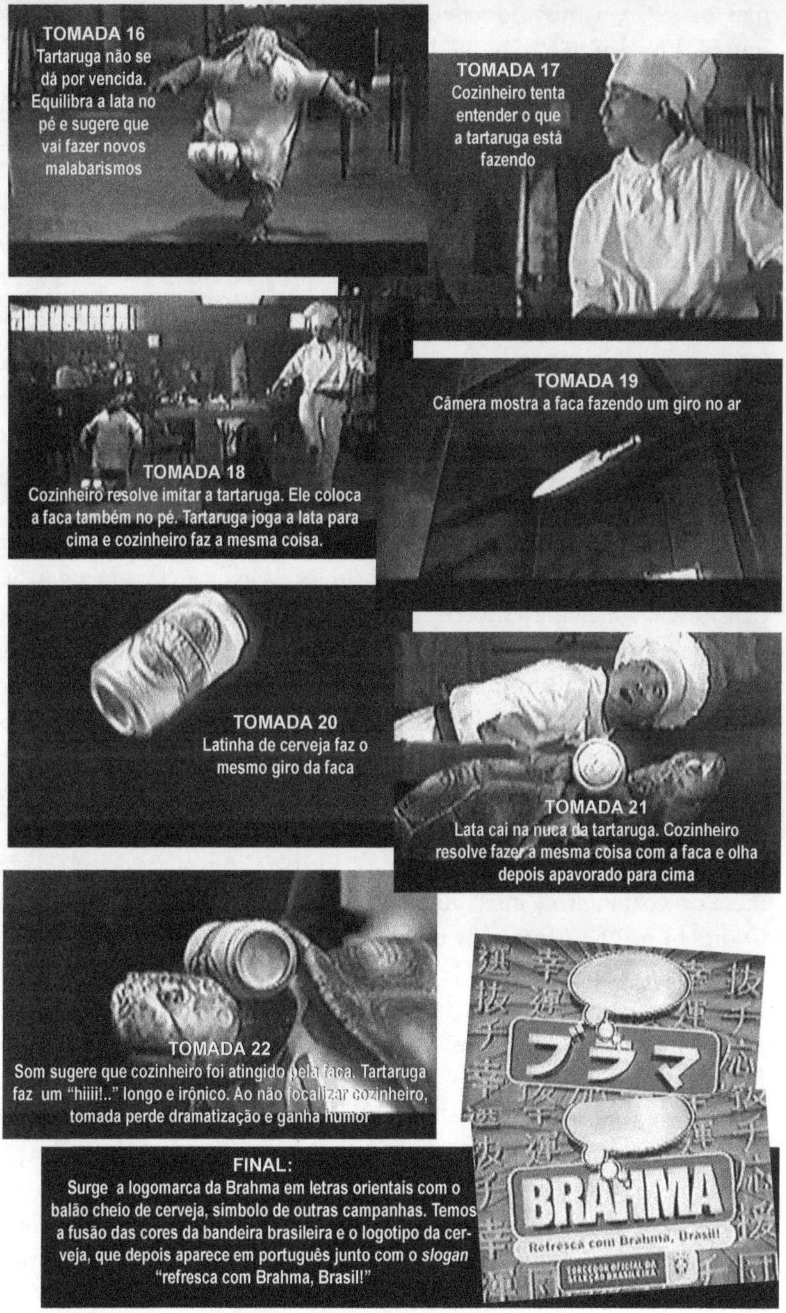
TOMADA 16
Tartaruga não se dá por vencida. Equilibra a lata no pé e sugere que vai fazer novos malabarismos
TOMADA 17
Cozinheiro tenta entender o que a tartaruga está fazendo
TOMADA 18
Cozinheiro resolve imitar a tartaruga. Ele coloca a faca também no pé. Tartaruga joga a lata para cima e cozinheiro faz a mesma coisa.
TOMADA 19
Câmera mostra a faca fazendo um giro no ar
TOMADA 20
Latinha de cerveja faz o mesmo giro da faca
TOMADA 21
Lata cai na nuca da tartaruga. Cozinheiro resolve fazer a mesma coisa com a faca e olha depois apavorado para cima
TOMADA 22
Som sugere que cozinheiro foi atingido pela faca. Tartaruga faz um "hiiii!.." longo e irônico. Ao não focalizar cozinheiro, tomada perde dramatização e ganha humor
ブラマ
BRAHMA
Refresca com Brahma, Brasil!
FINAL:
Surge a logomarca da Brahma em letras orientais com o balão cheio de cerveja, símbolo de outras campanhas. Temos a fusão das cores da bandeira brasileira e o logotipo da cerveja, que depois aparece em português junto com o *slogan* "refresca com Brahma, Brasil!"

mas o *estético*, a busca de efeitos de beleza, de estranhamento, entre outros. Entra aí não só a questão do *inteligível* (do que é racional), mas principalmente a do *sensível*.

Análise

Fizemos uma reprodução com todas as tomadas. O anúncio, em Flash 6, pode ser visto no site: http://niltonhernandes.sites.uol.com.br

Plano de conteúdo – níveis fundamental e narrativo

A semiótica entende o plano de conteúdo como um percurso de geração de sentido, que vai do mais simples e abstrato até o mais complexo e concreto, em três níveis, o fundamental, o narrativo e o discursivo. No nível fundamental de *Duelo*, podemos encontrar uma óbvia oposição semântica entre vitória *x* derrota, que esconde, na verdade, uma oposição mais profunda, entre *vida x morte*. A vitória é vista como eufórica (relacionada com valores positivos), ligada à vida. Já a derrota é disfórica, vinculada à morte.

O segundo nível de análise é o narrativo, que podemos simplificar como o nível das "historinhas" de um texto. Em semiótica, existe sentido se um *sujeito* está em busca de valores em um *objeto*. Sentido, portanto, aparece aqui na acepção de "direção". Uma maneira de iniciar o estudo do nível narrativo é perguntar: de que *performance* trata o texto? Sobre qual ação o texto se apoia?

Quem começa a ação é a tartaruga. Ela bate com a lata de cerveja na mesa do cozinheiro e interrompe o trabalho do rapaz. O que ela quer? O que busca? Se pensarmos na publicidade como um todo, podemos afirmar que a tartaruga deseja ser vencedora para ter acesso a um valor: o reconhecimento como a melhor. E tudo isso num ambiente estranho, no qual ela é "diferente", estrangeira. No caso de *Duelo*, podemos imaginar a existência de um *destinador* social que *faz* a tartaruga *querer* competir e vencer. O destinador, a fonte de valores do sujeito, é quem a *faz fazer*, ou seja, manipula o sujeito para que ele pratique uma ação e busque seu objeto.

Observemos o cozinheiro. Um brasileiro não oriental dificilmente reconhece diferenças entre asiáticos. O cozinheiro, portanto, nessa ótica, pode ser japonês ou coreano. Curioso notar que ele corta os legumes numa mesa no centro do restaurante. A mesa demarca o espaço do cozinheiro e o da tartaruga.

Só que a tartaruga precisa fazer com que o cozinheiro aceite o desafio. Caso contrário, não haveria ação, nem história. Ela provoca o cozinheiro para o duelo. E o provoca no sentido semiótico da palavra. Analisemos mais de perto essa *provocação*. Para o sujeito praticar uma ação, ele precisa *querer*, ter um desejo, ou *dever*, estar obrigado a uma *performance* pelo destinador. E só terá sucesso se tiver um *saber* (conhecimento) e um *poder*.

A tartaruga bate a lata na mesa (tomada 1), interrompe o cozinheiro e o chama para o confronto. O bicho mexe a cabeça e o corpo na tomada 3, como quem diz: "E aí, vai encarar?" Depois, na tomada 4, faz o mesmo movimento, olha para o cozinheiro e sorri. As tomadas são sutis. As provocações são pouco agressivas. Há quase um tom de brincadeira. Do ponto de vista semiótico, a tartaruga realiza um fazer persuasivo mais vinculado ao *dever*. Ela é, nessas tomadas, destinador. O cozinheiro é destinatário das ações do bicho. Quando uma pessoa provoca outra para a briga, propõe que a recusa seja tomada como covardia. Em resumo, o destinador faz uma imagem negativa do destinatário para poder manipulá-lo. E o destinatário, aqui o cozinheiro, parte para o confronto para reafirmar a sua imagem como positiva. Ele é persuadido à ação por um *dever fazer*: o de se mostrar forte, competente. Cozinheiro e tartaruga, portanto, partilham do mesmo sistema de valores. Se o cozinheiro fosse um homem de "paz", por exemplo, com outros valores, não teria dado atenção ao desafio do bicho. Do ponto de vista da tartaruga, o cozinheiro é o antissujeito. Do ponto de vista do cozinheiro, o antissujeito é a tartaruga. Ambos lutam pelo mesmo objeto-valor, o reconhecimento como o melhor.

O duelo entre cozinheiro e tartaruga vai recrudescendo, ganhando graus diferentes de dificuldade. São demonstrações de *poder*. As embaixadas mais difíceis são acompanhadas por malabarismos com duas facas. O cozinheiro vai, portanto, aceitando um a um os desafios propostos pela tartaruga. Ou seja, acaba sempre manipulado por ela. A tomada 18 é o ponto alto da manipulação. A tartaruga equilibra a lata no peito do pé e olha para o cozinheiro. Ele consente não só em duelar, mas em duelar da mesma forma que a proposta pela tartaruga. O bicho joga a lata no ar e apara a cerveja na nuca. O jovem oriental faz a mesma coisa com a faca, mas, ao notar o erro, é tarde demais. Ao ser atingido pela lâmina, ouvimos o único som emitido pela tartaruga, um "hiiii", que tanto é uma demonstração de vitória, uma zombaria, como um jeito de afirmar que algo não acabou do jeito que se esperava. Essa é uma das partes principais do comercial. A tartaruga ganha não pela competência nos malabarismos, mas porque tem um outro tipo de competência semiótica, um saber especial, a malandragem. Trata-se de *saber* decisivo. Ela faz o cozinheiro cometer um erro fatal ao tentar imitá-la. É possível interpretar essa tomada de outra maneira. O cozinheiro não pode fazer bem feito o que é "natural" para a tartaruga verde e amarela, ou seja, jogar futebol. Ao tentar uma imitação, se dá mal. As quatro manipulações realizadas pelo bicho (tomadas 1, 3, 4 e 18) têm um tom alegre, malicioso, quase de brincadeira. Numa disputa qualquer, a alegria é um sinal de convicção de vitória. Trata-se de uma paixão ligada à satisfação. Já o cozinheiro mostra que leva tudo a sério. O rapaz escancara mais as emoções. Há nervosismo inicial, alegria na hora em que se julga vencedor e pavor no final.

Além de um saber fazer decisivo, temos também um poder fazer fundamental para a vitória da tartaruga sobre o cozinheiro. Basta verificar a importância da lata de cerveja, que faz dois papéis principais, o de peça-chave de provocação (ao ser batida na mesa) e o de bola. Graças à lata de cerveja, a tartaruga pode manipular, mostrar competência, dar seu show e vencer. A lata de cerveja se coloca na categoria de objetos mágicos – como os feijões da história de João e o pé de feijão, ou a espada da lenda do Rei Arthur – que dão o *poder* decisivo ao herói, aqui no caso, a tartaruga. Sem esse *poder fazer*, não haveria vitória.

Plano do conteúdo – nível discursivo

Ao falar de "publicitários", não vamos nos referir ao Fábio Fernandes, da F/Nazca, ou aos criadores da tartaruga da Vetorzero "de carne e osso". Falamos em termos gerais, já que cada texto publicitário pressupõe a existência de uma grande e hierarquizada equipe que o criou. Só que a semiótica não se interessa pelo autor ou autores "reais". Prefere a noção de *enunciador*, ou a de "autor" que é apreensível e pressuposto pela existência de um determinado texto. Isso evita que o analista confunda "intenções" fora do texto com a intencionalidade dos autores e de sua equipe que o anúncio congela e expõe para o estudo. Cada texto, portanto, carrega uma imagem construída de quem o fez e de quem quer atingir.

É o enunciador que enriquece a narrativa e a transforma em discurso, escolhendo atores, tempo e espaço, temas e figuras, e depois as linguagens e recursos do plano de expressão (gestos, música, sonoplastia, movimentação de câmera, cenografia, edição).

Por uma questão didática, quando descrevemos o nível narrativo, não ficamos apenas falando de sujeito, objeto, destinador etc. Já citamos "partes" do nível discursivo, como a chamada *cobertura figurativa*: o fato de o sujeito ser a tartaruga, por exemplo, o tempo ser o da copa do mundo e o espaço, o de um restaurante oriental. Vamos começar a analisar agora não mais a persuasão e a *performance* vitoriosa da tartaruga, mas qual a função da "historinha" no processo de manipulação do telespectador.

Antes, é preciso lembrar que peças publicitárias têm dois objetivos principais que admitem diferentes relações e gradações: promover a venda de produtos e agregar valores a determinada marca. Em qual categoria o comercial pode ser encaixado? Não é uma pergunta fácil. É evidente que o objetivo último é vender cerveja, mas o apelo mais incisivo acontece apenas no final, com o *slogan*: "Refresca com Brahma, Brasil". Ao que tudo indica, o desejo maior do enunciador é agregar valores à marca, valores relacionados a um momento de intensa paixão nacional com a copa do mundo.

Podemos afirmar que o trabalho publicitário é, na maior parte das vezes, a procura de *figuras* para cobrir *temas* que transfiram valores para as marcas. Figura é o termo que remete a algo do mundo natural: tartaruga, restaurante, cozinheiro, comida, futebol. Assim, a figura é todo conteúdo de qualquer língua natural ou de qualquer sistema de representação que tem um correspondente perceptível em uma realidade criada por um discurso. Essa realidade pode ser tanto o "mundo natural", como um mundo construído, como o dos quadrinhos, o da ficção científica, o dos desenhos animados, o da computação gráfica. As figuras criam o efeito de realidade. Têm uma função representativa.

Já o tema "é um investimento semântico, de natureza puramente conceptual, que não remete ao mundo natural. *Temas* são categorias que organizam, categorizam, ordenam os elementos do mundo natural":[3] elegância, vergonha, duelo, orgulho, vitória. Temas explicam a realidade. Têm uma função interpretativa. Como dissemos, na publicidade, os temas devem gerar os valores que se vinculam às marcas. Expliquemos melhor. Há vários níveis de valores. Os mais importantes são sociais. Estão menos ligados às necessidades práticas que os objetos resolvem – como matar a sede, dar prazer ou embebedar, caso da cerveja. Os valores maiores que se quer agregar dizem respeito à diferenciação e à demonstração de superioridade de um grupo social em relação a outro (mais belo, mais chique, mais forte, mais inteligente, mais rico, mais extravagante, mais culto, mais generoso). O que uma publicidade quer, em último grau, é que o consumidor se convença de que só terá acesso e prova de pertencimento a um grupo que ele admira e é admirado socialmente se adquirir determinado produto/marca. A publicidade quer fazer crer, de uma maneira geral, que o indivíduo só pode ter uma identidade social reconhecida se consumir determinados produtos. É o clássico "ter para ser".

Sempre com base nas indicações fornecidas pelo texto, podemos imaginar que os publicitários tiveram o seguinte desafio: associar a marca Brahma a valores positivos de vitória brasileira na copa do mundo, evento de grande voltagem emocional no "país do futebol". Assim a cerveja seria reconhecida como parte indissociável desses valores, como o prazer da vitória, a alegria, a afirmação da nação brasileira diante de outras nações. Em outras palavras, o valor maior pretendido no caso é o da superioridade da nação brasileira no futebol em relação a outras. A missão era fazer um provável consumidor crer que, para ter acesso a esses valores de "brasilidade", ser parte da nação brasileira vencedora no futebol, seria preciso consumir cerveja Brahma. O tema escolhido foi o do duelo, base de toda a forma de competição, dos esportes à guerra, e martelado como algo "natural" pelo capitalismo e a sociedade de consumo. A vitória, contudo, só pode ser a de tempero brasileiro, sustentada por outros valores da cultura de massa nacional: a malícia, a alegria, a malandragem. Surgiu então o desafio de encontrar as *figuras*, ou seja, os elementos concretos que pudessem criar um simulacro de realidade.

Como já dissemos, é a cobertura figurativa que dá acesso aos temas e valores. A escolha final é a própria concepção da peça: o duelo da tartaruga e do cozinheiro no restaurante oriental. Na publicidade analisada, temos

[3] José Luiz Fiorin, Elementos de análise do discurso, São Paulo, Contexto, 1997, p. 65.

a computação gráfica da tartaruga, a lata de cerveja, o restaurante, o cozinheiro, os sons dos malabarismos, as logomarcas no final, enfim, elementos concretos. Apresentou-se o brasileiro na forma de tartaruga, um bicho pequeno, feio, estranho. E que parece um perdedor. Tanto é assim que o cozinheiro aceita o desafio. A posição das câmeras (que iremos analisar melhor adiante) simula o olhar do rapaz e o da tartaruga e mostra relações de superioridade e inferioridade. A tartaruga, para piorar, está sozinha e em local estranho. Copa do mundo é competição entre países. E a copa de 2002 foi oriental, sediada pela Coreia e Japão. Temos, na publicidade, a representação metonímica (a parte pelo todo) do país e dos brasileiros na forma de tartaruga. O cenário da copa é o restaurante japonês. O cozinheiro encarna o competidor estrangeiro. A vitória, porém, só se torna possível com cerveja, malandragem e malícia. O consumidor é, portanto, manipulado de outra maneira pelo anúncio. Além do acesso aos valores da "brasilidade" via cerveja Brahma, o que o comercial está dizendo é que o brasileiro só supera suas dificuldades, só é vencedor com o famoso "jeitinho brasileiro" e uma lata de Brahma na mão (ou no pé). O telespectador deve entender que a cerveja Brahma representa, em um nível mais geral de interpretação, a própria vitória.

Relações intertextuais

O comercial se vale da memória do consumidor. O anúncio remete a dois tipos de filmes: os de luta marcial e os do velho oeste. Essa citação intertextual acontece de duas formas. O ambiente é claramente oriental. Percebemos luminárias quadradas, como já chamamos a atenção ao descrever a peça. Mas há mais elementos. Filmes de pancadaria oriental fazem uma sonoplastia dos golpes. O efeito pretendido é claro: o golpe, de tão rápido, faz o mesmo som de uma lâmina de espada ao cortar o ar. Essa sonoplastia é abundante no comercial, na mudança de posição da lata nas embaixadas da tartaruga e nos malabarismos com faca do cozinheiro. A segunda citação é a do duelo à moda do faroeste. Pode-se argumentar que essa forma de briga também aparece nos filmes orientais. Aqui, contudo, defendemos uma maior aproximação com o faroeste apoiados na tomada 4. Vemos o cozinheiro e a tartaruga com a mão na cintura, frente a frente, como se fossem sacar uma arma.

Existe, portanto, o desenrolar do duelo (título da peça) que une, na memória do telespectador (aqui, como enunciatário), o velho oeste e Hong-Kong. Temos aí outra técnica importante da publicidade: a releitura e o apoio da peça em discursos massificados justamente para obter uma adesão mais imediata. O público se sente mais à vontade diante do que já conhece e tem alguma experiência afetiva. É preciso ainda mencionar outra memória intertextual importante manipulada pelo anúncio: a própria relação do brasileiro com a copa do mundo, sempre cercada de imensa passionalidade.

Computação gráfica

A publicidade tem como coerção maior a necessidade de despertar a atenção do consumidor. O consumidor se porta e é visto como alguém que precisa de doses cada vez mais crescentes de elementos surpresa.

Os seres virtuais são uma contribuição da técnica cinematográfica para a publicidade, todos frutos de programas de computação gráfica que geram três dimensões (como Maya, 3D Studio Max, dois dos mais famosos) e filhos de experiências caras e bem sucedidas do cinema, como os dinossauros de *Jurassic Park*, os bichos de *Vida de Inseto*, só para citar os que mais se aproveitaram do recurso inicialmente. Hoje os seres virtuais são a bola da vez. Sob todas essas experiências, ressoa outro discurso, *o do poder da tecnologia*. Os seres digitais são apenas uma parte desse casamento entre ciência e mídia que tanto desperta a atenção nos seus constantes aperfeiçoamentos. E é essa característica de chacoalhar as massas que faz com que sejam adotados com tanto vigor pela publicidade.

Na estratégia de despertar a atenção do consumidor para a cerveja Brahma, apostou-se nos efeitos de computação gráfica, notadamente na construção e movimentação da tartaruga, das embaixadas que o bicho faz com a latinha e na atuação simultânea com atores de carne e osso. Basta imaginar o mesmíssimo comercial, com as mesmas tomadas, em forma de desenho animado, para verificar que a peça se apoia na força de um "ser virtual".

É preciso, no entanto, situar o impacto dos efeitos digitais dentro da coerção maior de criar surpresas. Primeiramente, não é possível definir exatamente o que são "seres virtuais" em análises que se apoiam somente em textos. Muitos são "invisíveis", como dublês criados digitalmente em cenas perigosas. Podemos estudar os seres virtuais que se deixam perceber dessa forma, porque essa apreensão já é uma estratégia discursiva para causar impacto. Os seres virtuais apreensíveis estão dentro de uma construção textual que podemos chamar de "realidade fantasiosa". Juntas, essas duas palavras parecem uma contradição em termos, já que o fantasioso é justamente o que não é real. Contudo, a ideia é exatamente essa. O que a computação gráfica faz, inicialmente, é construir uma tartaruga "de verdade". Ela não tem traços de estilo ou de busca estética, nenhuma característica humana, e remete à tartaruga "real". Na sua primeira aparição na TV, o bicho estava num deserto, andando com sede. Uma lata de Brahma cai de um caminhão de entregas. Há uma disputa entre ela e o motorista do caminhão, que acaba "driblado". Ela então bebe o conteúdo de uma latinha. O que vemos inicialmente é um animal virtual feito para parecer real. Ela é, em seguida, *antropomorfizada*, ou seja, passa a ter características de seres humanos, como Mickey. De quadrúpede, por exemplo, vira bípede. O que a torna fascinante para o público é sua capacidade de ser, ao mesmo tempo, tão tartaruga e tão gente. Daí a "realidade fantasiosa". Seu poder está, inicialmente, no paradoxo, no inusitado.

O ser virtual impulsiona a publicidade para uma outra forma de fantasia, a que se mistura com a realidade de um modo nunca visto antes. A virtualidade da tartaruga, a condição de parecer tão "real" e, ao mesmo tempo, ser tão fantástica, renova a narrativa comum, ou seja, faz com que a história do duelo ganhe muito mais força de persuasão.

A tartaruga foi construída para ser um objeto de afeto. Primeiramente, por parecer estar sempre em desvantagem, ela dá pena, apela inicialmente à compaixão. Sua vitória, porém, tem o gosto da "volta por cima", da superação sobre os pretensamente mais poderosos. Há, portanto, um jogo com a dimensão sensível na sua realização. Ao encarnar tantas características brasileiras, a tartaruga faz com que o telespectador se projete no bicho virtual. Essa é uma das dimensões sensíveis mais valorizadas pela peça. O brasileiro telespectador tem tantas relações de afetividade com o bicho virtual porque, no fundo, no fundo, a tartaruga é ele mesmo.

Plano de expressão – as tomadas de câmera

Vamos analisar agora como os ângulos de câmera produzem determinados sentidos em *Duelo*. Estamos agora no terreno da chamada linguagem cinematográfica,[4] que a publicidade adota com alguns cuidados, evitando, por exemplo, o grande plano geral. Temos a divisão da história em cenas, as cenas em diferentes tomadas e as tomadas em diferentes ângulos. Trata-se, portanto, de uma organização de expressão que determina maneiras de manifestar pessoa, tempo e espaço em movimento.

Vale dizer, inicialmente, que é o tamanho de um objeto (geralmente um ser humano) que determina a divisão de planos.

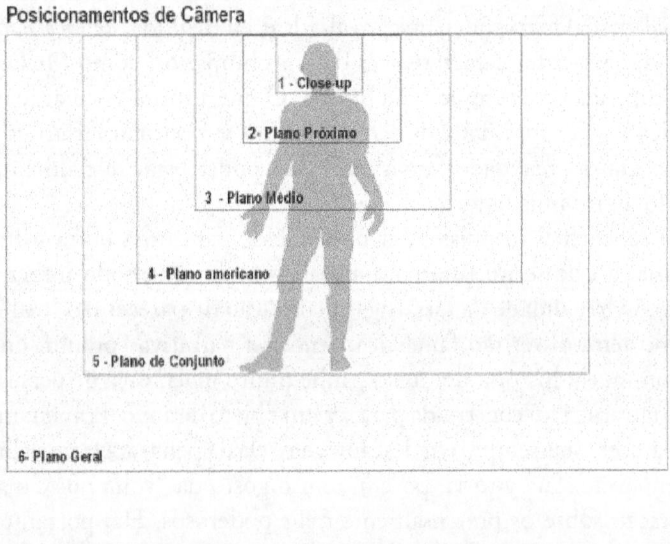

---

4 Consultamos três livros básicos sobre planos de filmagem. Um fato chamou a atenção. Em nenhuma das publicações os nomes dos planos eram totalmente correspondentes. *Linguagem do cinema*, por exemplo, chama de plano americano o que *On Camera* diz se referir ao plano de conjunto. O plano médio de *Como filmar* é o plano geral das outras duas publicações. Adotamos a *Linguagem do cinema*, de Gage e Meyer, por ser muito mais completo e produzido no Brasil. Os livros consultados são *O filme publicitário*, de Leighton D. Gage e Cláudio Meyer, São Paulo, SSC&B – Lintas, 1985; *On camera: o curso de produção de filme e vídeo da BBC*, de Watts, Harris, São Paulo, Summus, 1990, e *Como filmar*, de G. Wain, 3. ed., Lisboa, Prelo Editora , s. d.

Em *Duelo*, há 22 tomadas de uma mesma cena, e depois a apresentação do logo em fundo verde que fecha o anúncio. Temos, inicialmente, um plano médio. Há um detalhe interessante, que é a *focalização dinâmica* da cerveja. Trata-se de um efeito da lente da câmera: quando a lata aparece, o cozinheiro e o fundo são desfocados para conduzir o olhar para a cerveja e, assim, valorizá-la cenicamente. Outro ponto notável é o ângulo *subjetivo* da câmera. "Dizemos que uma câmera é subjetiva quando ela é colocada na posição que permite filmar do ponto de vista de uma personagem em ação durante determinada cena".[5] E de quem é esse olhar? Vamos saber nas tomadas seguintes: é o da tartaruga.

Na tomada 2, para valorizar a expressão do cozinheiro, temos um *close-up*, "um dos recursos mais enfáticos na linguagem cinematográfica. A câmera aproxima-se um pouco mais, mostrando apenas os ombros e a cabeça do ator. Com isso, o cenário onde se desenvolve a ação é praticamente eliminado. E as expressões do ator tornam-se mais nítidas para o espectador".[6]

O plano geral só vai acontecer na tomada 4: "Normalmente, esse tipo de plano é utilizado para apresentar todos os elementos da cena. [...] Além disso, através de um plano geral, você consegue cobrir entradas e saídas das personagens e orientar o espectador sobre relacionamentos, movimentos e progressão dentro de cada cena do filme".[7] Em *Duelo*, a câmera se concentrou no detalhe para depois mostrar todo o cenário de ação. Criou-se então uma surpresa, valorizadora do próprio plano geral. Há também uma posição de câmera objetiva, ou seja, "a filmagem da cena de um ponto de vista de um público imaginário".[8]

Outra questão importante a observar é que, desde a primeira tomada, a câmera filma em diferentes alturas, o que intensifica a relação entre o cozinheiro e a tartaruga. O cozinheiro é mostrado de baixo para cima. Já a tartaruga, como se vê na tomada 6, é vista de cima para baixo. Há um reforço da superioridade do oriental sobre o bicho. Ainda na tomada 6, novamente a tomada é subjetiva. O olhar agora é do cozinheiro.

As passagens entre as tomadas 6 e 7 mostram outra técnica de mudança de câmera. A tartaruga é apresentada em plano geral. Só que a aproximação que a câmera faz na tartaruga entre o plano geral da

---

[5] Leighton Gage e Cláudio Meyer, op. cit., p. 82.
[6] Idem, pp. 73-4.
[7] Idem, p. 72.
[8] Idem, p. 83.

tomada 6 e o plano de conjunto da tomada 7 acontece lateralmente. Dessa maneira, evita-se uma aproximação que pareça brusca para o telespectador. As embaixadas são, desse modo, valorizadas. Há progressão da mesma sequência, mas o telespectador é colocado diante de detalhes diferentes. Essa técnica, de entrada lateral, é utilizada em todas as sequências de focalização dos movimentos da tartaruga e do cozinheiro, como se vê nas tomadas 12 a 15.

Há plano próximo na tomada 12 para mostrar o malabarismo. Já a tomada 13 é de *close-up*: direciona o olhar para o movimento da faca. A cabeça do cozinheiro fora da tomada lembra que continuamos em câmera subjetiva, ou seja, sob o olhar da tartaruga. A tomada 14 é um plano americano, com mais malabarismo e detalhes cênicos. Na tomada 15, um plano entre o próximo e o *close-up* reúne dois elementos: a faca e a expressão de vitória do cozinheiro. Toda a sequência, nas diferentes tomadas, valoriza o próprio malabarismo, acentuando diferentes detalhes e dificuldades. A retomada da ação pela tartaruga começa com a tomada 16, plano de conjunto. Na tomada 17, outro plano americano ressalta a curiosidade do cozinheiro. A tomada 18, plano geral, mostra o instante que precede o final da disputa. Atores estão de frente em relação aos telespectadores.

Na tomada 19, em plano próximo, a câmera exibe ângulo de baixo para cima. É acentuada, assim, a altura atingida pela faca. Vemos o teto do restaurante e a faca passar da posição horizontal para a vertical. Essa tomada e a posterior acontecem em câmera lenta. Trata-se do momento de maior tensão e suspense do anúncio.

Na tomada seguinte, 20, temos um *close-up*. A lata se mostra mais valorizada que a faca e realiza o mesmo movimento de girar no ar. O fundo do restaurante é quase inexistente. Essa montagem ressalta a lata e a marca Brahma. O efeito de câmera lenta acrescenta ainda mais tensão ao porvir.

Até a tomada 21, a câmera alternou entre a subjetividade do olhar da tartaruga e a do cozinheiro, seguidas de planos mais abertos, objetivos. A tomada final, 22, rompe com uma certa neutralidade narrativa, na qual os dois lados da briga – tartaruga e cozinheiro – foram mostrados no momento de suas respectivas ações. Ouvimos a sonoplastia que sugere que o cozinheiro foi atingido pela faca. Mas a câmera não se move, prefere mostrar que ficou do lado da tartaruga ao valorizar não o ferimento ou morte do cozinheiro, mas a reação irônica e a vitória do bicho.

Do ponto de vista enunciativo, temos uma câmera que privilegia um efeito de sentido majoritariamente subjetivo, uma relação próxima, afetiva, própria para um momento de copa do mundo. Outro ponto interessante é que a tartaruga, ainda na tomada 22, parece olhar para a câmera, o que reforça essa relação de proximidade, de cumplicidade, agora com o público, e "quebra" ainda mais qualquer resquício de seriedade que ainda tivesse sobrado do filme.[9]

As categorias espaciais de posicionamento de câmera se referem a categorias existênciais do plano de conteúdo, atribuindo características a elementos cênicos e personagens. A tartaruga, filmada do alto (de cima para baixo), informa de uma situação de *inferioridade* (de parecer não ter ou não ter suficiente poder e saber para realizar uma ação). Já o cozinheiro, ao ser filmado de baixo para cima, é relacionado com a *superioridade* (parece ter poder e saber para realizar uma ação).

Já a focalização liga as relações de proximidade e distanciamento que caracterizam os diferentes planos de câmera com categorias passionais, relacionadas com a maior ou menor dramaticidade ou ainda de foco de atenção. Um *close-up* é mais tenso, não permite dispersão do olhar. Já um plano geral é mais extenso, relaxante, e permite ao telespectador (no caso do anúncio) se concentrar não só nos personagens e ação principais como em outros elementos cênicos.

Continuidade e velocidade

O grande número de tomadas do anúncio mostra a busca por uma sensação de velocidade. É interessante observar que quase toda a cena se apoia num tempo que poderíamos chamar de "natural". As únicas exceções são as tomadas 19 e 20, quando a faca e depois a lata giram no ar, no momento de maior tensão. A lentidão dessas tomadas cria ainda mais expectativa sobre o desfecho do duelo. Em outras palavras, o tempo da peça como um todo é mais lento que o tempo "natural". Só que os cortes e enquadramentos sucessivos criam a sensação inversa, de velocidade. A fruição é totalmente condicionada pelo ritmo vertiginoso das tomadas. Busca-se uma experiência sensorial, menos mediada pela razão.

---

[9] Temos, nesse olhar da tartaruga para o público, o que a semiótica chama de debreagem actancial enunciativa, "pois instaura o enunciatário no enunciado". José Luiz Fiorin, As astúcias da enunciação: as categorias de pessoa, espaço e tempo, São Paulo, Ática, 1996, p. 52.

O ritmo incessante também produz outro efeito interessante: o da "desdramatização". Não há muito tempo para pensar e verificar certos valores polêmicos presentes no anúncio, como o da brincadeira terminar em ferimento ou morte. Os cortes rápidos, contudo, transmitem a sensação de brincadeira, reforçados por uma sonoplastia que, em princípio, gera estranhamento e depois diversão. Afinal, é inusitado uma lata girar em uma embaixada e fazer o som de uma espada cortando o ar. Lembremos que a disputa é também entre uma tartaruga vestida com a camiseta da seleção e um cozinheiro oriental. Marca-se, assim, o tom de humor negro, onde se ri da morte. Tudo constrói a brincadeira, o humor, que melhor camufla os valores maiores pregados pela publicidade na sociedade de consumo contemporânea: não há formas de identidade e satisfação humana fora do consumo.

Duelo é uma clássica história de suspense: apresenta um problema, o desenvolve e mostra o desfecho somente nos segundos finais, para obter o máximo de adesão do público. Os detalhes só são apreensíveis com a repetição. Essa é outra estratégia importante da publicidade. Cada vez que tomamos contato com o anúncio, podemos ir, aos poucos, percebendo mais e mais pormenores. Dessa maneira, o comercial não esgota seus sentidos numa única apresentação. Isso vai manter a atenção do telespectador também em longo prazo: a cada aparição na TV, ele pode ver algo que não viu antes, o que o mantém atento para o produto.

Bibliografia

Barros, Diana Luz Pessoa de. Texto e Imagem. *Linguagens*, n. 1, Porto Alegre, 1986.

_____. *Teoria do discurso*: fundamentos semióticos. São Paulo: Atual, 1988.

Fiorin, José Luiz. *As astúcias da enunciação*: as categorias de pessoa, espaço e tempo. São Paulo: Ática, 1996.

_____. *Elementos de análise do discurso.* São Paulo: Contexto, 1997.

Gage, Leighton D.; Meyer, Cláudio. *O filme publicitário*. São Paulo: SSC&B –Lintas, 1985.

Greimas, Algirdas Julien. Semiótica figurativa e semiótica plástica. *Significação – Revista Brasileira de Semiótica*, n. 4, Araraquara, Centro de Estudos semióticos, 1984.

Watts, Harris. *On camera*: o curso de produção de filme e vídeo da BBC. São Paulo: Summus, 1990.

Wain, G. *Como filmar*. 3. ed. Lisboa: Prelo Editora, s.d.

Iara Rosa Farias

Charge: humor e crítica[1]

O objeto de análise

O dicionário *Houaiss* define a charge como "desenho humorístico, com ou sem legenda ou balão, geralmente veiculado pela imprensa e tendo por tema algum acontecimento atual, que comporta crítica e focaliza, por meio de caricatura, uma ou mais personagens envolvidas; caricatura,

[1] A charge, de autoria do cartunista Glauco, foi publicada no jornal *Folha de S.Paulo* em 11 de maio de 1997.

cartum". No dicionário *Aurélio* a definição se completa ao dizer que o acontecimento é "em geral, de caráter político". Desse modo, para entender uma charge, o leitor deve conhecer o texto fundador, isto é, o fato que tornou a charge possível e/ou os textos que constituem o contexto. Nesse caso, a charge de Glauco refere-se à CPI (Comissão Parlamentar de Inquérito) do Orçamento da União iniciada no 1º semestre de 1997, em decorrência de desvio de verbas. Foi uma das primeiras CPIs do Congresso Nacional e ocupou lugar de destaque nos meios de comunicação (jornais, revistas, programas de TV e jornais televisivos). Na ocasião, as informações dadas pelos depoentes eram tão desencontradas e absurdas que causavam surpresa em alguns dos responsáveis pela investigação dos fatos. Como as próprias definições dos dicionários mostram, o texto faz uma crítica a partir do ponto de vista humorístico. O que pretendemos neste trabalho é mostrar como foi construído o efeito de humor que traz de forma subjacente uma crítica.[2]

Na semiótica, o sentido de um texto é explicado por meio de um modelo que o trata como sendo o resultado de um percurso com três níveis que se completam, mas que podem ser estudados separadamente. O *percurso gerativo de sentido* simula a produção e a interpretação do conteúdo de um texto, ou seja, ele busca explicar como é construído o sentido e o seu entendimento quando se realiza a leitura.[3]

A construção do sentido se inicia por uma oposição semântica simples e abstrata, no *nível profundo*, que se organiza enquanto narrativa no *nível narrativo* e se apresenta por elementos complexos e concretos, no *nível discursivo*. Neste último é possível observar as relações que se instauram entre a *instância da enunciação* e o enunciado textualizado. A instância da enunciação é responsável pela produção do discurso e da sua comunicação enquanto texto. Nela estão inscritos os lugares de enunciador e enunciatário.[4] A partir desses conceitos, e de outros que veremos no decorrer deste trabalho,

---

[2] Não faremos uma analise dos elementos cromáticos e eidéticos da charge, em razão dos limites deste artigo.

[3] José Luiz Fiorin, Elementos de análise do discurso, São Paulo, Contexto, 1989, p. 31.

[4] Diana Luz Pessoa de Barros, Teoria semiótica do texto, São Paulo, Ática, 1990, p. 11. Em semiótica tratamos o autor e o leitor do texto como funções implícitas e pressupostas à existência do enunciado. Tais funções, denominadas enunciador e enunciatário, estão relacionadas ao enunciado e não aos sujeitos do mundo, os sujeitos de "carne e osso".

a teoria procura abordar a produção, a comunicação e a interpretação do texto, por meio de uma hipótese que, aplicada aos discursos em geral, possibilita explicitar e explicar sua organização.

Em nossa análise, vamos nos deter mais especificamente no nível discursivo e depois trataremos do nível profundo do enunciado, isto é, partiremos das *figuras* do texto para chegar às articulações fundamentais que as sustentam, observando assim a construção do sentido. Figuras, no contexto semiótico, são termos que fazem remissão (e não referência direta) aos elementos do mundo, deixando o texto mais concreto. É por meio do uso das figuras, como veremos mais adiante, que o enunciatário apreende o texto.[5]

A semiótica, por meio de seus conceitos, busca, portanto, mostrar a organização do sentido. A partir deles vamos abordar os mecanismos que o enunciador utiliza para construir e instaurar o texto e comunicá-lo ao enunciatário.

A construção do texto charge

Segundo a semiótica, o texto pode ser estudado sob dois pontos de vista: enquanto objeto construído que comporta uma organização e é por isso entendido como um todo de sentido ou, então, como objeto de comunicação entre destinador – o enunciador – e destinatário – o enunciatário. Trataremos, neste momento, do primeiro ponto de vista e mais adiante abordaremos a segunda forma de analisar o texto. Enquanto objeto construído, são observadas no texto as relações entre enunciação (o ato que constitui o discurso) e as suas projeções no discurso-enunciado (o produto da enunciação). Temos o texto propriamente dito quando o discurso é manifestado enquanto dança, canção, quadro, conto ou charge. Cada tipo de manifestação produz determinados efeitos expressivos e também impõe restrições ao discurso devido ao suporte material. Nos limites deste artigo não nos deteremos sobre esse assunto.

O ato de enunciação constitui a um só tempo a instância da enunciação e o enunciado com espaço, tempo e atores próprios. A enunciação, pois, cria o enunciado e no seu interior instaura ator(es), tempo e espaço diferentes do sujeito da enunciação, este pressuposto

[5] José Luiz Fiorin e Francisco Platão Savioli, Lições de texto: leitura e redação, São Paulo, Ática, 1996, p. 88.

pelo enunciado. A forma pela qual se constitui o enunciado denomina-se *debreagem.* Nele, temos marcas referentes à primeira pessoa, *eu-aqui-agora,* construindo o efeito de proximidade, simulando a subjetividade ou temos marcas da terceira pessoa, *ele-lá-então,* elaborando-se o efeito de distanciamento, simulando a objetividade.[6] Nos dois casos, para a semiótica, a enunciação está sempre pressuposta. O sujeito da enunciação nunca se manifesta diretamente no enunciado. Assim, quem se manifesta no enunciado, contando os fatos, é o narrador. Ele é o responsável pela condução da narrativa, tanto em primeira quanto em terceira pessoa. Mesmo que se tenha a impressão de que os fatos progridem sem alguém que os conte, ou seja, que o enunciatário do texto tenha a impressão de que os fatos ocorrem como que "sozinhos", sem interferência alguma, há sempre o narrador. É o que em semiótica se denomina efeito de sentido, isto é, uma ilusão causada por procedimentos discursivos produzidos, em última instância, pelo enunciador.

No nosso objeto de análise, a charge, é o narrador quem diz: *CPI: com a palavra o depoente.* A fala do depoente – "*Bão... Tinha um ninho de mafagafos com sete mafagafinhos*"– por sua vez, é realizada por outra debreagem, dita de segundo grau. É por meio desse último tipo de projeção que os atores do enunciado (as personagens) tornam-se interlocutores instaurando, assim, o discurso direto entre eles, que chamamos comumente de diálogo. A fala do depoente permite configurar um ambiente locutivo, isto é, instaura-se uma expectativa de diálogo que constrói uma presentificação da cena. Noutros termos, a impressão que se tem é que a fala do depoente (e as prováveis perguntas e respostas decorrentes) estão ocorrendo no momento em que se lê a charge. Esse efeito é possível porque no decorrer do cotidiano há várias situações de diálogo, que fazem o enunciatário reconhecer o depoimento como uma situação comunicativa.

As projeções escolhidas, isto é, a debreagem enunciva que constitui a charge e a debreagem de segundo grau que instaura o diálogo, junto com outros procedimentos discursivos, acabam produzindo um *efeito de realidade ou referência.* Como veremos no decorrer da análise, não se trata de dizer que as personagens da charge são pessoas "reais", aquelas de carne e osso que estão no mundo, mas de reconhecer no texto uma situação e um assunto passíveis de acontecerem no cotidiano. Mais do que "real", o nosso texto é verossímil, ou seja, é um simulacro de uma situação

---

[6] José Luiz Fiorin, op. cit., 1989, p. 52.

sociocultural que pode ser aceito como verdadeiro. A verossimilhança de um discurso está relacionada, dessa forma, com as representações que uma cultura faz da realidade por meio dos seus textos. Assim, o discurso verossímil não é a realidade sociocultural propriamente dita, mas um simulacro das situações de um contexto abordado. Tal simulacro discursivo é construído de modo a *parecer verdadeiro*, persuadindo o seu enunciatário de que contém a verdade.[7] Os livros de romance são o melhor exemplo de simulacro. Neles há um discurso que constrói personagens e contextos que os leitores reconhecem como "verdadeiros", saídos das "situações de vida".

A charge é um desenho que apresenta traços e características do enunciador que constituem seu estilo. O desenho não é, pois, uma "cópia fiel" da realidade, porém veicula uma mensagem que se constituiu a partir dos valores da cultura em que está inserida. Nas palavras de Barthes:

> A natureza codificada do desenho obriga a um conjunto de transposições regulamentadas; não existe uma natureza da cópia pictural, e os códigos de transposição são históricos (nomeadamente o que diz respeito à perspectiva); em seguida, a operação do desenho (a codificação) obriga imediatamente a uma certa partilha entre significante e insignificante: o desenho não reproduz tudo, e muitas vezes até bem poucas coisas, sem deixar contudo de ser uma mensagem forte [...].[8]

O efeito de realidade, ou seja, o que torna a nossa charge passível de ser aceita como parte do nosso arcabouço sociocultural, está ancorado nessa "mensagem forte" da charge, que, no nosso caso, é o tema de que ela trata: uma CPI.

A seguir abordaremos outro procedimento discursivo que torna a charge um texto verossímil.

A construção das personagens

O sujeito da enunciação, ao elaborar a charge buscando construir o verossímil e com isso alcançar a adesão do enunciatário, utilizou-se de mais alguns recursos. O primeiro deles é o uso das figuras ou *figurativização*.

---

[7] Greimas e Coutrés, Dicionário de semiótica, trad. Alceu Dias Lima et al., São Paulo, Cultrix, [1983], pp. 489-90.

[8] Roland Barthes, "Retórica da linguagem", em O óbvio e o obtuso, Lisboa, Edições 70, 1982, p. 35.

Como dissemos mais acima, as figuras são termos que deixam o texto mais concreto. A figurativização é um procedimento que, em seu grau máximo, atribui traços sensoriais ao texto, ou seja, é um recurso que confere concretude ao texto. Quando observamos uma figurativização exaustiva, como nos contos e romances, podemos reconhecer objetos do mundo – pessoas, móveis, lugares etc. (e pensar que são reais) – dizemos, então que há uma *figuratividade icônica*.[9] Tal efeito se refere ao fato de ser possível reconhecer indivíduos e lugares. Na charge, a figurativização não é levada ao extremo, pois como dissemos trata-se de um desenho que possui características particulares. Assim, não temos retratadas pessoas na charge, como em uma fotografia, mas desenhos que são caricaturas de pessoas. Podemos reconhecer, ainda, objetos como o microfone, a mesa e as cadeiras. A distribuição dos atores pelo cenário da charge, como participantes dos acontecimentos, colabora também para a construção figurativa do espaço. A figurativização do tempo é a da realização do depoimento.

Sabemos que pessoas reais não são como os personagens da charge (narigudas, magricelas, olhos arregalados e com articulações pontiagudas), mas reconhecemos os desenhos como sendo de pessoas que estão agindo num determinado lugar. No caso, indivíduos participando de uma CPI. Isso ocorre porque a figurativização recobre um *tema*. Podemos definir tema como o semantismo que se mantém no desenvolvimento de um texto. Assim, é o tema da investigação que está figurativizado na charge pela fala do depoente na CPI, pela presença de atores que ouvem e observam quem fala, por outros que consultam papéis e estão de frente para o depoente. Enfim, o tema investigação é figurativizado pelas ações que constituem uma averiguação sistemática.

Outro recurso que busca tornar a charge reconhecível enquanto CPI (mesmo que seja uma caricatura) é a *ancoragem*. Pela ancoragem, o texto é relacionado a espaços, datas e pessoas que o enunciatário reconhece como existentes.[10] Na charge esse efeito foi alcançado graças às palavras "CPI", "depoente" e pela ação de um ator – o depoente – falando ao microfone. Essas "pistas" dão ao enunciatário a impressão de que se trata de uma reprodução, mesmo que jocosa, da "CPI" ocorrida no Congresso Nacional. Sem essas especificações, o enunciatário poderia atribuir a cena a outro acontecimento que possuísse o mesmo cenário, como, por exemplo, uma palestra.

---

[9] J. Coutrés, Analyse sémiotique du discours: de l'énoncé à l'énonciation, Paris, Hachete, 1991, p. 169.

[10] Diana Luz Pessoa de Barros, op. cit., 1990, p. 60.

Por meio dos procedimentos citados acima, cria-se no texto uma lógica dos acontecimentos, do cenário e do assunto que constituem a coerência do texto. A semiótica denomina *isotopia* essa lógica, na qual os fatos, os personagens, o tempo e o espaço criam um contexto. A isotopia é, pois, a reiteração de semas e de figuras de um texto.[11] A primeira isotopia denomina-se temática e a segunda, figurativa. Assim, a isotopia temática da investigação, apresentada na charge, é resultante do "depoimento" em que se fala, onde se fala e da própria ação de falar. É esse o tema que "costura", ou seja, une as diferentes partes do texto. A segunda isotopia, a figurativa, é caracterizada pela reiteração de traços figurativos, isto é, pela associação entre as figuras apresentadas no texto. Como dissemos há pouco, entende-se por figura o elemento do texto que faz remissão a um elemento do mundo natural, criando um efeito de realidade. Por meio das figuras do texto é possível reconhecer lugares (ruas, ambientes, objetos etc.), tipos de pessoas (bonitas, altas, magras ou ao contrário) ou tempo (manhã, tarde, noite). São as figuras que deixam os temas mais "concretos" e perceptíveis ao enunciatário.[12]

A "verdade" colocada em questão

Em semiótica, a "verdade" é tratada como uma questão discursiva, ou seja, a verdade é construída numa relação intersubjetiva por meio da linguagem. É o que se denomina *veridicção*.[13] Desse modo, a verdade está intrinsecamente ligada à relação entre aqueles que interagem pela linguagem e ao universo de valores em que estão inseridos. Nessa relação, cabe ao enunciador o *fazer crer*, ou seja, construir um efeito de verdade perante o enunciatário; cabe ao enunciatário o *crer*, ou seja interpretar o discurso como verdadeiro ou falso. Estabelece-se, portanto, entre eles um *contrato de veridicção*. É por meio desse contrato que se regulamenta o reconhecimento das figuras apresentadas no discurso-enunciado. O fazer crer e o fazer interpretativo podem ser explicados e entendidos por meio das modalidades veridictórias que constituem as relações entre o *ser* e o *parecer*. Tais modalidades apresentam-se da seguinte maneira quando articuladas:

---

[11] Sema é a unidade mínima de significação. A reiteração de semas em um texto constituem um percurso temático.

[12] Diana Luz Pessoa de Barros, op. cit., 1990, p. 74.

[13] H. Parret, Enunciação e pragmática, trad. Eni P. Orlandi et al., Campinas, Unicamp, 1988, pp. 65-76.

MODALIDADES VERIDICTÓRIAS[14]

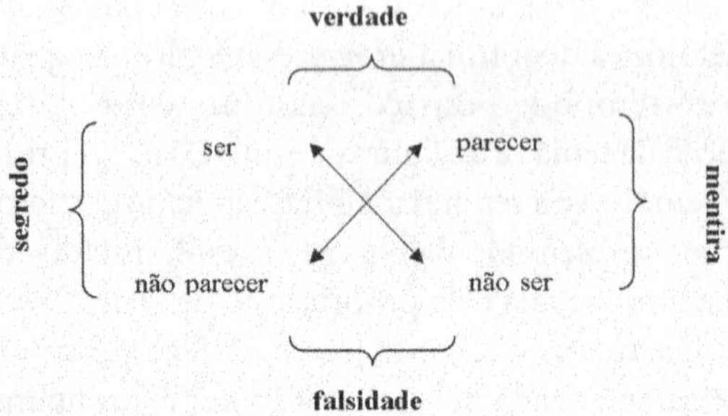

Para negar a verdade de um discurso, fortemente elaborada na relação contratual entre os sujeitos, duas possibilidades se oferecem. A primeira delas ocorre com os discursos mal construídos, que, por isso, não serão tomados como verdadeiros pelo enunciatário que os interpreta. A outra possibilidade apresenta-se quando um texto é inserido no conjunto de outros textos e, a partir do confronto, pode-se então recusá-lo, ou seja, dizê-lo mentiroso ou falso.[15]

Como dissemos, o texto pode ser estudado enquanto objeto construído (ponto de vista abordado anteriormente), ou então pode ser tomado como objeto de comunicação entre dois sujeitos, o enunciador e o enunciatário, que cumprem os papéis de destinador e destinatário, respectivamente. É desse modo que vamos passar agora a observar a charge. O destinador-enunciador é responsável pelos valores que se apresentam no texto, sendo capaz de conduzir o destinatário-enunciatário a *crer* e, por fim, a *fazer*, isto é, a desencadear uma ação tanto cognitiva quanto pragmática.

O *fazer crer* do enunciador e o *crer* do enunciatário dependem de um contrato de veridicção, como já dito. Desse modo, o enunciador utiliza-se dos recursos visuais e textuais para constituir um contrato com o enunciatário. Em outras palavras, a charge é apresentada como um texto burlesco que realiza uma crítica aos trabalhos da CPI mostrados pelos meios de comunicação (notícias veiculadas pelos jornais impressos e de TV, revistas e rádios). O enunciador julga, ou seja, pressupõe que o enunciatário da charge saiba o que seja a CPI e já tenha se informado

[14] A. J. Greimas e J. Courtés, Dicionário de semiótica, São Paulo, Cultrix, [1983], pp. 487-8.
[15] Diana Luz Pessoa de Barros, op. cit., 1990, pp. 62-5.

sobre ela. O enunciatário deve, portanto, conhecer o contexto ao qual o enunciador se refere. O *fazer crer* ou *fazer persuasivo* do enunciador e o *crer* ou *fazer interpretativo* do enunciatário constituirão o contrato de veridicção pelo qual ficam estabelecidas as regras de como deve ser lido o texto, ou seja, como deve ser lida a charge.

O enunciador, assim, constitui um dispositivo veridictório, considerado o contexto cultural e social no qual se insere o texto, e faz a adequação ao tipo de discurso escolhido – a charge. Cabe ao enunciatário realizar a interpretação. Na charge, o enunciador utiliza-se dos recursos sintáxicos (as debreagens de primeiro e de segundo graus), semânticos (a figurativização e a ancoragem), visuais (o desenho bem colorido – no original – e de traços "simples", constituindo uma caricatura) e da ruptura da isotopia temática – a fala do depoente (um trava-língua que será analisado mais adiante) – para instaurar a verdade da charge enquanto objeto caricatural, com função humorística. Não há, geralmente, pessoas de "carne e osso" com narigões compridos, ou com um olhar arregalado, com um dente sobre o lábio inferior e que apresentem como depoimento uma brincadeira infantil. Por isso a charge se torna risível. A charge é aceita porque existem traços de uma situação reconhecida pelo "senso comum": uma CPI, o ato do depoimente alguém que fala ao microfone e pessoas prestando atenção, sujeitos segurando papéis (que remetem a relatórios), o uso de terno e gravata, mesa e cadeiras, configurando um espaço de reunião de trabalho.

O enunciatário, para entender o texto, deve tomá-lo como objeto humorístico, inserido num contexto e carregado de "pistas" que vão determinar sua leitura. Dessa forma, o enunciatário deve interpretar a charge como um "verdadeiro" texto de humor, ou seja, a charge é esse tipo de texto e os recursos utilizados – o desenho e a fala do depoente e as cores utilizadas – confirmam o gênero do texto. Além disso, o enunciatário deve comparar tais pistas com seus conhecimentos e convicções para, finalmente, *crer* ou não na verdade construída. Assim, o enunciatário que tem conhecimento da CPI do Congresso, e não concorda com o seu desenvolvimento, vai entender a charge como ironia. Ele, então, poderá achar graça do texto. Desse modo, o enunciador vai atingir seu objetivo de fazer o enunciatário crer no texto e desencadear tanto a ação pragmática – o riso – quanto a cognitiva, isto é, a sanção negativa da CPI do Congresso pelo enunciatário. Já aquele que acredita nos trabalhos dos parlamentares tomará o cartum como uma crítica inoportuna e sem propósito. No item a seguir, vamos observar, de forma mais detida, os mecanismos que fazem do humor uma forma de crítica.

A construção do humor como forma de crítica

Para construir o efeito de humor na charge, o enunciador trabalhou no nível temático do texto. O tema da investigação é rompido pela fala do depoente: *"Bão...Tinha um ninho de mafagafos com sete mafagafinhos"*. A frase vai de encontro ao sentido da sigla CPI e daquilo que se espera da sua intervenção verbal. Enquanto os termos "CPI" e "depoente" remetem a um universo de sentido de trabalho austero e de uso da linguagem formal, a frase rompe com esse contexto e faz alusão ao lúdico. Dessa maneira, inseriu-se um termo de semantismo e de uso linguístico contrário aos termos anteriores. É esse contraste que nos permite ler o texto como uma piada. A ruptura, contudo, não é utilizada apenas com função humorística, porque a charge remete o enunciatário ao enunciado fundador: a CPI do Congresso.

Como dissemos no início deste artigo, a charge se inseriu no contexto em que havia outros textos, circulantes na época da CPI do orçamento no Congresso Nacional, que provocavam dicussões entre alguns enunciatários (leitores e articulistas de jornais, ouvintes e comentaristas de rádios e telespectadores e comentadores dos noticiários). Alguns textos faziam críticas severas aos acontecimentos no parlamento.

Diante de tudo isso temos então duas configurações de uma CPI. De um lado, instaurou-se no senso comum que a constituição de uma CPI tem a função de ouvir relatos, averiguar e apurar fatos e, ao final, apresentar um relatório com a verdade e fazer com que os culpados sejam punidos. O espaço em que a CPI atua é voltado para discussões de questões de interesse público, sendo, portanto, um local de trabalho austero com o uso da linguagem formal. Um depoente que fala ao microfone para a Comissão Parlamentar de Inquérito busca utilizar uma linguagem cuidadosa, construindo seus argumentos com a intenção de convencer que o que diz é "verdade". Os depoentes, geralmente, procuram se defender de alguma acusação e se isentar de qualquer desconfiança que possa recair sobre eles, mesmo que sejam chamados apenas para oferecer informações, visando a esclarecer alguma situação. Os parlamentares ouvintes por sua vez dispõem de documentos e procuram estabelecer uma comparação entre o que o depoente diz e aquilo que foi investigado. Há a preocupação de que exista um coerência entre os relatos – o que se diz – e os fatos ocorridos anteriormente, descritos nos documentos. Assim, tudo o que é dito numa CPI, como os documentos apresentados, é de suma relevância.

Do outro lado, temos a charge com o título que faz remissão à CPI, com a caricatura de pessoas (que representam os participantes da situação) e com a fala do depoente (*"Bão... Tinha um ninho de mafagafos com sete mafagafinhos"*). Tudo isso constrói o cômico, tornando o texto humorístico. A frase com linguagem informal e fora de contexto rompe com a isotopia temática da investigação e de uma situação austera. Noutros termos, a fala do depoente quebra a expectativa do depoimento, mesmo sabendo que se trata de uma charge. Poderia ser esperada uma frase que buscasse apenas instaurar uma mentira; no entanto, temos uma brincadeira que não é pertinente ao contexto. Essa ruptura vai ressaltar a construção figurativa dos atores, as cores utilizadas (no original) e os grafemas (a tipografia das letras) que conferem as características de cartum ao texto. Dentro do tema que constrói o contexto da investigação e da situação de uma CPI, o conjunto desses traços contribui também para dar um perfil humorístico à charge. É um texto visual burlesco de uma CPI que, por sua vez, existe enquanto reunião de pessoas para investigação de determinados fatos que dizem respeito ao Orçamento da União. O título, que está na parte superior, com suas letras muito coloridas, ganha, também, a dimensão da brincadeira complementada pelas cores do restante do texto.

A CPI do orçamento no Congresso Nacional, como já dito, teve um julgamento desfavorável da opinião pública (articulistas de jornais, apresentadores e comentadores políticos do noticiário nacional) devido aos depoimentos, julgados incoerentes, dos parlamentares. Assim, toda remissão que se faz ao contexto da CPI do Congresso por meio do cartum tem o objetivo de fazer o enunciatário realizar uma comparação e chegar a uma conclusão. Noutros termos, partindo das indicações que estão no texto (os termos CPI e depoente, o ato de depor e a configuração do espaço e do tempo) e da fala do depoente, o enunciatário vai se lembrar da CPI do Congresso ao ler a CPI da charge, constituindo uma interpretação.

No título temos como remissão um chavão político muito comum em época de eleição: «com a palavra o candidato». O enunciado usado na charge faz uso da frase do candidato que fala ao público e que, assim como o depoente numa CPI, procura *fazer crer* os seus ouvintes. Para que seu contrato de crença seja homologado pelo público, ele constrói todo o seu discurso e sua imagem de político sobre o *parecer ser* honesto e sincero (seus dizeres buscam construir uma verdade sobre si mesmo). O enunciado usado na charge é uma paráfrase da apresentação do candidato ao público e que, assim como o depoente numa CPI, procura fazer crer os seus ouvintes. Temos, então, inserido no contexto, que o depoente, assim como um político, quer convencer o seu interlocutor de que a sua fala é verdadeira.

O trava-língua utilizado na charge é uma brincadeira infantil, em que o objetivo é tentar falar uma frase, geralmente extensa, de forma rápida e clara. A expressão dessa brincadeira é muito valorizada, pois apresenta um conjunto de fonemas que dificultam o processo de fala. O conteúdo, na maioria das vezes, apresenta um sentido comum e, às vezes, incoerente.[16] Ao escolher uma palavra coloquial para iniciar a fala do depoente e em seguida dispor um trava-língua, o enunciador procura caracterizar a personagem e também chamar a atenção do enunciatário. No interior da charge, o depoente parece construir mal o discurso para os seus enunciatários – os atores que estão ao seu lado e à sua frente –, que ficam perplexos. As expressões dos atores – olhos arregalados – demonstram que a fala está fora de contexto.

Diante desses índices, o enunciatário da charge vai entender *a fala do depoente* como falsa, porque ela está no eixo do *não parecer* e *não ser* um depoimento, mesmo que seja dita no interior de uma charge. Quando o enunciatário faz a leitura comparando as duas CPIs, vai entender que há uma crítica à CPI do Congresso e deve tirar uma conclusão. Nesse sentido, ao homologar as duas CPIs, isto é, ao ler a charge como um

---

[16] O trava-língua é um "jogo verbal que consiste em dizer, com clareza e rapidez, versos ou frases com grande concentração de sílabas difíceis de pronunciar, ou de sílabas formadas com os mesmos sons, mas em ordem diferente, como: *no meio do trigo tinha três tigres* (*Dicionário Eletrônico Houaiss*)". O conteúdo veiculado nem sempre se apresenta de forma coerente.

simulacro que critica as ações do parlamento, o enunciatário vai entender que o depoimento da charge é uma mentira. Dessa forma, tanto a fala da personagem da charge quanto as falas dos depoentes do Congresso são mentirosas, pois estão no eixo do *parecer ser* e *não ser*.

Essas leituras só são possíveis porque o enunciatário sabe que a charge foi construída para fazer uma sátira aos depoimentos ocorridos durante o processo de investigação da CPI do Congresso. Nessa CPI houve depoimentos que tiveram julgamento desfavorável porque eram paradoxais: parlamentares que tinham contas-correntes com numerários vultosos diziam desconhecer o fato. Outros diziam, de forma veemente, desconhecer pessoas com as quais conviviam e com quem eram acusados de terem praticado atos ilícitos (ou seja, eles buscavam construir um depoimento mentiroso). Outros, ainda, diziam crer em tais depoimentos. O ponto convergente entre as duas CPIs – a do cartum e a do Congresso – são os depoimentos.

A palavra *mafagafo* não tem um significado registrado no léxico, ao menos no português do Brasil. O conteúdo é dado segundo o contexto, deixando uma certa liberdade para quem usa e ouve/lê a palavra. Essa flexibilidade semântica da palavra mafagafo permite ao enunciatário da charge associar a palavra aos semas do universo político, onde se configura a cena, estabelecendo correspondências. Mafagafo pode ser um político corrupto se pensarmos que as CPIs averiguam atos dos parlamentares suspeitos de condutas ilícitas. Isso se torna possível devido aos conectores de isotopia, ou seja, termos que permitem mais de uma interpretação do enunciado em que estão inseridos.

Como dissemos, o enunciatário aceita o cartum enquanto texto humorístico porque sabe que não se trata de uma CPI verdadeira, de uma CPI de Congresso, que é apenas um simulacro. A CPI do cartum se constitui sobre o eixo *parecer* e *não ser* um trabalho de investigação, porque é uma sátira. No entanto, a remissão feita à CPI do Congresso faz a charge ser observada como objeto que ultrapassa a dimensão do humor. O enunciatário vai entender que a CPI do Congresso parece, mas não é verdade, constituindo, portanto uma mentira. A charge é verdadeira, mas não parece (porque aponta o que acontece no Congresso) e os trabalhos do Congresso parecem verdadeiros, mas não são. Dessa ambiguidade emerge o efeito de humor e, principalmente, a crítica.

Por fim, a personagem depoente representa aquele que sabe que não haverá *sanção*, nem cognitiva – a CPI apontando os culpados –, nem pragmática – cassação do mandato dos responsáveis pelas ações ilícitas. Então trata o depoimento como brincadeira e os trabalhos como um faz de conta, uma ficção. A personagem, a partir da brincadeira infantil, leva o enunciatário a inferir que aquilo que ocorre no Congresso Nacional é um *parecer* e *não ser*.

Conclusão

Pudemos observar por meio de nossa breve análise os procedimentos que o enunciador utilizou para elaborar o texto e nele constituir o efeito de humor e a crítica implícita. Apresentamos também alguns conceitos da semiótica francesa e esperamos ter mostrado a forma pela qual a teoria procura tornar inteligível a interpretação do texto. No caso da charge, acreditamos que muitos enunciatários a leram e chegaram, se não às mesmas, a conclusões muito próximas, porém a semiótica, por meio do seu modelo e dos seus conceitos, torna o processo de interpretação compreensível. Todo texto possui uma organização que o sustenta. No ato de leitura, compreensão e posterior interpretação, o enunciatário apreende em maior ou menor grau tal organização. Alguns percebem a estrutura do texto por terem lido mais ou por observarem certas regularidades no decorrer das leituras que fizeram. No entanto, é possível *aprender como interpretar um texto*, de forma que esse processo não seja entendido como um dom ou uma questão de sensibilidade, mas como um ato inteligível, para o qual a semiótica apresenta suas hipóteses. Para apreender o significado de um texto é preciso, enfim, saber o que nele deve ser observado.[17]

---

[17] Nossa afirmação parte da observação feita na introdução do livro *Elementos de análise do discurso*, de José Luiz Fiorin. O autor faz uma crítica ao modo como são realizadas as interpretações de texto em sala de aula. A seguir faz uma reflexão e aponta alternativas para esse tipo de atividade. Desde então, inspirados pelo texto, buscamos mostrar ao campo da educação, particularmente, a operatividade da semiótica.

Bibliografia

Barros, D. L. P. de. Problemas de expressão: figuras de conteúdo e figuras de expressão. *Significação*, n. 6, 1987.

______. *Teoria semiótica do texto*. São Paulo: Ática, 1990.

Barthes, R. Retórica da Imagem. *O óbvio e o obtuso*. Lisboa: Edições 70, 1982.

Courtés, J. *Analyse sémiotique du discours*: de l'énoncé à l'énonciation. Paris: Hachette, 1991.

Dicionário Eletrônico Houaiss da Língua Portuguesa. Rio de Janeiro: Objetiva, 2001.

Fiorin, J. L. *Elementos de análise do discurso*. São Paulo: Contexto, 1989.

______; Savioli, F. P. *Lições de texto*: leitura e redação. São Paulo: Ática, 1996.

Greimas, A. J.; Courtés, J. [1983] *Dicionário de semiótica*. Trad. Alceu Dias Lima et al. São Paulo: Cultrix, s.d.

Parret, H. *Enunciação e pragmática*. Trad. Eni P. Orlandi et al. Campinas: Unicamp, 1988.

Norma Discini

HQ e poema: diálogo entre textos

Texto e discurso

Um poema e uma história em quadrinhos (HQ) podem constituir um diálogo? Se a resposta for afirmativa, perguntamos ainda: como e por que os textos dialogam entre si? Procurar responder a essas questões é meta deste estudo, que, para análise, toma o *Poema da necessidade*, de Carlos Drummond de Andrade, e uma tira de *Garfield*, de Jim Davis.

Primeiramente é preciso assimilar a voz de um texto como determinado ponto de vista sobre o mundo, o que supõe reconhecer, pressuposto ao texto, o *eu* "que fala", usualmente tido como o autor, e o *tu* "que escuta", usualmente tido como o leitor. Autor e leitor aqui são considerados depreensões a serem feitas a partir de indicações dadas pelos próprios textos; efeitos de sentido que, jamais exteriores ou apriorísticos à realidade construída textualmente, acabam por consolidar dois princípios semióticos: o de que qualquer referente é sempre dado pelas relações de sentido internas ao texto e o de que mundos são construídos pela linguagem, como sempre o foram. É no texto, portanto, que se reconhecerão os sujeitos que interagem, o *eu* e o *tu*, como também é no texto que se encontrará o *ele*, o referente, aquilo de que, ou aquele de quem *eu* e *tu* falam. Acrescenta-se que as posições daquele "que fala" e daquele "que escuta" são relativas, pois o leitor se firma como coautor, já que se delineia como feixe de estratégias argumentativas do próprio autor, sempre inscritas no texto. O leitor ou o enunciatário consolida-se então como imagem construída pelos mesmos recursos discursivos que projetam a imagem do autor, ou do enunciador; ambos, enunciador e enunciatário, considerados efeitos de sujeito, ou o sujeito dado *no* e *por meio do* enunciado.

O texto, ora chamado enunciado, observado na relação com o sujeito pressuposto, o sujeito da enunciação desdobrado em *enunciador (eu)/ enunciatário (tu)*, remete ao discurso, que crava o próprio texto na História. Visto então sob o crivo da relação *enunciado / enunciação*, o texto se consolida como discurso. Importa que a enunciação, depreensível do enunciado, deixa neste marcas de sua presença, quer se assuma como um *eu* articulado ao espaço do *aqui* e ao tempo do *agora*, caso em que pode expressar-se por meio de pronomes como *meu*, *nós*, ou por meio de expressões adverbiais como *neste momento, nesta sala*, quer se dissimule como um *ele* articulado ao tempo do *então* e ao espaço do *algures*. Nesse último caso, implanta um personagem, um ele, em espaço e tempo contraditórios ao *aqui* e ao *agora* do ato de dizer.

Importa ainda que o enunciado é tido como resultado das estratégias de um sujeito, o enunciador, que quer, deve, sabe e pode fazer o enunciatário crer em algo, para além de fazê-lo saber de algo. Para tanto, pode a enunciação assumir-se, aparecer como *eu*, ou dissimular-se, esconder o próprio *eu*. Bem sabemos que a um aviso como *É proibido fumar*, ou a uma asserção como *A terra é redonda*, subentende-se um sujeito que estrategicamente se disfarça para que o enunciado pareça limpo de marcas de subjetividade: um enunciado com efeito de objetividade. Esse recurso para construir a ilusão da própria ausência e para, dessa maneira, fazer crer em algo, arquiteta a cena enunciativa com lugares específicos a serem ocupados. Nos enunciados citados, ao afirmar generalidades com um tom de voz distante, o sujeito faz crer que fala de um lugar alto, ou faz crer que fala de alturas inquestionáveis. Crenças partilhadas supõem valores partilhados, o que por sua vez supõe uma ética, um *ethos*, um modo próprio de presença no mundo. Para que se descrevam mecanismos de construção textual, o enunciado é analisado nas relações que o constituem: *enunciado/ enunciação; expressão/ conteúdo; eu/ outro.*

Quanto à relação *expressão / conteúdo*, também constante em todos os tipos de textos, temos, na expressão, a manifestação textual, que pode ser verbal, como num poema, ou visual, como num quadro. Lembramos uma diferença de manifestação entre pintura e poema. Apenas o segundo texto submete o leitor à linearidade inerente ao signo verbal: uma palavra é lida depois da outra, as sílabas de cada palavra são lidas uma após a outra, o que não ocorre no texto visual, que se isenta dessa obrigatoriedade de leitura linear.

Mas para que serve a expressão dos textos? Para veicular o conteúdo, o significado, diríamos em princípio. No entanto, não somente para isso. Ao materializar ideias, quer por meio de palavras, quer por meio de desenhos, a manifestação textual pode construir o conteúdo em si mesma. Como exemplo, lembramos um *slogan* sustentado por faixas em passeata pró-ecologia: LUTE CONTRA A D VAST Ç O DA FORES A BRASILEIRA, em que, pelo apagamento das letras impressas, ocorrido no plano da expressão, a denúncia contra a devastação, feita no discurso, no plano do conteúdo, é fortalecida. O próprio plano da expressão contribui então para a revelação ou dissimulação de pontos de vista, concernentes ao conteúdo, ao discurso propriamente dito.

Vale ratificar que, em princípio, a expressão, a manifestação textual, feita por signo verbal ou não verbal, veicula o sentido, dado no conteúdo, em que se movimentam as vozes. No conteúdo é que se estabelece a relação enunciado/enunciação; no conteúdo é que se implanta o discurso, que nada mais é do que o próprio texto visto nas condições de produção, visto nessa relação enunciado/ enunciação. No conteúdo, aliás, encontramos, graças ao desbastamento feito da própria expressão ou daquilo que parece que é, a estrutura imanente, que sustenta o texto, considerado então na sua equivalência com o discurso. Destacamos para *estrutura* o sentido de rede interna de relações, e para *imanente* o que não se apresenta fácil e à mão, o que não é aparente.

Descrever o sentido dos textos é, pois, reconstruir mecanismos de construção desse texto, sem se circunscrever à superfície textual. Descrever o sentido dos textos é orientar o olhar analítico para aquém da aparência do que é dito, onde está a imanência. Dela e com ela se salta para a transcendência, para a exterioridade, para a História, como veremos adiante. O sentido dos enunciados virá à luz por meio da observação dessa rede de relações estabelecidas nos textos, da qual se depreende um modo próprio de dizer. Tanto o enunciado como a enunciação, assim considerados definem-se como afastados de supostas obviedades ou transparências do sentido.

Para a relação *eu/outro*, temos o ponto de vista firmado na especificidade de não único, não singular, não monológico, a orientar a construção dos textos. O *eu* se constitui pelo *outro*. O discurso, jamais centrado em si, representa o sujeito, jamais senhor de si. Ambos, discurso e sujeito, constituem-se como feixes de crenças internalizadas por determinada classe social que, por sua vez, só existe pelo confronto com outra classe social. O sujeito da enunciação, consolidado como suporte de muitos outros discursos, deve então ser visto no dialogismo que o constitui.[1] Sem liberdade para ser único no que vai pensar e no que vai dizer, mas ditado por formações ideológicas, o sujeito discursiviza o mundo por meio de figuras e temas, que lhe são dados. Entretanto esse sujeito vai usar tais temas e figuras de certa maneira peculiar, o que o define como um caráter, como um modo próprio de presença no mundo, como um *ethos*, como um estilo. O estilo também é constituído na intersecção *eu/outro*. Atravessado, então, pelas coerções sociais, o sujeito da enunciação é pensado como a voz que, existente somente pelo diálogo, incorpora temas e figuras das formações discursivas, para que mundos sejam construídos pelo discurso.

Temas e figuras

O tema respalda os discursos ao reproduzir a categorização do mundo feita pelo ideário dos grupos sociais. Podemos perguntar o que é categorizar. *Grosso modo*, categorizar é classificar, separar algo em classes. Se alunos de uma sala, classificados por um observador, forem apresentados unicamente como aqueles que se sentam nas primeiras carteiras e aqueles que se sentam nas últimas, tal categorização faz a abstração de muitos outros traços; deixa de lado, por exemplo, a maneira como os alunos participam das aulas, o modo como reagem a críticas. Mas se os mesmos alunos forem apresentados pelo observador como os que reagem com aparente tranquilidade às críticas, e os que reagem com aparente ansiedade, também terão sido abandonados muitos outros traços individualizantes. A categorização, ao "engavetar" os seres, separa-os em conceitos classificatórios e promove o divórcio entre os nomes e as coisas. É na linguagem e pela linguagem que se ordenam e se classificam os seres do mundo. Ressalta-se que essas categorizações feitas linguageiramente e consideradas representações de grupos sociais constituem os temas.

Tomemos um tema, o da *dilapidação do patrimônio público*. Como todo tema, é generalizador e abstrato e pode concretizar-se num feixe de figuras como: superfaturar o preço de compra de material para construção de

---

[1] Jaqueline Authier-Revuz, "Hétérogénéité montrée et hétérogénéité constitutive: éléments pour une approche de l'autre dans le discours", em DRLAW, n. 26, Paris, Centre de Recherche de l'Université de Paris, VIII, pp. 91-151, 1982.

prédios públicos; deixar de pagar impostos; fazer lavagem de dinheiro em contas bancárias abertas em países estrangeiros; contratar funcionários-fantasma para prestação de serviço. Não é entretanto em todos os grupos de uma determinada sociedade que esse tema se reveste com o valor de algo repudiável. O revestimento com valor repudiável ou desejável para temas como esse é fator de agregamento de discursos, o que reproduz crenças partilhadas. Os agrupamentos sociais, reunidos então por meio de crenças partilhadas, consolidam poderes, deveres, quereres e saberes que valorizam de maneira própria os valores mais gerais e fundamentais. Valorizar um valor é assimilá-lo como algo do Bem ou do Mal. Desse movimento surgem os temas; surgem também as figuras, em que se convertem os temas.

Vejamos um esboço de texto: *Lamentavelmente José Antônio foi flagrado, quando distribuía propinas para seus cúmplices da Secretaria Municipal de Vigilância Sanitária. Mas sairá vitorioso, pois sabe muito bem o que fazer em situações deste tipo.* Existe aí um contrato enunciativo, um contrato de fé, entre o eu que fala e o tu que escuta, segundo o qual *saber muito bem o que fazer* remete a percursos de figuras não isentas de impregnações ideológicas; figuras previstas por uma ética que propõe como argumento mais importante saber safar-se depois de ter realizado todas as ações vistas como transgressões por uns e como façanhas por outros; uma ética que, constituída no confronto com outra, delineia a imagem de quem diz pelo modo de avaliar o próprio sujeito do enunciado, o ele, de quem se fala, José Antônio, o "vitorioso".

O discurso se firma nas contradições existentes na realidade. Aliás, no esboço citado, a enunciação se mostra, enuncia-se no enunciado por meio de marcas pontuais, como o advérbio enunciativo *lamentavelmente* ou marcas como o pronome demonstrativo *este*, posto em contração com a preposição *de*, do que resultou *deste (tipo)*. Mas mesmo que não houvesse tais dêiticos, tais expressões linguísticas que se miram na enunciação, haveria no enunciado uma instância responsável pelas "apreciações moralizantes do texto".[2] Falamos da instância diretamente delegada pelo sujeito da enunciação. Falamos do segundo nível da hierarquia enunciativa, já que o primeiro é o da enunciação propriamente dita, que não se deixa apreender em si mesma. Esse "sujeito diretamente delegado do enunciador"[3] é o narrador, que organiza e encadeia os temas e figuras;

---

[2] José Luiz Fiorin, As astúcias da enunciação: as categorias de pessoa, espaço e tempo, São Paulo, Ática, 1996, p. 65.

[3] Idem, ibidem.

o narrador, que permite a materialização das formações ideológicas; o narrador, implícito sempre a qualquer texto e explícito, às vezes, como no fragmento que segue, em que diz explicitamente *eu*. O fragmento é início de artigo assinado por Dom Bertrand de Orleans e Bragança, publicado no jornal *Folha de S.Paulo*, na seção *Tendências e debates*, do dia 9 de agosto de 2003, p. A3:

> É sempre com saudade que recordo os anos de minha infância, passados numa fazenda de café no norte do Paraná. Lembro-me do ambiente hospitaleiro e harmônico que lá reinava. Além do chefe de nossa família, meu pai era, ao mesmo tempo, um pai para todos e para cada um de seus colonos e agregados. Minha mãe, apesar dos cuidados com seus 12 filhos, sentia-se na obrigação de cumprir sua função social de ministrar aulas de catecismo para os filhos de seus empregados.

É interessante notar percursos temáticos em que temas como o do *zelo para com os subalternos* e o da *"amorização" das trocas sociais* são encadeados. Esse percurso temático se apresenta como o visível, ou como o que parece que é. Mais interessante, porém, é notar esse mesmo percurso no cruzamento com outro: aquele que encadeia os temas da *riqueza retida por poucos eleitos como dom natural* com o da *legitimação dos privilégios dos já privilegiados*, figurativizados como os herdeiros das fazendas de café. Este último percurso temático se apresenta como o não visível, ou como o que é e não parece. Então o que parece zelo e generosidade para com os subalternos é perpetuação da relação assimétrica de poder, é ocultamento da obstrução e espoliamento do poder de uma classe frente a outra. Sob o aparente tom monológico pulsa o dialogismo, visto como o entrecruzamento de vozes, representativo dos conflitos entre classes sociais. Como podemos notar, a realidade põe-se invertida no discurso.

Tomemos outro tema: o do *pecado inerente ao aborto*, que supõe uma formação de ideias que julgue plausível tanto o próprio pecado, como a possibilidade de o homem pecar, como a contingência de punição a ser dada ao pecador, como, ainda, a não soberania da mulher nas decisões relativas ao próprio corpo. Observaremos a maior densidade semântica que se dá ao tema na sua conversão em figura, o que aumenta a chamada ilusão referencial, ou o efeito de sentido de realidade. A figura, então, mais particularizadora e mais concreta, simula o mundo. Como decorrência do contrato enunciativo proposto, ou como decorrência da confiança construída entre o eu e o tu da enunciação, as figuras podem iconizar-se progressivamente, enriquecendo a representação do mundo natural.[4] Imaginemos duas campanhas publicitárias de determinado veículo. Uma afirma: *Foram vendidos muitos carros do modelo x no último biênio*; outra: *Foram vendidos 37.546 carros do modelo x no último biênio*. Qual delas aumenta o poder de fazer crer na marca e modelo propostos, fazendo o consumidor comprar com mais convicção? A apontada é a que mais investiu na iconização das figuras.

A figura pode representar o mundo por meio de personagens que, se em ação desencadeada em situações concretas, se transformam, subsidiam narrações. Para ilustrar tais afirmações, podemos voltar ao tema citado, o do *pecado inerente ao aborto*, e, num movimento ficcional, começar a contar a história de um aborto:

Rita, moça de dezessete anos, caminhava trôpega em direção ao segundo andar do sobrado escuro da Avenida São João, nº 654, na cidade de São Paulo. Aquele janeiro de 1991 fazia as noites escorrerem molhadas pelas chuvas de verão. Rita chega ao sobrado. Aperta os olhos baços para poder distinguir, por trás de um avental cheio de nódoas, a mulher alta, que lhe dá as costas. Dedos retorcidos se movimentam entre tesouras escuras e chumaços de algodão, tomando o corpo de Rita de assalto. Chora em silêncio a moça, não pelo sangue escorrido pelas dobras do pano que lhe cobre a barriga, nem pela dor de corte nas entranhas, mas pela consciência do crime que estava cometendo.

Podemos verificar que, pelo modo de simular o mundo por meio de figuras como a da personagem, o *ele (Rita e a "enfermeira")*, o espaço, o *algures* (*Avenida São João*, sobredeterminado iconicamente por meio da citação do número 654), o tempo, o *então* (janeiro de 1991), todos do enunciado, a enunciação veicula valores ideológicos, reprodutores de julgamentos sociais. Há uma voz do narrador, desdobramento do enunciador, que mesmo sem dizer *eu*, é responsável pelos referidos julgamentos. Essa voz, confirmada pelo modo de usar temas e figuras do discurso, constrói uma ética. Essa voz converge para outras, como a do Papa, que propugna como valor do Bem o pecado inerente ao aborto, e diverge de outras, como a das feministas, para as quais a mulher pode e deve decidir sobre o que acontece com seu corpo. O tema discursivizado na história de Rita transformou axiologias,

---

[4] Denis Bertrand, Caminhos da semiótica literária, trad. Grupo Casa, Bauru, Edusc, 2003, p. 213.

que são valorizações dadas a valores num nível fundamental do discurso. Se o sujeito escolhesse nas relações primeiras e mais gerais da construção do discurso, outro eixo de valores axiologizados, outro eixo de valores revestidos timicamente, pensando em timia como humor, disposição afetiva e, mais que isso, orientação ética, o discurso seria outro. O tema do *pecado inerente ao aborto*, respaldado por espaço tímico contrário, reproduziria a maneira de ver o mundo de outra formação social. O tema seria discursivizado de maneira diversa. Tema e figuras constituem portanto mecanismos semânticos de discursivização, e o modo de usar temas e figuras pode remeter ao *ethos*, que é a "incorporação" do sujeito, ou o sujeito da enunciação representado num corpo, o do ator da enunciação; um sujeito com voz identificável por determinado tom.[5] Aí falamos de estilo.

Passemos das reflexões à análise dos textos propostos.

Textos para análise:

Poema da necessidade

É preciso casar João,
é preciso suportar Antônio,
é preciso odiar Melquíades,
é preciso substituir nós todos.

É preciso salvar o país,
é preciso crer em Deus,
é preciso pagar as dívidas,
é preciso comprar um rádio,
é preciso esquecer fulana.

É preciso estudar volapuque,
é preciso estar sempre bêbedo,
é preciso ler Baudelaire,
é preciso colher as flores,
de que rezam velhos autores.

É preciso viver com os homens,
é preciso não assassiná-los,
é preciso ter mãos pálidas
e anunciar o FIM DO MUNDO.

Carlos Drummond de Andrade[6]

[5] Dominique Maingueneau, O contexto da obra literária, trad. Marina Appenzeller, São Paulo, Martins Fontes, 1995, pp. 139-40.

[6] Carlos Drummond de Andrade, Obra completa, Rio de Janeiro, Aguilar, 1973, p. 102.

GARFIELD - Jim Davis

O poema

Observando o texto no plano da expressão, em que se alojam fatos gramaticais, como a sintaxe da frase, podemos verificar o encadeamento das orações em períodos compostos, como recurso para que se responda a estas perguntas: O que diz o texto? Como diz o que diz? Por que diz o que diz? Fatos gramaticais serão vistos como mecanismo que, recuperando a relação *expressão/conteúdo*, contribui para que o plano da expressão não apenas veicule, mas também reconstrua o sentido dado no plano do conteúdo.

Notamos que, dos dezoito versos do poema, dezessete apresentam a mesma estrutura de período composto: "Que é que é preciso?" "Isso". A segunda oração, a subordinada, sujeito da oração principal, classifica-se como substantiva subjetiva, já que é próprio do núcleo do sujeito ser um substantivo; como os verbos da oração subordinada estão todos na forma nominal do infinitivo, a oração subordinada substantiva é tida também como reduzida de infinitivo. Não custa verificar, aliás, que o último verso supõe, por elipse, a oração *é preciso*. Ora, que efeito de sentido se dá no plano da expressão, por meio de tal paralelismo sintático entre os versos? Que efeito de sentido se dá por meio da costura anafórica de todos os versos, cujo sintagma inicial *É preciso* exacerba, já pelo léxico escolhido, os traços de obrigatoriedade, de imposição de deveres? Que efeito de sentido se dá por meio da recorrência, na oração principal, do presente de indicativo do verbo, em *É preciso*? Como tais efeitos de sentido dados no enunciado delineiam o perfil do sujeito da enunciação?

Por ora deixemos no aguardo tais perguntas, confirmadoras, aliás, da interdependência existente entre *expressão* e *conteúdo*, já que firmam a premissa de que qualquer alteração na expressão altera o conteúdo e vice-versa. Vamos ao conteúdo, que, examinado por meio de um hipotético percurso gerativo, apresenta o sentido depreensível de relações, desde as mais profundas até as mais superficiais, próprias a qualquer texto. Primeiramente podemos constatar que o poema não constitui uma narração. João, Antônio ou Melquíades, por exemplo, são figuras que perdem em particularidade e ganham em generalização, rarefazendo a dimensão figurativa do poema, que perde assim a condição necessária para que se estabeleça uma narração: a figurativização predominante. Não se constituem aquelas figuras em personagens de situações concretas que se transformam no tempo; não há, referente a elas, o relato de acontecimentos organizados em função de um antes, de um durante e de um depois; não há tempo e espaço precisos para que tais figuras desencadeiem a concretude de uma história. São figuras-apoio para a explicação dada sobre o destino do homem. Não tem cada qual um papel próprio.

Devido à rarefação figurativa, observamos que o poema também não é uma descrição. O verbo de estado *ser*, instrumento usado para sequências descritivas, cristaliza-se aqui no sintagma avaliativo *É preciso*, em que o adjetivo neutro, *preciso*, substituível por "coisa necessária",[7] já esboça determinado tom de voz da enunciação, que é o de quem parece afirmar verdades gerais e irreversíveis. Aliás, nesse sintagma, vê-se o próprio presente do verbo alçado para a atemporalidade das afirmações genéricas, para que o poema mais organize ideias, debatendo-as, e menos concretize-as por meio da representação figurativa. Ao elencar as dezoito obrigações a serem cumpridas como "necessidade", apoia-se o poema em base dissertativa, já que toma como prioridade avaliar, de maneira peculiar, aliás, as tais obrigações; peculiar, pois enquanto o enunciado afirma *É preciso*, a enunciação repudia essa mesma ordem, como veremos.

Interessante é esclarecer que, em cada um dos dezoito versos, a oração subordinada, que sucede o sintagma *É preciso*, pinça figuras representativas do mundo natural, as quais apresentam tanto os verbos como os complementos verbais (objeto direto), predominantemente concretos: *casar João, pagar as dívidas, comprar um rádio, estudar volapuque, ler Baudelaire, colher as flores, assassinar os homens, ter mãos pálidas*. Pensando na classificação dos substantivos como concreto ou abstrato, atentamos para o fato de que o verbo e o adjetivo também são inseridos nessas classes. Há

[7] José R. Macambira, A estrutura morfossintática do português, Fortaleza, Imprensa Universitária do Ceará, 1970, p. 236.

verbos e adjetivos concretos, assim como há verbos e adjetivos abstratos. Destaca-se porém a continuidade, mais do que a mera oposição entre tais polos. Vale confirmar que o que é concreto representa o mundo natural, este próprio mundo produzido pelo discurso; o que é concreto é figura do discurso, sejam substantivos como lobisomem e fada, figuras de determinado discurso folclórico, sejam substantivos como anjos e santos, figuras de determinado discurso religioso. Tomando para apoio o que diz Fiorin,[8] citamos verbos abstratos como *moralizar*, que organizam "sob uma categoria um conjunto de ações concretas, como impedir funcionários públicos de receber propinas, não permitir que questões de vestibular sejam vendidas a candidatos." O adjetivo *rugoso*, por exemplo, representa uma qualidade perceptível no mundo; é portanto mais concreto do que o adjetivo *tímido*, que subsume fatos concretos como: encolher-se em público; falar baixo.

Já que a oposição concreto/abstrato se constitui mais por meio de um contínuo do que por meio de polos estanques, é possível afirmar que as particularizações figurativas do poema remetem a algo mais abstrato, ou seja, ao homem em geral; esse homem que, em estado de submissão indesejada diante do *outro*, que lhe impõe as regras, encontra no poema a própria redenção. À extensa abrangência do ator, o *ele*, representativo de qualquer homem, segue a extensa abrangência do tempo, o presente verbal, tido como omnitemporal[9] e a extensa abrangência do espaço, o *aqui* dilatado para todo e qualquer lugar. Garante-se, por meio de todos esses mecanismos, o lugar daquele que fala "do alto", com voz distante, emitindo verdades irreversíveis, para o que contribui a estrutura apontada do período composto: oração principal e oração subordinada substantiva subjetiva. A própria equivalência da oração subordinada substantiva ao pronome demonstrativo *isso*, reminiscência do latino *ipsum*, ao reificar o sujeito do enunciado, corrobora para o efeito de aparente alheamento do sujeito da enunciação.

Eis uma voz que, embora instaurada no enunciado, não só pela responsabilidade das avaliações efetuadas, mas também pela ocorrência do pronome de primeira pessoa, *nós*, no quarto verso, acaba por definir-se como distante, a fim de se poder investir da autoridade cobrada pela

---

[8] José Luiz Fiorin, "Teorias do discurso e ensino da leitura e da redação", em Gragoatá, Niterói, EDUFF, 1997, pp. 7-27.

[9] José Luiz Fiorin, op. cit., 1996, p. 150.

cena enunciativa. Para tanto, é coerente a imagem de verdade válida para toda a espécie humana, ao ser representado o fardo das concessões que *é preciso* fazer ao *outro*, de modo a exaurir-se o homem que, *de mãos pálidas*, só consegue *anunciar o* FIM DO MUNDO. Aliás, grita de emoção no último verso, a voz que se manteve na aparente racionalidade, efeito dado pela própria estrutura sintática dos períodos compostos e corroborado pela característica de reduzida das orações subordinadas, o que consolida a imagem de refinamento do dizer. O grito permeia assim, silenciosamente, todo o poema, para explodir no último verso, expresso na caixa-alta das letras, que encerram o protesto enquanto aprofundam a dor.

Vale, portanto, para a caracterização do poema como texto predominantemente temático, o efeito de abstração, dado pelo sintagma *É preciso*. Esse sintagma firma um comentário sobre o mundo, enquanto ordena esse mundo entre duas classes: aquela que enfeixa o que é preciso fazer e aquela que enfeixa o que não é preciso fazer; a última, aliás, esvaziada, porque viver é cumprir obrigações, de acordo com a extensa abrangência figurativa das imposições feitas ao homem. Para tanto, o sintagma *É preciso* subsume todas as orações subordinadas, contaminando as figuras que nelas preenchem o núcleo do predicado, o verbo, ou o objeto direto, o nome, com o traço da generalidade. Em *casar João*, por exemplo, *João* engloba qualquer um que ainda não se casou, ou que, se casado e ainda sem filho ou descasado e ainda sozinho, perturba as trocas realizadas em determinado segmento social. O texto então passa a operar mais com o conceito de João do que com a figura. A própria sequência figurativa, de escolha não gratuita, aliás, como nada o é, do nome próprio *João* ou *Antônio*, ou *Melquíades*, indicativa da extensa abrangência da realidade construída, devido à cotidianidade de emprego dos dois primeiros e raridade do último e acoplada à ausência de ação de tais personagens, acaba por contribuir para que o texto opere mais com conceitos e menos com figuras. Importa mais a análise dos fatos e menos os próprios fatos para que se firme a função interpretativa predominante no texto, para a qual figuras com baixa iconicidade entram como instrumento.

O paralelismo sintático e semântico que se estende por todos os versos constrói um tom monocórdico para o enunciado, recriando na expressão o cansaço que, articulado a um dever fazer e a um dever ser, tanto mais indesejados pelo sujeito, quanto mais repetitivamente impostos a ele, consolida a voz que diagnostica a servidão exigida do homem. Tal paralelismo, que formaliza o sentido no plano da expressão, recria, junto ao abafamento do grito, a prisão. Enunciador e enunciatário, no poema, denunciam o engessamento social, por meio do próprio engessamento do plano da expressão do enunciado. Por isso se pode dizer que a função poética promove um simbolismo entre o plano da expressão e o plano do conteúdo dos textos.

Eis uma voz de revolta contida que, entretanto, ao rotinizar a cena enunciada por meio de figuras do dia a dia, como *pagar as dívidas* e *comprar um rádio*, figuras emparelhadas, na mesma sequência, com a grandeza suposta de *crer em Deus* ou de *não assassinar os homens*, tudo sob o mesmo crivo do *É preciso*, abranda a tragédia pela ironia. Temos a incorporação do traço irônico ao caráter do sujeito da enunciação; se irônico, paradoxalmente flexível, porque ironia supõe o movimento necessário para a enunciação negar o que o enunciado afirma. O paradoxo estaria, em princípio, na simultaneidade entre a fixidez dada pelo paralelismo do plano da expressão e constitutiva da ideia de prisão, e a flexibilidade dada pela ironia, do plano do conteúdo. Mas a repetição da mesma estrutura sintática, pelo exagero de recorrências, que beira o *nonsense*, projeta o efeito de humor, aliado da ironia, fortalecida, portanto, no plano da expressão. Desfaz-se o paradoxo. Ironia e humor, lembremos, aqui são próprios a um determinado tom de voz que, advindo de tais volteios simbólicos na relação *expressão/conteúdo*, não se isenta do sofrimento; ou da falta.

Consideremos por ora a ironia concentrada no verso 10: *É preciso estudar volapuque*. Sendo volapuque língua artificial e rara, cujo emprego não foi bem sucedido como língua auxiliar de comunicação internacional, não é preciso ser estudada. Então o que é afirmado no enunciado, a enunciação nega, não apenas por não ser volapuque, o que é preciso estudar, nem tampouco por não ser o estudo o que está em questão. A ironia se fortalece na generalização da figura, na interpretação que se sobrepõe à representação, tudo reunido no desvelamento da falta de razão de muitos atos humanos que se perpetuam por obrigação. A ironia se confirma nesse verso, na negação da própria figura enunciada: volapuque não é volapuque. Mantém-se o modo próprio de protestar.

Tomando uma oposição básica do sentido, como *identidade* (domínio do *eu*) *vs. alteridade* (domínio do *outro*), temos uma enunciação que seduz para o primeiro desses polos, propondo como imagem ideal o sujeito que pode promover o encontro consigo mesmo à revelia das pressões culturais. Na enunciação encontramos então a manipulação de um destinador, o enunciador, sobre um destinatário, o enunciatário, para levar este último a querer e a dever entrar em conjunção com o objeto considerado desejável: a própria soberania. Esse objeto apresentado como desejável é conversão daquele valor mais geral, revestido com o valor do Bem na semântica fundamental: a identidade. Na enunciação, um destinador manipula um destinatário, que pode constituir-se como sujeito, com a própria competência orientada para realizar-se e pelo que será sancionado. Isso é narratividade.

Qualquer mudança de estado de um sujeito, qualquer transformação sofrida, ou proposta para ser sofrida por ele, representa um estágio da narratividade. Observamos a narratividade subjacente à enunciação e também ao enunciado. Uma narratividade sustenta, portanto, esse enunciado, como o faz com qualquer texto, não importa seja ele de base dissertativa, como é o *Poema da necessidade*. De qualquer enunciado se extrai o movimento narrativo de um sujeito que manipula outro para que este queira e deva entrar em conjunção com um determinado valor.

Depreende-se do poema uma narratividade, porque há um sujeito que manipula outro para que este queira, deva e, mais que isso, deva querer entrar em conjunção com o objeto de valor *submissão*, representado, este objeto, pelo sintagma *É preciso*. O sujeito manipulado, entretanto, não aceita tal valor, o que fundamenta o constrangimento de que resulta, no discurso, o protesto. Trata-se de protesto contra as coerções que, sofridas pelo homem e vindas do próprio homem, discursivizam-se em todo lugar, como verificamos na citada diversidade figurativa dos verbos: ora *é preciso casar*, ora *suportar*, ora *odiar*, ora *substituir*. A sequência de tais verbos da primeira estrofe, aliás, consolida a ironia que toma por alvo as obrigações impostas ou as próprias instituições que as impõem; no caso, o matrimônio, encadeado pela (de)gradação: *casar*, *suportar*, *odiar*, *substituir*.

Some-se a gradação crescente das figuras do complemento verbal dessa primeira estrofe: *João*, *Antônio*, *Melquíades*, *nós todos*; somem-se as possibilidades de combinações sintagmáticas: *casar Melquíades*, *odiar João*... como estratégia para provar que nada escapa ao cerceamento sofrido pelo homem, bem como estratégia para intensificar o próprio grito de revolta do cerceado. Acrescenta-se ainda que tanto existe a narratividade citada, que o *eu* instalado no enunciado do poema, responsável pelos julgamentos efetuados, discursiviza-se como um narrador.

Mas podemos avançar e atentar para a relação enunciado/enunciação. Dessa relação podemos depreender uma avaliação negativa da enunciação no que diz respeito à competência do sujeito para fazer e, aqui, fazer cognitivamente, ou realizar-se na "*performance* cognitiva, que é a *decisão*".[10] Esse sujeito se define pela passividade: vontade passiva e obediência passiva, ambas orientadas por um querer fragilizado. Esse papel a enunciação rejeita. Voltaremos a esse ponto. Agora cumpre salientar que o julgamento feito pelo narrador, implícito na maior parte do texto e diretamente delegado do enunciador, faz expandir-se o protesto discursivo, que atravessa o muro dado como intransponível no plano da expressão: a coluna das anáforas do *é preciso*.

O efeito de sentido de ironia, é bom destacar, supõe distanciamento emocional e ameniza o tom doloroso da voz do sujeito da enunciação. Ao construir o par *obrigação/necessidade*, na relação *texto/título*, essa voz firma, a propósito, um tom lúdico, na desestabilização da função catafórica, antecipadora do sentido, própria dos títulos. Projeta-se no título a necessidade, mas no texto se desenvolvem obrigações. Necessidade e obrigação não são a mesma coisa. Um estado, mais que outro, supõe coerção mais intensa exercida pelo dever fazer sobre o sujeito. O dicionário de filosofia,[11] após destacar, no verbete *obrigação*, que "esse caráter (coercitivo, da obrigação) é diferente da necessidade", traz para *necessidade* a acepção de "dependência que caracteriza de modo específico o homem e, em geral, o ser finito no mundo". Para obrigação é apontado o "caráter coercitivo, conferido a uma relação interpessoal por lei jurídica ou por norma moral".

Colocando o que diz o dicionário na perspectiva do discurso, notamos que se projeta no título o estado da necessidade, que supõe vontade ativa, ou um querer fortalecido. Por sua vez é relatada em toda a extensão do poema uma vontade passiva.[12] A vontade passiva, que viabiliza a obrigação, remete ao debelamento do próprio sujeito, cujo papel se define por meio do não dever não fazer e do não querer não fazer; cuja figura coerentemente se referencializa na metonímia das *mãos pálidas*. Esse sujeito do enunciado

---

[10] Algirdas Julien Greimas, Du sens II, Paris, Seuil, 1983, p. 87.

[11] Nicola Abbagnano, Dicionário de filosofia, trad. Alfredo Bosi, São Paulo, Martins Fontes, 1998, pp. 708-25.

[12] Algirdas Julien Greimas, op. cit., 1983, pp. 86-8.

transita nos papéis próprios da passividade: além da vontade passiva, ele se apresenta como constituído pela obediência passiva, que supõe um dever fazer articulado a um não querer fazer; o querer, sempre orientado por um *não*. Mas a enunciação propõe um sujeito constituído pelo querer robustecido: um sujeito da vontade ativa e também da obediência ativa; naquela, há um dever não fazer; nesta, há um dever fazer; em ambas um querer sem volteios minimizadores se acopla ao dever.

O título resultaria então em ironia, e a antecipação de sentido dada por ele, em engodo, tudo orientado pela leveza de certa ludicidade, não fora a possibilidade da denúncia implícita a essas relações; não fora a falta; a insatisfação; a revolta; o cansaço.

A enunciação, ao propor a soberania, propõe a vontade ativa como o estado ideal para o sujeito. Repudia a vontade passiva que, diagnosticada no enunciado, representa a própria sujeição ao outro ou a vitória da alteridade. A vontade passiva é incompatível com a soberania. O sujeito do enunciado, devido à manipulação reincidente, apresenta os próprios quereres e deveres desgastados. No enunciado fica portanto delineada a imagem de um sujeito que, consciente da falta e nutrido por ela, configura-se como um revoltado. Mas, exaurido pela duratividade da manipulação, dada no plano do conteúdo e reconstruída no plano da expressão por meio do paralelismo dos dezoito versos, não consegue nada além de, com mãos exangues, anunciar O FIM DO MUNDO.

Passemos à história em quadrinhos, doravante identificada como HQ.

A HQ

Observemos as histórias em quadrinhos, a princípio, na "situação de papel" que a determina, coagindo-a como gênero. Trata-se de HQs publicadas juntamente com outras, em um *caderno de amenidades*, que é a *Ilustrada*, de um jornal da imprensa dita séria, *Folha de S.Paulo*, numa página de humor, dividida ao meio, tendo, costumeiramente, na parte superior, artigos do jornalismo chamado *besteirol* e, abaixo, as HQs. Acontece que as HQs, como gênero, apresentam recorrentemente o sincretismo do verbal com o visual, isto é, a expressão verbal e a visual, longe de se manterem discretas, separadas, juntam-se; o verbal colabora com o visual, para que se construam efeitos de sentido; no caso das HQs, o visual não só complementa o verbal, como predomina sobre ele. Além disso, como coerção genérica, temos a instalação de interlocutores no enunciado. Usamos interlocutor / interlocutário para o *eu/tu* instalados no enunciado, ou seja, para o personagem que diz *eu*. Nesse caso, referimo-nos a Jon e Garfield. Trata-se de personagens, de atores, de actantes ou entidades do enunciado, com falas em discurso direto, dizendo *eu/tu*. Cada turno de fala dos atores, por sua vez, é figurativizado por balões, que se ligam visualmente à personagem, quer por meio de uma flecha reclinada, para indicar falas, quer por meio de bolinhas, para indicar um pensamento.

Continuando com as coerções genéricas das HQs, podemos notar ainda: a incorporação dos quadrinhos como recurso para representar tanto transformações como congelamento de cenas; o recurso de *closes*, com efeito de ênfase; o uso da perspectiva, para orientação do olhar; tudo, aliás, marcado pela densidade icônica das figuras. HQs constituem textos predominantemente figurativos. Tais dados, previamente assimilados, constituintes das coerções do gênero, contribuem para a economia de leitura das HQs. No caso desta, recortada para análise, há outra direcionalidade previamente estabelecida: a tira se apresenta comumente com três quadros e promove, por meio do congelamento de uma cena construída com densidade de implícitos, o movimento de fazer rir, ou (re)construir um mundo às avessas, o que já é anunciado pelo contexto da página. O leitor normatizado já sabe desse riso e "economiza" uma vez mais a leitura.

Tomemos então a HQ *Garfield*, de Jim Davis, publicada na *Folha de S.Paulo*, 06/04/2001, p. E7; essa tira que, como todas as outras de Garfield, apresenta o quadro intermediário, o segundo, sem bordas, concretizando uma transformação do sujeito do enunciado; no caso, o ator Garfield, que, com o apoio do primeiro balão de fala, afirma que "A vida é uma droga". Essa asserção se faz sincreticamente, pois se juntam, ao verbal, traços visuais: pálpebras caídas, braço derrubado sobre o balcão, focinho e bigode arqueados para baixo, a fim de compor sincreticamente a expressão do desânimo. No segundo quadro, o gato se figurativiza com o focinho virado para o lado do interlocutário, como quem passa a interagir com *o outro*; a direção alterada da cabeça do animal, ante a posição do primeiro quadro, recria no visual a interação dialogada entre os atores. A fala do interlocutário Jon, *Você devia ser mais positivo!*, exacerbada pelo emprego do ponto de exclamação, supõe resposta a Garfield, o que confirma a ambiguidade da primeira fala/pensamento de Garfield: o gato se comunicou com Jon pelo pensamento, numa explicitação do efeito de *nonsense*. Essa ambiguidade, aliás, é coerente com a dupla homogeneidade de leitura prevista na totalidade das HQs da *Ilustrada*. Essa dupla leitura, também chamada dupla isotopia, é construída pela figura do gato, que é humano; um gato que pelo pensamento se comunica com Jon e, a propósito, em assimetria de papéis, pois o animal ironiza o homem. Vejamos por quê.

A vida é uma droga. Esta é, no último quadro, a última fala de Garfield, aparente repetição da primeira. No visual o gato concorda com Jon, procurando ser "mais positivo": a boca se escancara em sorriso de muitos dentes à mostra. Destacam-se, entretanto, duas discrepâncias: a primeira, entre o verbal e o visual, já que o visual nega o que o verbal afirma e o inverso é verdadeiro; a segunda é entre o enunciado e a enunciação: o enunciado visualmente firma um sorriso negado pela enunciação. Eis discursivizado o sorriso irônico. Desse jogo de construção do sentido, por meio do sincretismo entre o verbal e o visual, supondo uma única enunciação, salta aos olhos algo curioso: a enunciação estrategicamente reserva a negação do sorriso desenhado, para a fala do gato. A enunciação nega, aliás, a alegria enunciada visualmente no sorriso e na inclinação das costas que passam a ser eretas, e o faz por meio do verbal, circunscrito no último balão. Assim a última fala de Garfield deixa de ser mera repetição da primeira, por ser causa e consequência de outros efeitos de sentido. Acrescenta-se o efeito de exagero na composição do rosto do gato nesse último quadro, rosto construído por meio da hipérbole visual que, a serviço da ironia, alarga as proporções da abertura da boca e dos olhos, deixando-os tão mais acentuados quanto mais se comparam ao fechamento ocorrido nos dois quadros anteriores. A vida fica debochadamente enfatizada como *uma droga*; isso, justamente devido a tais intervenções do *outro*, emblematizadas no sintagma que abre a fala de Jon: *Você devia ser mais...*, o que equivale a *É preciso...*

Um gato safado, que figurativiza formações discursivas confrontantes com o politicamente correto, eis o que Garfield representa. Isso, por oposição ao homem, cuja reprimenda, potencializada emocionalmente pelo ponto de exclamação, como vimos, promove ela própria outra ironia, desta vez contrária àquela ocorrida com Garfield no último quadro: a fala de Jon, no segundo quadro, ao firmar um querer fazer alguém ser *mais positivo* e competente para não classificar a vida como *uma droga*, supõe, para o interlocutor, a imagem de quem já pode e sabe entender que a vida não é uma droga. Mas o enunciado visual nega essa disposição otimista. Jon se apresenta com as costas inclinadas para a frente, olhos semicerrados, boca arqueada para baixo, braços supostamente caídos ao longo do corpo, ombros inexistentes.

A intimidação sofrida por Garfield, feita por Jon, resolver-se-ia a contento no sorriso supostamente obediente do último quadro, pressupondo uma narrativa equilibrada pela suposta *performance* de assentimento aos valores propostos por Jon: Jon intimida Garfield, que responde de acordo, agindo como o esperado e, por isso, teria uma sanção positiva de Jon. Mas tal obediência não interessa ao discurso. Onde ficaria o humor, que desestabiliza enunciado e enunciação? Pelo contrário, Garfield ri sem rir, enganando o interlocutário. A propósito, nesse contexto, o último balão ganha a especificidade de pensamento e se perde como fala; o gato ri no desenho, para confirmar o engodo a que submete o homem, que não pode ou não sabe ler o pensamento de Garfield.

Garfield não respondeu à intimidação feita por Jon, para dever agir de maneira eufórica, como mandam as regras de boa convivência social, não apenas porque não partilhava os mesmos valores com seu manipulador, mas porque tinha outros valores. Garfield discursiviza um sujeito conjunto com a própria soberania, enquanto Jon discursiviza um sujeito conjunto com a própria submissão; soberania e submissão constituem objeto de desejo, propulsores da realização do sujeito que os busca. Importa que Garfield, no modo rebaixador do riso, rompe com Jon e com o valor de *submissão* ao *outro*, que Jon representa. Aí está um modo de presença do ator do enunciado, que remete ao modo de presença do ator da enunciação. Para tanto, valores são valorizados: pensemos numa oposição de sentido, como *natureza vs. cultura*, um universal semântico, sendo o primeiro elemento considerado do domínio das pulsões individuais e o segundo do domínio das coerções sociais; relacionemos tal oposição a outra, também generalizada, como *identidade vs. alteridade*; temos o valor da *soberania*, como transformação dos polos da *natureza* e *identidade*, e o valor da *submissão*, apoiado no polo *cultura* e *alteridade*.

Trata-se de movimentos de construção do conteúdo da HQ que, como em qualquer texto, pode ser analisado sob um hipotético percurso gerativo do sentido, instrumento utilizado para desvelar as relações que orientam a construção dos textos. Nesse percurso, consideram-se níveis: fundamental; narrativo; discursivo. No nível fundamental, consideram-se as relações mais gerais, mais abstratas, como as dadas pelas valorações de determinados polos das oposições *natureza vs. cultura, identidade vs. alteridade.* No nível narrativo, firmam-se as transformações que, sofridas pelo sujeito, garantem a narratividade de qualquer texto. Nesse nível são abstraídos da superfície textual sujeitos em busca de valores circunscritos a um objeto, por isso chamado objeto de valor; determinam-se ambos, sujeito e objeto de valor, como actantes; o sujeito ganha ou perde tais objetos, de modo a ficar em conjunção ou em disjunção com o objeto de seus quereres e deveres. Tais transformações não precisam necessariamente se figurativizar. Basta destacar que tanto o poema como a HQ em pauta supõem uma narratividade subjacente.

Cumpre agora perguntar como o poema, texto predominantemente temático e com base dissertativa, com uma enunciação referencializada no espaço do *aqui* e no tempo do *agora*, e a HQ, uma narração, um texto por meio do qual a enunciação simula afastar-se para um *algures*, num tempo do *então,* em que atores se colocam em diálogo no enunciado, tendo além disso, coerções genéricas diferentes, podem apresentar um diálogo.

O diálogo

O diálogo entre textos diz respeito à própria constituição do sujeito da enunciação, que é dialógica por natureza: o *eu* se constitui pelo *outro.* O discurso é, portanto, constitutivamente heterogêneo. Assim sendo, nem o poema nem a HQ em pauta podem ser vistos como textos fechados em si mesmos. A imanência, a interioridade do texto se constitui pela relação com o exterior. Trata-se de uma exterioridade interiorizada desde a profundidade da geração do sentido, em que uma grade cultural determina a fé em valores que norteiam enunciação e enunciado. Tais valores, revestidos com o julgamento do Bem ou do Mal, resultantes da crença de um sujeito em um objeto, resultantes do julgamento que esse sujeito faz do que lhe é dado perceber do mundo, resultam por sua vez em temas, que sustentam as figuras.

Ora, se cada texto reproduz a visão de mundo de uma dada formação social, por meio de temas e figuras veiculados pelo discurso, reconstruir o diálogo entre textos é identificar convergências ou divergências de pontos de vista entre um texto e outro, com atenção voltada aos temas e às figuras. É verificar convergências ou divergências de formações ideológicas, na heterogeneidade que constitui o sujeito e a própria linguagem. Entre o poema e a HQ cotejados, depreende-se um diálogo de vozes convergentes, já que temas como *o cerceamento provocado pelas imposições culturais* discursivizam-se em ambos os textos com a mesma avaliação pejorativa. Depreende-se de ambos os textos vozes que se rebelam contra as obrigações sociais e o fazem com certo distanciamento frente à dor, o que é confirmado pelo recurso da ironia.

Reconhecemos no poema e na HQ um espaço enunciativo com certas afinidades. São próximos os lugares de onde os enunciadores falam ao legitimar a própria voz. O homem, observado sob o peso das coerções sociais que o invadem e tentam dobrá-lo nos movimentos mais íntimos, como forçá-lo a *esquecer fulana*, ou forçá-lo a sorrir sem vontade, é tematizado como algo indesejável, quer se incline sob o peso do *É preciso...*, quer se incline sob o peso de *Você devia ser...* De modo centrípeto, ou seja, confluindo para um centro comum, é discursivizado o não centro que funda o sujeito, ou seja, a heterogeneidade que o constitui.

Entretanto, o corpo debochado do sujeito da enunciação da tira de *Garfield* não é o mesmo corpo de gestos e grito contidos do *Poema da necessidade*, só para falar de uma diferença entre os textos citados. O tom da voz, dado por diferentes maneiras de construir o mundo, não é o mesmo. É só pensar nas HQs, identificáveis na relativização do efeito do riso que, diluindo falta e dor, cristaliza a estereotipia do blefe para Jon e da safadeza para Garfield. É só pensar no refinamento do dizer e do dito que, no poema, promove o inesperado e aprofunda o inacabamento do próprio dizer e dito, no diagnóstico das agruras que vergam o homem. Há verdadeiramente um *ethos* no poema e outro *ethos* na HQ: dois *ethe*. Cada enunciação se firma num efeito de individualidade próprio, confirmando dois estilos diferentes.

Mas é bom ressaltar que poema e HQs, apesar de representantes de dois estilos e de dois gêneros diferentes, constituem-se um em relação a outro, como todo e qualquer texto. Poema e HQs, observados cada qual no diálogo de vozes que um constitui frente ao outro, discursivizam, portanto, certa confluência em relação a concepções sobre o destino do homem. As perspectivas discursivas são afins; as formações sociais que respaldam o confronto com a autoridade arbitrária são indicativas de uma mesma base ideológica; lutam do mesmo lado os enunciadores do poema e da HQ na "arena de conflitos" que constitui o signo:[13] ambos os enunciadores e cada qual à sua maneira constrói de si e para si a imagem daquele que crê poder perturbar a euforia das trocas sociais; isso, por orientar o discurso para a recusa às regras sociais, que harmonizam essas trocas.

Mas, pela análise esboçada, depreendem-se diferentes modos de dizer, diferentes efeitos de sujeito, diferentes modos de presença. Mantém-se a polêmica constitutiva de tudo o que significa, porque a interioridade dos textos aqui considerada só existe em função da exterioridade. O centro só existe em função do não centro. Com tais parâmetros continuamos a perseguir o diálogo entre textos.

Bibliografia

ABBAGNANO, Nicola. *Dicionário de filosofia*. Trad. Alfredo Bosi. São Paulo: Martins Fontes, 1998.

ANDRADE, Carlos Drummond de. *Obra completa*. Rio de Janeiro: Aguilar, 1973.

AUTHIER-REVUZ, Jacqueline. Hétérogénéité montrée et hétérogénéité constitutive: éléments pour une approche de l'autre dans le discours. *DRLAV*, n. 26. Paris, Centre de Recherche de l'Université de Paris, VIII, pp. 91-151, 1982.

BAKHTIN, Mikhail. *Marxismo e filosofia da linguagem*. Trad. Michel Lahud e Yara F. Vieira. São Paulo: Hucitec, 1988.

BERTRAND, Denis. *Caminhos da semiótica literária*. Trad. Grupo CASA. Bauru: Edusc, 2003.

FIORIN, José Luiz. *As astúcias da enunciação*: as categorias de pessoa, espaço e tempo. São Paulo: Ática, 1996.

______. Teorias do discurso e ensino da leitura e da redação. *Gragoatá*, Publicação do Programa de Pós-Graduação em Letras da Universidade Federal Fluminense. Niterói, EDUFF, pp. 7-27, 1997.

[13] Mikhail Bakhtin, Marxismo e filosofia da linguagem, trad. Michel Lahud e Yara F. Vieira, São Paulo, Hucitec, 1988, p. 14.

Greimas, Algirdas Julien. *Du Sens II*. Paris: Seuil, 1983.
Macambira, José R. *A estrutura morfossintática do português*. Fortaleza: Imprensa Universitária do Ceará. 1970.
Maingueneau, Dominique. *O contexto da obra literária*. Trad. Marina Appenzeller. São Paulo: Martins Fontes, 1995.

Os organizadores

Ivã Carlos Lopes
Docente do Departamento de Linguística da FFLCH-USP. Tradutor de livros e artigos de Semiótica. Lecionou Língua Portuguesa e Literatura Brasileira na Universidade Michel de Montaigne, Bordeaux III.

Nilton Hernandes
Jornalista, mestre e doutorando em Semiótica pela FFLCH-USP.

Os autores

Adail Ubirajara Sobral
Tradutor da área de Ciências Humanas e doutorando no LAEL/PUC-SP.

Ana Cristina Fricke Matte
Professora convidada do programa de Pós-Graduação em Linguística da Unicamp, onde atualmente faz pós-doutorado em Ciências da Fala.

Antonio Vicente Pietroforte
Docente do Departamento de Linguística da FFLCH-USP.

Iara Rosa Farias
Professora na Faculdade de Educação da UFRJ pelo PRODOC/Capes.

José Roberto do Carmo Jr.
Doutorando em Semiótica e Linguística Geral pela FFLCH-USP.

Kary Alessandra Motta
Docente e coordenadora dos cursos de Letras e Tradução do Univem.

Marcelo Machado Martins
Mestre e doutorando em Semiótica e Linguística Geral pela FFLCH-USP. Membro da comissão organizadora do Centro de Pesquisas Sociossemióticas da PUC/SP.

Márcio Coelho
Mestre e doutorando em Semiótica e Linguística Geral pela FFLCH-USP. Cancionista com três CDs gravados. Vencedor do Prêmio Nascente, categoria Música Popular.

Marcos Lopes
Docente do Departamento de Linguística da FFLCH-USP. Coordenador, ao lado de Serguei Tchugunnikov, do ateliê "Análise comparada de modelos teóricos na Semiótica", junto à Universidade de Paris VIII (1999-2002).

Mariana de Rosa Trotta
Mestre em Linguística Geral e Semiótica pelo departamento de Linguística da FFLCH-USP. Bailarina e professora de balé, vem desenvolvendo pesquisa na área da dança.

Norma Discini
Docente do Departamento de Linguística da FFLCH-USP. Entre suas publicações recentes: *O estilo nos textos* e *A comunicação nos textos* (ambos publicados pela Editora Contexto).

Renata Ciampone Mancini
Doutoranda em Semiótica e Linguística Geral pela FFLCH-USP.

Ricardo de Castro Monteiro
Docente no Curso de Pós-Graduação em Capacitação Docente em Música Brasileira da Faculdade Anhembi Morumbi. Doutor em Semiótica e Linguística Geral pela USP, atua como maestro, compositor e dramaturgo.

Roseli Novak
Mestranda na área de Semiótica e Linguística Geral da FFLCH-USP, desenvolve pesquisa em Semiótica aplicada à canção infantil. É educadora musical e trabalha na formação continuada de educadores de Educação Infantil e Ensino Fundamental. Também é compositora.

Sérgio Alves de Souza
Doutor em História Social pela FFLCH-USP, publicou diversos artigos nas áreas de História da Cultura e Metodologia e Teoria da História. Pesquisa as relações entre Semiótica e História a partir da análise da produção cultural brasileira no período pós-1964.

Serguei Tchugunnikov
Doutor em Letras pela Universidade de Pietgorsk e, mais recentemente, também na área de Semiótica, pela Escola de Altos Estudos em Ciências Sociais, de Paris.